フランチェスカ・ガイバ

ニュルンベルク裁判の通訳

武田珂代子訳

みすず書房

THE ORIGINS OF SIMULTANEOUS INTERPRETATION

The Nuremberg Trial

by

Francesca Gaiba

First published by University of Ottawa Press, 1998

ニュルンベルク裁判の通訳　目次

目　次

翌日、ニュルンベルク拘置所の明かりのない独房で、連合国の将校から、被告人ひとりひとりに起訴状の写しが渡された。あらかじめ用意された名簿から弁護人を選べることを知った被告人の反応はさまざまだった。（中略）ヘルマン・ゲーリング国家元帥は「もちろん弁護人は必要だ。だがもっと重要なのは良い通訳者を付けることだ」と言った。

「ドイツ——被告人たち」『タイム』誌（一九四五年一〇月二九日号）三八頁

序文

一九四五年一一月から一九四六年八月までナチの主要戦争犯罪人を裁くために開かれたニュルンベルク裁判は、二〇世紀における重要かつ特別な出来事のひとつである。閉廷後まもなく刊行された審理の速記録と関係文書から成る裁判の全記録は四〇巻以上に及ぶ。裁判記録の語数についての推算はさまざまだが、これまで同裁判は「六〇〇〇万語裁判」と呼ばれてきた。しかし、信じ難いことかもしれないが、この公式記録には、同裁判の多言語運営を可能にするために考案された同時通訳システムについての言及が一言もない。

本書は、同裁判の同時通訳システムに関する事実を今こそ明らかにするものだ。ある言語での発言を他の複数の言語で同時に聞き理解することができるという今日の通訳実践はどのようにして生まれたのか。これまで語られることのなかった驚くべきストーリーが、多言語を操る若き史学生の想像力と好奇心に満ちた本書の中で語られる。同時通訳の誕生を目の当たりにした我々にとって理解し難かったのは、これまでなぜそれが長い間全く看過されてきたのかということだ。しかし、証拠を集め、整理し、提示する時間と労力を厭わなかった若き学究の徒の尽力により、歴史は今回も正当な扱いを受けることになったようだ。

同時通訳システムはニュルンベルク裁判所の屋階で試行錯誤を経て編み出された後、しっかりとその目的を果たした。同時通訳がなければ、ニュルンベルク裁判には四倍の時間がかかっていただろう。当初、多言語による即時的通訳を行なうなど、残虐な独裁者に進んで加担した者たちを裁くという考え同様、あり得ないことだと考える人々もいた。それから五〇年以上が経った今、同時通訳の実践が成功を収めたことは明白である。今や同時通訳は世界中で使用され、コミュニケーションを大きく改善した。それによって国家間の相互理解が促進されたことを願っている。ニュルンベルク裁判で掲げられた公正と人権の原則が、同時通訳と同様の認知と成功を得られるか、今後明らかになることだろう。

E・ピーター・ウイベラル

一九九七年二月、ホーリン・ヒルズにて

両親に捧ぐ

謝辞

まず、貴重な資料を提供してくださったニュルンベルク裁判の通訳者、その他の関係者にお礼を申し上げたい。特にピーター・ウイベラルとアルフレッド・ステアの両氏、またエディス・コリヴァー、エリザベス・ヘイワード、ホルン夫妻、チャールズ・ホースキー、パトリシア・ジョーダン、ジークフリート・ラムラー、マリー＝フランス・スカンク、ドレクセル・シュプレッヒャー、フレデリック・トレイデル、パトリシア・ヴァンダー・エルストの各氏に謝意を表したい。この方々が辛抱強く私の質問に答え、協力してくださらなければ、本書を完成に導くことはできなかっただろう。本書が、通訳という職業における彼らの先駆的な尽力と業績の公正な証となることを願っている。論文コーディネーターのボローニャ大学ラファエラ・バッコリーニ教授、同大学フォルリ校通訳翻訳学部のローザ＝マリア・ボレティエリ＝ボッシネリ学部長、同じく通訳翻訳学部のガブリエレ・マック助教授、ピーター・ミード講師にも援護と学問的な支援をいただいた。研究を断念するという私の当初の決断に異を唱えた指導教官のアダムスウェイト教授（カリフォルニア大学バークレー校）、本書の出版作業中に支援と助言を与えてくださったロバート・ルビンシュタイン教授（シラキュース大学PARCプログラム主任）にも感謝申し上げる。また、本論文が書籍化に値すると信じてくださったジャン・ドリール、オタワ大学出版会の方々にもお礼を申し上げる。キャロライン・デービス（シラキュース大学特別収蔵部門）、マルガリータ・ボーウェン（ジョージタウン大学通訳翻訳学部長）、ロバート・ゴッドフリー（ＩＢＭアーカイブ）、ワシントン国立公文書館およびロンドン公文書館の館員など、諸機関の方々にも協力と支援をいただいた。最後に、研究活動中および出版にあたり助成を続けてくださったボローニャ大学フォルリ校Ａ・スキアーヴィ財団に謝意を表する。両親にも当然ながら特別な感謝を捧げたい。両親なくして本書が世に出ることはなかった。本書を彼らに捧げる。

用語説明（訳註1）

国際軍事裁判所（IMT: International Military Tribunal）は、一九四五〜四六年のニュルンベルクにおける戦争犯罪裁判だけではなく、一九四六〜四九年に開かれた一二件のいわゆる「継続裁判」もつかさどった。本書では、このうち最初に行なわれた戦争犯罪裁判をニュルンベルク裁判（Nuremberg Trial）と呼ぶ。ここでは、本書に用いられる通訳関連用語について簡単に定義しておきたい。通訳という職業に関する知識を持つ読者には不要かもしれないが、本書はプロの通訳者のみを対象に書かれたものではない。本書の持つ歴史的な価値から、通訳用語に馴染みがないかもしれない他の領域の研究者にとっても本書が興味深いものになることを著者は願っている。

翻訳（translation）

英語ではしばしば"translation"と"interpretation（通訳）"が同じ意味として用いられるが、この二つは関連してはいるものの異なる行為あるいは職業を指す。翻訳者は、あるテクスト（文書）の意味を他の言語でテクストの形で訳す。テクストを十分に理解するために何度も読んで内容を把握し、そのテクストの意図を最もよく表現する言葉を選んで訳出する。

通訳（interpretation）

一方、通訳者は音声言語を扱い、互いに異なる言語を話す人たちのコミュニケーションをその場で仲介する。起点言語（原発言）のメッセージを聞き、理解し、同じメッセージを目標言語（訳出先の言語）で表現する。緻密で正確な訳出が求められる一方、通訳行為は即興的に行なわれるものであり、最良の表現を選ぶために時間をかけることはできない。発言のトーン、表現、言葉の選択を保つ必要もある。通訳方式には以下のようなものがあり、通訳が必要とされる現場の状況に合わせて選択される。

装置を用いる同時通訳

この通訳方式では、通訳者が意味の「単位」を理解するやいなや、その情報を別の言語に訳出する。「同時」という言葉には語弊がある。通訳者が目標言語への訳出を始めるためには、最低限の情報を理解しておかねばならないからだ。話者の発言から訳出が遅れることをフランス語で“décalage《デカラージュ》（時間のずれ）”と呼ぶ。どれだけの遅れが出るかは通訳者によって異なるが、通常は七〜八秒以下だ。話者と通訳者はマイクに向かって話し、通訳者と聞き手はヘッドフォンを装着する。逐次通訳と異なり、話者は文ごとに間をあけて通訳者の訳出を待つ必要がないため時間が節約できるのが同時通訳の利点である。同時通訳は管轄当局に金銭的負担をかけるという理由から、今日の法廷でこの通訳方式が用いられることはほとんどない。[1]

装置を用いない同時通訳

装置を使わない同時通訳はウィスパリング（英語で“whispered interpreting”、フランス語で“chuchotage《シュショタージュ》”）と呼ばれる。仕組みは同時通訳と同じだが、マイクもヘッドフォンも使用しない。通訳者は、作業言語を理解しない出席者の隣に座り、耳元で訳をささやく。今日の法廷では、被告人席で被告人のためにウィスパリングが行なわれることが多い。

逐次通訳

この通訳形式では、話者が発言を最後まであるいはひとくだり終えた後で、その内容を通訳者が目標言語に訳出する。話者が一文ごとに発言を区切りながら通訳を入れることもある。話者の発言中、通訳者は特別なテクニックを用いてノートテイキング（メモ取り）を行い、発言が終わると、ノートを見ながら訳出する。訳出を始める前に文脈的に関連性のつながった発言を通して聞ける可能性があるため、通訳がより正確になるという点で有効な通訳方式だ。しかし、多言語が用いられる場合には時間的効率が非常に悪く、言語がひとつ追加される度に必要な時間が倍になる。今日、法廷で証人が証言台に立つ際、あるいは証人への反対尋問や説明を行う際の通訳方式として最も一般的に用いられるのが逐次通訳だ。使用する装置や技術面でのサポートという点では同時通訳ほど費用はかからないが、審理の時間が長引くため裁判にかかる全体的な費用は増加する。

註

（1） American Translators Association, "Court Interpreting and the Testing and Licensing of Interpreters." *ATA Chronicle* (October-November 1979): 7.

訳註

（1） 原文の用語説明の中で、日本語版に関連する部分のみを訳者による追加情報も含めながら説明する。

はじめに

本書の下敷きになった研究は、「同時通訳という職業の起源はなにか」という素朴な疑問への答えを求めて始まったものだ。今日、同時通訳は広く用いられ、国際的な会議や会合には当然あるものとさえ思われている。しかし驚くことに、同時通訳という職業やその技術の起源はほとんど知られていないのだ。もちろん、通訳者や翻訳者は有史以来、異なる言語を話す人どうしが接触する際には必ず存在した。それでも、一世紀ほど前までは通訳が職業とみなされることはなく(訳註1)、通訳に従事していたのは軍人、外交官、秘書、その他外国語の知識を有する人々だった。この状況が変化したのは、国際機関が誕生し、言語関連業務を担当する専門家の必要性が高まったためだ。本書では、通訳という職業の誕生(訳註2)を築いたひとつの要素である同時通訳システムの考案に焦点を置く。話者の発言をその場で瞬時に別の言語に訳出できるようにマイクとイヤホンを接続することが可能だということを誰がいつ、どのようにして着想したのだろうか。通訳者が発言を聞きながら同時に訳すことが可能だと考えたのは誰なのだろうか。

本書では、一九四五～四六年にドイツ・ニュルンベルクで開かれた戦争犯罪裁判における同時通訳の仕組みを説明することで、上記の疑問やその他の問いに答え、同時通訳の誕生に関する包括的な概要を提示する。ニュルンベルク裁判は、同時通訳が用いられた初の公式な国際会合だった。(訳註3) だからこそ本書のテーマは好奇心をそそるものだと言える。同裁判における同時通訳の誕生に関する研究は、プロ通訳者・翻訳者の多くにとって極めて興味深いものであるだけでなく、二〇世紀における最も重要な歴史的出来事のひとつであるニュルンベルク裁判についての理解と知識を構成する複雑なモザイクにタイルを一枚加えるものでもある。従って、同時通訳の起源に関する研究は、同時通訳という職業に対する知識を補う上で重要であるだけでなく、ニュルンベルク裁判に関する研究分野に新境地を開くものでもあるのだ。あまりの意外さに驚愕するかもしれないが、ピーター・ウイベラルが序文の中で指摘しているように、同時通訳という奇跡が歴史家の注目を引くことは全くなかったのだ。ニュルンベルク裁判については、司法・政治・歴史的な観点から何千巻にも及ぶ記述がなされてきたが、通訳システムに関する記述をすべて集めたとしても一〇ページ程度にしかならないだろう。これらの文献の中で、通訳者は、法廷速記者、警官、報道関係者に向けられるのと同じような関心度で扱われている。しかし本書を読み進めば、同時通訳がなければニュルンベルク裁判は成立しなかっただろうということが明確になるはずだ。

ニュルンベルク裁判が同時通訳発祥の場だと初めて聞いたとき、好奇心をかき立てられた。同時通訳がいかに難しいか、また長期にわたる訓練と教育を要するものかを認識していたため、訓練を受けていない通訳者の起用が裁判の公正さに影響を与えたかどうか疑問に思ったからだ。歴史の流れを変えた大きな誤訳を発見することを目的として研究プロジェクトに取りかかる決意だったが、研究を始めると、資料に残る誤訳を見つける前にまず資料そのものを見つけなければならないことに気付き、当初の研究計画の範囲と「思い上がった自信」はすぼんでしまった。資料を探すのは本当に難しかった。

ニュルンベルク裁判の通訳に関する出版物は非常にまれで、歴史書中の一般的な言及あるいは記事が散逸的に見られるに過ぎない。本書の出典の多くは未出版物だ。ワシントンやロンドンの公文書館といった施設で入手できる情報もあるが、ニュルンベルク裁判の通訳者から著者が個人的に受け取った文書や書簡を元にしているので、著者のみが有する未公開情報もある。情報源に限りがあるため、本書は議論を組み立てるのではなく、記述的な性質を持つものになっている。ニュルンベルク裁判に関する主張を擁護しているのではなく、同裁判の同時通訳に関して著者が入手し得たすべての情報を提示しているのだ。そのため、同裁判の公正さや、それに類似する議題で論争の種になっているものについて意見を述べることは差し控える。当時の出来事について本書に記載されている意見や判断、回想は、主に同裁判の参加者によるものだ。本書の主要な強みは、提供する情報量の多さと、当該研究分野の先行文献に対し本書が示せる新奇性にある。本書は、ニュルンベルク裁判における同時通訳システムについて包括的な概要を提示する初の文献なのだ。

本研究は、主裁判として最初に開かれたニュルンベルク裁判における同時通訳システムと同時通訳者のみに焦点をあてている。ドイツ語と英語の二ヵ国語のみが用いられたいわゆるニュルンベルク継続裁判について、また、翻訳局における組織構成や膨大な翻訳作業をこなす上で直面した困難については触れていない。

リサーチ

まずドイツ・ハイデルベルクの大学図書館で文献調査に取りかかり、その後カリフォルニア大学バークレー校およびその他の米国の図書館で研究を続け、終了に至った。当初から、ニュルンベルク裁判(1)に関する歴史書、そして通訳・翻訳の歴史に関する文書という、ふたつの路線で文献調査を進めてきた。通訳・翻訳の歴史に関する文献については、ハイデルベルク大学の通訳・翻訳者研究所が有する小規模ながら専門性の高い図書館で収穫を得ることができ、歴史書については主にカリフォルニア大学バークレー校で文献を探した。カリフォルニア大学バークレー校は、審理記録の原本四二巻を三セット所蔵し、ニュルンベルク裁判に関する歴史書も豊富に揃えている。しかし、通訳システムに関してこれらの文献にあたっても、数段落の記述が稀に見つかるのみだった。大学図書館には、最も有力な新聞・雑誌社が一九四五〜四六年に発行した新聞や雑誌のマイクロフィッシュも収められており、『タイム』誌、『ニューヨーク・タイムズ』紙、『ニューズウィーク』誌をあたることで、通訳者数名の氏名や日々の法廷の様子を伝える逸話を含んだ記事が何点か見つかった。

リサーチのかなりの部分は、書簡のやり取りに基づくものだった。シラキュース大学に手紙を送ってフランシス・ビドルの未発表のペーパーを入手し(2)、ワシントンの国立公文書館からはジャクソン判事のペーパーを入手することができた(3)。ロンドンの公文書館からは、英国検察団の文書を探すにあたり協力を得た。欧米のあらゆる主要な翻訳・通訳者協会だけでなく、ニュルンベルク裁判の通訳者が教鞭を取ったとされる大学にも連絡した。情報収集の努力は成果をもたらし、二ヵ月後には、ピーター・ウイベラル、ジークフリート・ラムラー、アルフレッド・ステアという三名のニュルンベルク裁判の通訳者と連絡を取ることができ、いまだ存命の他の通訳者の氏名や住所もこの三名から入手した。また、これらの人々は著者が見つけた資料に関する疑問にも答えてくれた。資料の多くで、不明瞭だったり矛盾が見られたりすることがあったからだ。さらに、ニュルンベルク裁判に関する有用な文書を提供したり、記憶を語ってくれたりした。後に、エリザベス・ヘイワード、エディス・コリヴァー、フレデリック・トレイデル、マリー＝フランス・スカンク、パトリシア・ヴァンダー・エルスト、シュテファン・ホルンといった他の通訳者にも連絡を取った。

スイス・ジュネーブにあるＡＩＩＣ（国際会議通訳者協会）本部からは、ニュルンベルク裁判における通訳についてのビデオテープを送ってもらった。同裁判の通訳者のインタビューや、裁判を撮影した映像の一部が収められているものだ。後に、ロンドンとワシントンの他にも、ドイツ・コブレンツの連邦公文書館とモスクワのロシア戦争公文書館にニュルンベルク裁判に関する未発表の資料が収蔵されていることがわかった。モスクワにある資料が閲覧できるようになったのはごく最近のことで、十分な研究はまだ行なわれていない。ロシア語を理解する研究者にとっては、通訳およびニュルンベルク裁判に関する研究を継続・発展させていく上で興味深い機会となるかもしれない。

本研究のために参照した資料について非常に興味深い点は、その多様性である。単に書籍のみに頼ったわけでなく、手書き原稿やタイプ原稿、個人的な書簡、電話からも情報を得た。写真、ビデオテープ、マイクロフィルム、マイクロリールも参照した。ロシア語は話さないが、ニュルンベルク裁判の使用言語四ヵ国語のうち三ヵ国語を理解する点が特に役立った。研究に活用した参考文献リストには、フランス語、ドイツ語、イタリア語、英語で書かれた書籍や資料を言葉の問題なく加えることができた。

時に、一次資料であっても情報が互いに相反するという問題に直面することがあった。ニュルンベルク裁判の通訳者であっても同じ出来事について異なる解釈をしている理由について、同裁判で通訳とモニターを務めたピーター・ウイベラルは次のように説明している。

「出典」の問題は、特に実際に物事が起きてから五〇年も経過してしまうと、非常に多くのものが単に二次的だというだけでなく、伝聞や別の二次資料から得た情報を繰り返しているに過ぎないということだ。一次資料でさえも、その人物が情報に直接触れたのか、あるいは後になって他人から聞いたに過ぎないのかが鍵となる。(4)

また、書籍に記されているニュルンベルク裁判に関する出来事の中には、実際には起きていない出来事や、実際に起きた出来事を最初は土台にしていても、五〇年が経過する中で伝聞や繰り返しを経て内容が変わってしまったものがあると述べる通訳者たちもいる。本研究においては、ニュルンベルク裁判に従事した通訳者と個人的に直接的な関わりを持つことができたため、報告されている出来事の正確性に関して、多くの通訳者が有する驚嘆に値する記憶力に基づき確認や照らし合わせを行なうことができた。

註

(1) 語彙の説明については「用語説明」を参照のこと。
(2) フランシス・ビドルは米国の判事。

（3）ロバート・H・ジャクソンは米国の首席検察官。
（4）E・ピーター・ウイベラルから著者への手紙（一九九五年四月二七日）。

訳註

（1）江戸時代におけるオランダ通詞など、職業としての通訳は二〇世紀以前にも存在した。ここでガイバは「会議通訳として今日知られている職業」について言及していると思われる。
（2）同上。
（3）これは厳密性に欠ける言説である。ガイバ自身が第一章で言及しているように、同時通訳は一九二七—二八年のILO大会や一九三五年の国際生理学会議などでも試みられている。

第一章　開廷前

一九四五年一一月二〇日、ローレンス裁判長がニュルンベルク裁判の開廷を告げた。世紀の裁判の幕開けである。関係者であふれた法廷に世界中の注目が集まり、人々は、初めて目にする同時通訳というシステムに驚嘆することになった――異なる四言語間でのコミュニケーションを可能にする未知の技術である。しかし、そもそも何が同時通訳の実施を可能にしたのだろうか。本章では、同時通訳の考案とニュルンベルク裁判での同時通訳の使用決定、通訳装置の法廷内設置に至る過程を考察する。まず、ニュルンベルク裁判の歴史的側面を簡単に説明すると同時に、一九四五年以前における職業としての通訳についても概説する。ニュルンベルク裁判を歴史的な観点から紹介するのは、同裁判の最も重要な史実に触れておくためであり、司法、歴史または政治上の評価はすべて意図的に差し控える。また、一九四五年以前の通訳を概観すると、新発明の通訳方式である同時通訳が持つ新奇性と重要性が浮き彫りになる。この新奇性と重要性は、当時、ニュルンベルク裁判に同時通訳を導入することに対し多くの人が抱いていた抵抗感や反感とは対照的だが、同時に、そうした否定的反応の理由も、同時通訳の特徴を考えれば理解できるのである。

歴史的背景

ニュルンベルク裁判――歴史的概観

第二次世界大戦中、枢軸国、特にドイツが行なった未曾有の残虐行為に鑑み、戦争犯罪人はその犯罪行為の責任を法廷で問われることになるとの警告を連合国は幾度も発していた。一九四三年一〇月、ソビエト連邦を除く連合国一七ヵ国の代表がロンドンに集まり、連合国戦争犯罪委員会（United Nations War Crimes Commission: UNWCC）を発足させ、戦争犯罪人の認定と起訴に関する一般規則を定めた。この一般規則に基づき、主要連合国である英国、ソ連、米国、フランス共和国臨時政府の代表が一九四五年八月八日、ロンドン協定に調印した。同協定には、枢軸国の主な戦犯の起訴・審理を担う国際軍事裁判所の設立を定めた憲章が盛り込まれていた。他の一九ヵ国もこの協定を承認し、調印した。憲章では、同裁判所の管轄下で裁かれる戦争犯罪が、平和に対する罪、人道に対する罪、通例の戦犯行為に分類された。また、裁判の全過程を通じ、被告人に対する公正さを維持することが最優先とされた。被告人は審理前の妥当な時期に起訴状の写しを受け取る権利を有し、容疑に対する弁明の機会を与えられる可能性もあった。予審および審理を被告人の母語であるいは母語への訳で受けるという権利も認められた。さらに、弁護を自ら行なうか、弁護人に任せるかを選べたばかりでなく、検察側証人に対する反対尋問や、弁護に使う証拠の提出も許された。

国際軍事法廷としての最初の公式会合は、一九四五年一〇月一八日ベルリンで開かれ、ソ連の判事I・T・ニキチェンコ将軍が議長を務めた。この会合は非公開で、判事だけが出席を許された。当初からの調印国がそれぞれ主判事および副判事を一名ずつ法廷に送っており、英国代表としてジェフリー・ローレンス卿、フランス代表としてドヌデュー・ド゠ヴァーブル、米国代表としてフランシス・ビドルが出席した。これらの判事が、連合国の捕虜となったナチの最重要戦犯二四名に対し、UNWCCが定義するさまざまな戦犯行為に基づく起訴状を作成した。被告人には、ヘルマン・ゲーリング、ルドルフ・ヘス、ヨアヒム・フォン・リッベントロップを始めとする「ドイツ国」の指導者たちの名があった(1)。

実際の裁判は、一九四五年一一月二〇日、ジェフリー・ローレンス卿を裁判長としてニュルンベルクで始まった(写真1、五九頁を参照)。ニュルンベルクが裁判地に選ばれた背景にはいくつか理由がある。まず、ニュルンベルクはナチ党の主要な党大会の開催地であった。さらに米国の占領下に置かれており、当時、裁判に必要な資金を提供できるのは米国だけだったという事情もある。裁判の首席検察官は、ソ連のR・A・ルデンコ将軍、フランスのフランソワ・ド゠マントンおよびオーギュスト・シャンプティエ゠ド゠リブ、英国のハートリー・ショークロス卿およびデイビッド・マックスウェル゠ファイフ卿、米国のロバート・ジャクソン判事が務めた。裁判の前に、被告人の一人ロベルト・ライが独房で自殺したほか、実業家のグスタフ・クルップは老齢と健康状態を理由として裁判に耐えられないと判断された。

裁判は一〇ヵ月以上続き、開廷日数は合計二一六日に及んだ。結審は一九四六年一〇月一日で、被告人二二名に判決が言い渡された。欠席裁判となったマルティン・ボルマンを含む一二名が絞首刑、三名が終身刑、四名が一〇〜二〇年の禁固刑、三名が無罪となった(2)。判決が言い渡された後、ソ連の判事ニキチェンコ将軍が発言し、三名が無罪となりヘスに対して死刑ではなく終身刑が言い渡されたことに異議を申し立てた。ゲーリングは独房で自殺したため刑の執行は免れた。厳しい監視体制下にあったにもかかわらず、刑の執行前夜に青酸カリのカプセルをあおって命を絶ったのである。

最重要戦犯の裁判に続き、閣僚、実業家、大使、海軍大将および陸軍元帥、法曹家、物理学者など一八五名のドイツ人が、米国人判事だけで構成される一二の法廷で裁かれた。後にニュルンベルク継続裁判として知られるようになったこれらの裁判は、一九四六年一二月から一九四九年三月までニュルンベルクで開かれ、法廷ではドイツ語と英語だけが使われた。

ニュルンベルク裁判については、その存在意義、公正さ、「勝者の裁き」か否か、という点に関し意見の相違が多くある。しかし唯一意見が一致しているのは、四言語への同時通訳がなければ裁判は成立しえなかったという点だ。メディアは同時通訳を賞賛も批判もしたが、通訳・翻訳を生業とする人間にとっては、通訳・翻訳の分野でこの同時通訳がいかに画期的なことだったかは明白である。ここで、同時通訳のもたらした影響の大きさを理解するためにも、ニュルンベルク裁判以前の通訳の歴史を振り返ることが必要だ。

一九四五年以前の通訳

今日、国際会議における通訳行為は当然のものと見なされている。世界中の主要な会議場にはどこでも通訳ブースが常設されている。しかし、通訳は驚くほど歴史の浅い職業であり、その起源をさかのぼっても一世紀にも満たない。通訳が誕生したのは一九二〇年頃で、(訳註1) フランス語以外の言語が外交の場における公式言語と認められて以降のことだ。最初に使われた手法は逐次通訳とウィスパリングだった。(3) 第二次大戦前にジュネーブの国際連盟で使用されていた通訳方式は同時通訳に似てはいたが、本章で後述するように、今日知られているかたちの同時通訳が考案されたのはこれより後のことだ。

国際会議における通訳が必要になったのは第一次世界大戦中のことだ。それ以前は、外交の場における公式言語としてフランス語のみが使われていた。たとえば、一八一四〜一五年に開かれたウィーン会議の参加者は、フランス語を完璧に操る外交官か、フランス語の知識があるという理由で選ばれた政府高官のいずれかで、万国郵便連合の会合でも状況は同じだった。(4) さらに、使用言語が異なる機関の間で行なわれるやり取りは公式・非公式の書面によるもので、翻訳のみが必要とされた。

しかし、第一次大戦中、米国と英国の交渉担当者の中にフランス語に堪能でない者がいたため、通訳の必要性が生じた。こうして、国際会議では通常、使用言語を理解しない出席者のために外交官の一人が発言を一文ずつ通訳するようになった。これが逐次通訳の最初のかたちで、フランス語、英語、ドイツ語で行なわれた休戦委員会の会合などで用いられた。(5) 通常、こうした会合では軍の通訳者か連絡将校が一文ごとの通訳を行なった。

その後、パリ講和会議の準備会合において英国が英語を外交の場における公式言語と認めるよう主張した。これをきっかけに、外交に関するあらゆる協議でフランス語あるいは英語の使用が可能になり、通訳が常に必要とされる状況が生まれた。(6)

通訳の必要性は、国際連盟の発足と国際労働機関（International Labor Organization: ILO）における会議の開催を受け、さらに逼迫したものとなった。これらの会議では、議題が外交問題に留まらず、戦後の復興にともなう経済問題や労働問題など、通常の国際会議で扱われることのない問題にまで及んだ。また、そうした会議では特定専門分野の議題が扱われることもあり、通訳を担う言語の専門家がますます必要となった。それだけでなく、労働組合員などの代表団が英語もフランス語も話せないという事態も時に生じたため、こうした代表団には、会議の進行を彼らの理解する言語でウィスパリングし、彼らの発言を逐次通訳する通訳者があてがわれた。

こうして、適切な能力を有するプロ通訳者の必要性が高まり、一九四一年ジュネーブ大学における最初の通訳者養成プログラムの誕生につながった。ここではその当時、四言語のみを対象としたウィスパリングと逐次通訳の訓練が行われ(7)、世界で唯一の通訳者養成学校としてジュネーブの国際連盟で働くプロ通訳者の養成を主眼としていた(8)。

一九四五年、連合国および中国が国際連合憲章の起草のため協議した。一九四五年六月のサンフランシスコ講和会議と、初代国連事務総長を選出した一九四六年初めのロンドンでの会合では逐次通訳のみが行なわれ、ジーン・メイヤー、ジョージ・ラビノウィッチ、カミンカー兄弟など、名だたる通訳者がジャン・エルベールの監督下で通訳を担当した。アンドレ・カミンカーは、弟のジョルジュと共に当時の逐次通訳者の花形で、メモを取らずに一時間半の演説を通訳することができた(9)。

しかし、ウィスパリングも逐次通訳も満足のいく通訳方式ではなかった。ウィスパリングでは通訳は小声で行なわれたものの、通訳者の声が話者の声と重なってしまった。そればかりでなく、訳を聞くことができるのは少人数の代表団に限られた。また、逐次通訳では、すべての文をすべての使用言語に訳す必要があるため、おそろしく時間がかかった。「通訳者たちが議事を追うのに苦労する中、会議は遅々として進まなかった(10)」。さらに代表団の大半は、自分の使用言語への通訳を聞いたら、今度は理解しない言語を耳にしながら、議事の進行をじっと待たねばならない状態だった。そこで、より効率的な通訳方法が国際会議の場で求められるようになり、同時通訳が考案されることとなった。

同時通訳の考案

同時通訳は、逐次通訳とウィスパリングという二つの通訳方式の改良版として考案された。同時通訳では、通訳者は同時進行での訳出、つまり発言を聞きながらの通訳を行なう。このため逐次通訳より所要時間が短く、多言語を用いる国際会議でも、一言語使用の会議と同じペースで進めることが可能になった。同時通訳はまた、ウィスパリングよりも有用性が高かった。通訳者は防音ブース内に座り、話者の邪魔をすることがない。また訳出は、イヤホンを通じて会議の全出席者に届けられたからである。

同時通訳は、次のような仕組みを意図して考案された。まず、電気機器を用い、有線式のマイクとヘッドフォンを結んでコミュニケーションを成立させる。通訳者はヘッドフォンを通して原発言を聞き、担当言語に訳出する。聞き手は、言語選択スイッチで自分の聞きたい言語を設定することで、選択言語での原発言または通訳を聞くことができる。

同時通訳システムの考案については、同時通訳の草分けの一人であるアンドレ・カミンカーが一九五五年にジュネーブ大学における講義で説明している。カミンカーは二つの大戦にかけて通訳に従事した数少ない通訳者の一人で、一九三四年にはフランスのラジオ局のためにヒトラーの演説を同時通訳した(11)。カミンカーは、国際連盟、またその後は国際連合でも通訳者として活躍した(12)。講義でカミンカーは、同時通訳装置を考案したのはフィンレーとボストンの実業家で国際商工会議所の会員だったE・A・ファイリーンであるとした。

同時通訳は新しいものではなく、長い間使われてきた。一九二六年か二七年に、ファイリーンという人物が（中略）エンジニアのフィンレーと共に同時通訳装置を考案した。発言を聞きながらの訳出が可能だと考えたのはファイリーンだった。二人は、IBMのトーマス・ワトソン社長に連絡し、三人で発明の特許を取得した。

新たに何かを発明したわけではなかったことを思えば、なぜ特許が認定されたのか今でも不思議だ。三つか四つのチャンネルを互いにつなぎ、これとマイクを結んだだけのものが発明品と言えるだろうか。(13)

ファイリーンとフィンレーの発明によるこの装置を製造したのはIBMで、国際連盟での使用もまずまずの成功を収めた。一九四五年のIBMによる書簡では、同社の国際通訳システムがジュネーブの国際連盟本部で使用されており、常設装置として導入された唯一のものだと述べられている。その他にも、一九二〇年の国際商工会議所大会や、一九二二年頃ワシントンで開かれた汎米連合第四回大会でも同システムが使用された。(14)これらの会議の開催年は、同時通訳が一九二六年あるいは二七年に考案されたとするアンドレ・カミンカーの主張と食い違うようだ。

しかし、カミンカーの主張を裏付ける資料もある。一九四六年発行の『L'Interprète（通訳）』誌には、雇用者側の代表の一人として自ら参加したILO会合での言語をめぐる状況にファイリーンが不満を募らせたことが記されている。ファイリーンは、「電話通訳」システムの採用を提案した。(15)ファイリーンが、フィンレーやIBMのワトソンと共に考案したシステムは、IBMハッシュアフォン・ファイリーン＝フィンレー（IBM Hushaphone Filene-Finlay）システムとして知られ、一九二六年に特許を取得した。[16] ハッシュアフォンが最初に使用されたのは一九二七年六月四日ジュネーブで開かれたILO総会中のことで、このシステムの導入によりILOは三万二七〇〇ポンド節約できたと報告されている。[17] また、一九三〇年の国際エネルギー会議ではジーメンス・ウント・ハルスケが製造した同種の装置が使用された。[18]

別の資料では、同時通訳が最初に使用されたのは一九三五年にレニングラードで開かれた第一五回国際生理学会議とされている。同会議ではパブロフが議長を務め、五ヵ国語に対応する有線通訳装置が導入された。[19] パブロフの開会演説は英語、フランス語、ドイツ語に同時通訳されたと報告されている。[20] 参加者は、ヘッドフォンとマイクの取扱方法について説明を受けた。[21]

ジュネーブの国際連盟における通訳

しかし戦前のジュネーブおよび他の国際会議では、その後のニュルンベルク裁判、あるいは今日の国際会議でのような同時通訳が行われていたわけではない。[22] 確かに同時通訳用の機材が使われてはいたが、同時通訳とは異なる通訳方式のためのものだった。その方式を本書では「同時的逐次通訳（simultaneous successive interpretation）」および「翻訳の同時読み上げ（simultaneous reading of pretranslated texts）」と呼ぶことにする。「同時的逐次通訳」では、各言語への通訳は同時に行なわれたが、原発言と同時に通訳されたわけではなく、少なくとも一回は逐次通訳が必ず入った。たとえば、国際連盟とILOでは、それぞれの言語の通訳者が発言を聴きながら逐次通訳と同じようにメモを取る。発言が終わると、通訳者の中から通常はフランス語の通訳者が一人立ち上がりフランス語に逐次通訳する。これと同時に、ブースに入っている他の通訳者がマイクに向かって自分のメモを見ながら、英語やスペイン語など、それぞれの担当言語に通訳していく。この方式では通訳はまだ逐次で行なわれ、そのため精度もかなり高いうえ、通常の逐次通訳に比べると全言語に訳出するための時間は大幅に削減された。国際連盟では非常に役立つ方法だったが、それでも一回分の逐次通訳が入るため、進行には二倍の時間がかかった。[23]

ジュネーブではまた、「翻訳の同時読み上げ」にファイリーン＝フィンレー・システムが用いられた。もちろんこれは、話者が十分な時間の余裕を持って通訳者に原稿を渡し、発言時にそれを読み上げるという場合にのみ可能だった。通訳者は、会議前に原稿を翻訳し、発言に合わせて同時に訳文を読み上げた。この方法では、単一言語使用の会議と同じ速度で議事が進んだ。

「同時的逐次通訳」および「翻訳の同時読み上げ」という二つの方法では、いずれもファイリーン＝フィンレーの装置が導入されたが、それは今日知られているような同時通訳のためには使用されなかった。だからこそ、ファイリーン＝フィンレー・システムは新しいものではなく、ニュルンベルク裁判以前に既に使用されていたが、「同時通訳という『技（art）』そのものは当時ほとんど未知のものだった」[24]という記述は正しく、これは関連文献のほとんどで指摘されていることだ。[25]

「同時的逐次通訳」および「翻訳の同時読み上げ」は、国際連盟ではまずまずの成功を収めた。しかし、その後のニュルンベルク裁判は、それまでに類のない状況となることは確実であり、言語面でも前例のない対応が必要だった。

裁判前の準備

ニュルンベルク裁判で言語面の特別な対応が必要になることは、裁判準備の全関係者にとって明白だった。言語学者レオン・ドステールは、発言と同時に訳出を行なう同時通訳を解決策と考えていたが、裁判で同時通訳を使用する決断を下すことは難しかった。どの代表団も裁判における複数言語の使用に不安を感じており、そのほとんどが同時通訳など全く機能しないだろうと当初考えていたからである。ようやく決断が下されても、それで問題が解決したわけではなかった。装置の設置で問題が生じたばかりか、職務の新奇性と難しさから、通訳者の採用は何にも増して困難を極めた。

ニュルンベルク裁判における特殊な言語ニーズ

裁判では、二つの制約から言語関連の障害が生じたが、いずれも国際軍事裁判所の憲章に端を発するものだった。まず憲章は、被告人は公正な裁判を受ける権利を有すると定めており（憲章4および5）、その前提のひとつとして、審理をすべて被告人が理解できる言語、つまりこの場合はドイツ語に通訳する必要があった[26]（それぞれ条文16および25に明記）。この条件を満たすために従来の逐次通訳を行なうということは、裁判に少なくとも二倍の時間がかかることを意味した。しかし憲章は同時に、費用と時間の節約のため、また一般の人々やメディアの注目を逸らさないために、できる限り迅速に裁判を行なうとも定めていた[27]。

この要件を二つとも満たす唯一の解決策は、使用言語を一つ、つまりこの場合はドイツ語に絞るということだった。前述の通り、第一次大戦以前の国際会議では単一言語使用が一般的であり、会議の参加者は共通語として通常フランス語を話した。しかしニュルンベルク裁判は、外交協議とはかなり状況が異なるものだった。国際軍事裁判所の全参加者にドイツ語を話し、理解するよう求めることなどできなかったのだ。まず、裁判は一つの主題に集中するのではなく、外交政策から強制収容所の衛生状態に至るまで多岐にわたる内容を扱った。また、争点があまりに複雑なため、検察側に外国語で職務を全うすることなど期待できなかった。たとえば、英国人の検察官がドイツ語の法律用語の十分な知識を有していたとしても、ワルシャワのゲットーの破壊について描写するのは困難だったろう。さらに、被告人には公正な裁判が認められており、その権利を行使するにあたり何の障害も生じないよう、被告人はドイツ語で審理を聞き、また話す権利を有していた。これと同様の公正さが、英国、フランス、ロシア、米国代表の検察官と判事にも認められなければならなかった。最後に、ニュルンベルク裁判は諸外国のメディアが報道する初めての大事件のひとつであり、国際社会に常に情報を提供する必要性があった。こうした理由から、裁判所は使用言語をひとつに絞るわけにはいかず、裁判に関与する連合国にはすべて、自国の言語を使用する権利が与えられることになった。

さらにニュルンベルク裁判は、通訳が使用される他の裁判と異なり、新しい通訳方式が必要とされた。通常、証人または被告人が法廷使用言語と異なる言語を話す場合、宣誓を行なった通訳者がその隣に座り、ウィスパリングする。証人または被告人が発言する際は、通訳者はマイクに向かって発言を同時または逐次で通訳する。これは今日でも使われている方式だが、これが機能するのは、法廷使用言語を理解しない人が法廷に一人しかいない場合に限られる。この場合、わずかな遅れは生じるにしても、審理が通訳によって妨げられるという問題は最小限に抑えられる。しかしニュルンベルク裁判では四ヵ国語が使われ、一人どころかさまざまなグループが全て異なる言語を話すという状況だった。さらに、通訳の入る裁判では通常、証人または被告人とその他の全裁判関係者のやり取りに限って通訳が提供されるが、国際軍事裁判所では、判事の間でも、また、一貫性のある訴追を行なうために意思疎通を図ることが必要な各国の検察団の間でも、言語の壁が存在した。(28)

こうしたニュルンベルク裁判独自の言語的な特徴から、裁判の準備担当者は、国際軍事裁判に従来の通訳形式は適用できないとの認識に達した。憲章では迅速な裁判が求められているが、裁判にかかる時間は従来の逐次通訳では四倍、「同時的逐次通訳」では二倍になってしまう。翻訳同時読み上げを行なう場合は、関係者が事前に発言の原稿を準備しておかねばならない。裁判中、特に主尋問と反対尋問などで発言者がその場で考え発話する法廷において、これが不可能なのは明白だった。

それだけでなく、裁判関係者は従来の通訳方式での失敗を恐れていた。実際に失敗を経験していたからだ。言語の問題は、憲章が討議されたロンドン会議で既に表面化しており、一九四五年一〇月二九日ベルリンで開かれた判事会合の議事録にも、言語上の問題について多くの発言が記されている。出席者は、フランス語の発言の英訳が聞き取れなかったとしばしば不満を漏らし、ビドル判事が自ら仏英通訳を行なうことさえあった。(29)こうした小規模の会合であっても言語の問題による混乱が生じたため、この問題が解決されなければニュルンベルク裁判がいかにおぞましい状況になることか、判事たちには容易に想像できた。また、「ベルゼン裁判では二ヵ国語（英語とドイツ語）しか用いられなかったにもかかわらず、通訳の問題が生じたため進行が滞り、英国側が苦労した」(30)ことも十分に認識されていた。ニュルンベルク裁判で検察官を務めた米国のジャクソン判事が残した言葉が、言語に関する状況に当時多くの人が抱いていた思いをよく伝えている。

四ヵ国語で裁判を試みるという問題ほど、私に悩みの種と気持ちの萎えを与えたものはないと思う。裁判が人々に与える印象を考えると、四ヵ国語を使用する裁判ほど大きな危険はないと考える。この問題が解決されない限り、裁判では言語による大きな混乱が生じ失笑を招くだろう。憎まれることより失笑を買うことを私ははるかに恐れる。(31)

最終的に、ニュルンベルク裁判では、逐次通訳、翻訳の同時読み上げ、そして「同時的逐次通訳」のいずれも実行不可能とみなされた。そこで、公正な裁判を迅速に行なうことのできる新しい仕組み、つまり国際軍事裁判という極めて重要な場で過去に使われたことがないような仕組みを探す必要があった。この問題の解決策を既に思案している人物がワシントンにいた。発言と同時に訳出する同時通訳を行おうというのだ。

ニュルンベルク裁判における同時通訳の導入

ニュルンベルク裁判の言語的な問題に対する最適な解決策として、発言と同時に訳出する同時通訳を最初に考えついたのは誰だったのだろう。米国の首席検察官を務めたジャクソン判事だとするものもあれば、後にニュルンベルク裁判の翻訳局長を務めることになるレオン・ドステール大佐だとするものもあり、資料によって意見の相違が見られる。

コノーやカーンといった、ニュルンベルク裁判を専門とする歴史家のほとんどは、同時通訳の「発見」をジャクソン判事の功績とみなす傾向がある。ジャクソン判事がジュネーブからニュルンベルクに同時通訳を持ち込んだというのだ。こうした歴史家は、ドステール大佐の名前には触れることもなく、同時通訳をニュルンベルクに導入した功績を大佐のものとは認めない。大佐の名前が登場するとすれば通訳者の採用に関わる部分だけで、これは大佐が裁判の初期段階で翻訳局の局長を務めたからだ。しかし、ドステール大佐自身やニュルンベルク裁判の通訳者が残した文書など、ニュルンベルク裁判に関するより詳細な文献は、ドステール大佐がニュルンベルク裁判における同時通訳の導入に全面的に関与したとしている。ジークフリート・ラムラーなど、著者が事実を確認するために連絡した通訳者の中には、この件へのジャクソン判事の関与などまったく知らず、ニュルンベルクに同時通訳を持ち込んだのはドステール大佐だと信じて疑わない者もいる。

この認識の差には理由がある。(32) 裁判の前段階の一九四五年夏、ドステール大佐はワシントンで「作業をして」おり、一方ジャクソン判事はヨーロッパで裁判の準備を行ない他の検察官と会合を重ねていた。ヨーロッパにいた人たちは、ジャクソン判事自身が同時通訳の着想を得たという印象を抱いたが、実際にはジャクソン判事はワシントンから指示や提案を受けていたのだった。ワシントンのペンタゴン（米国戦争省［現・国防総省］の本部）でドステール大佐に採用されたピーター・ウイベラルなどの通訳者は、裁判の準備を別の側面から目にしており、ニュルンベルクに同時通訳を導入しようとするドステール大佐の尽力を知ることになった。

戦時中アイゼンハワー大統領の通訳を務め、ペンタゴン内に執務室を持っていたドステール大佐は、外交で必要な言語関連業務の責任者だった。通訳者であり、ジョージタウン大学の言語学教授でもあった大佐は、国際連盟や他の国際会議で使用されていたファイリーン＝フィンレー・システムについて知識を持っていた。[33] 同時に、そうした場での同システムの使用方法が満足のいくものではないことも知っていた。「既存の装置に多少の改良を加えれば、その場での即時的な通訳が可能だとの確信を得たのはドステールだった」。[34] 通訳の世界において、これは革命的な発想だった。ドステールは恐らく、ジャクソン判事がニュルンベルク裁判の言語的な問題に対し抱いている懸念をペンタゴンで耳にし、ファイリーン＝フィンレー・システムを裁判のニーズに合わせて改造できると思いついたのだろう。ドステールは、国務省の首席翻訳官スロに連絡し、自らの考えを伝えた。[35] また、「ジャクソン判事がニュルンベルク裁判の検察官を務めるにあたりワシントンに置いた活動拠点の責任者である」[36] チャールズ・ホースキーにも連絡を取った。ドステールはホースキーに通訳装置の仕組みを説明するとともに、これこそがニュルンベルク裁判の言語問題に対する最良の解決策だと説得した。

一方ヨーロッパでは、ジャクソン判事が息子のウィリアムをジュネーブの国際連盟に派遣し、言語的な問題を国際連盟ではどう解決しているのか視察させた。ウィリアム・ジャクソン少尉は、国際連盟での逐次通訳は驚くほど時間がかかると報告した。この時点で、ワシントンのホースキーが、ロンドンで他の検察官と裁判の準備にあたっていたジャクソン判事に電信を送り、即時的な同時通訳を行なえる可能性があるため、通訳業務の準備は他に行なわないようにと伝えた。一九四五年八月三一日にロンドンで開かれた首席検察官会合の議事録にも、以下の記述がある。

ジャクソン判事が、多言語の同時通訳を行なうための装置を導入する提案を米国より受けたと報告した。そうした装置は裁判の目的に合わせて改造が可能だと考えられた。(37)

この進言を受けた後、ジャクソン判事は、補佐官のギル准将と息子のジャクソン少尉をワシントンに派遣し装置を確認させた。二人はそこでホースキーと面会する機会を得た。一方ドステールは同時通訳システムを完成させ、実演に備えて通訳者数人の訓練まで行なっていた。実演にはホースキーとジャクソン少尉が招かれた。

ペンタゴンの講堂で、ホースキーと若きジャクソン少尉は、フランス語訛りの強い、小柄できびきびした大佐に迎えられた。(中略)ドステールという名の大佐は、ホースキーとジャクソンに講堂の中央に座るよう求め、ヘッドフォンを付けるよう促した。舞台では三人の男性と一人の女性が、それぞれマイクを手にしている。舞台の片端では、IBMのエンジニアが操作盤の前に立っていた。ドステールが舞台上の女性に呼びかけると、女性は英語で自由に話し始めた。(中略)すると三人の男性が、マイクに向かい別々の言語で話し始めた。(中略)ドステールの説明によると、二人が耳にしているのは、若い女性が英語で話す内容をすべて、女性が話すのとほぼ同時に、裁判で使用される英語以外の三つの言語に通訳したものだということだった。(38)

ジャクソン少尉とホースキーは、この装置がニュルンベルク裁判に適したものだと考え、ニュルンベルクのジャクソン判事にこの旨を報告すべく電信を送った。一九四五年九月五日、ホースキーは国務省のスロ首席翻訳官と面会し、ドステールが紹介した装置の使用について話し合った。その後ホースキーは再度ジャクソン判事に連絡し、装置の詳細な仕組みを説明した。(39)

ドステールは、この同時通訳システムが裁判に適したものだということをジャクソン判事と彼のスタッフに何とか納得させることはできた。しかし、判事のスタッフがフランス、ソ連、英国の代表団を相手に同時通訳の仕組みを説明し、同じような説得をするのは困難だった。検察官と判事たちの反応は、ただ不安だというものからあからさまに懐疑的な見方までさまざまだった。ひとつの装置で四ヵ国語を同時に提供できるとはとても信じられなかったのだ。それればかりか、異なる言語を聞きながら話すなど人間の能力を超えていると感じたようだ。特に首席検察官たちは、証人尋問の際にこの方法でうまくいくのか疑問を残せるか疑わしいと考えた。彼らは同時通訳の仕組みに不安を抱き、信頼できる速記録をあらわにした。弁護人と検察官が用意した原稿をあらかじめ翻訳し、訳文を読み上げる時にしか、この方法は機能しないと考えたのだ。(40)

ジャクソン判事ですら懐疑的だった。装置をニュルンベルクに送らせることには同意したものの、この方法でうまくいくと完全に確信しているわけではなかった。法廷に対して、証人の数をできるだけ少なくし、代わりに証拠書類を提出することで、口頭による証言に使われる通訳を最少限に抑えることさえ提案した。(41)しかし、同時通訳以外の方法を用いた場合、状況はさらに悪くなることも認識しており、決断の前に同時通訳を試すつもりにはなっていた。

別の理由から同時通訳に疑問を持つ者もいた。たとえば、フランス代表団の首席通訳官アンドレ・カミンカーは、二つの大戦にかけて同時通訳を試みており、通訳の正確性を話者が確認できないことから、ニュルンベルク裁判では同時通訳は実行不可能だと考えた。これだけ重要性の高い審理では、被告人もその他の発言者も、自らの証言内容が正確に通訳されたことを確認する必要があるとカミンカーは論じた。同時通訳ではこれができない。ニュルンベルク裁判の後カミンカーは、自らの懐疑的な見方は正しかったと以下のように主張した。

ニュルンベルク裁判では同時通訳が使用されたが、私の考えでは、これほど同時通訳に適さない現場もなかった。被告人の命がかかっているのに、当人は証言中、通訳を聞くこともその内容を確認することもできなかった。もちろんこれは同時通訳の最大の欠点のひとつだ。(42)

ジャクソン判事が同時通訳の採用に向けて動き出してから二ヵ月経った一九四五年一〇月の時点でも、他の代表団はまだ躊躇していた。同時通訳という概念にいまだに不安を感じ、従来の通訳方式を望んでいたのだ。一九四五年一〇月二九日のIMT会合でフランス代表団は、首席通訳官カミンカーが作成した提案を打ち出した。前述のとおりカミンカーは、発言と同時に訳出するというドステールの勧める同時通訳は、絶対に不可能とは言わないまでも非常に難しいと確信していた。カミンカーは、逐次通訳を一段階入れ、その後に二ヵ国語の同時通訳を行なうというジュネーブで採用された通訳方式を提案した。これは、さきほど「同時的逐次通訳」として紹介した方式である。しかしIMT会合では、ジャクソン判事の上級補佐官であるギル大佐が、逐次通訳と同時通訳の組み合わせは不要だと強く主張した。二人の通訳者がブースから通訳しているのなら、もう一人が「立って通訳する」必要はないというのだ。(43)

一〇月末にドステール大佐がニュルンベルク入りすると、自らの提唱する同時通訳に対し、何とか関係者の信頼を醸成することができた。同時通訳など不可能だとベテラン通訳者が説くと、ドステールは、そうでもしない限り裁判は結審しないという単純な理由を持ち出し、同時通訳は機能すると応えた。(44) 判事団がベルリンで会合を開いた際にも、ギルが同様の考えを示した。ギルは、同時通訳の代替策として三段階の逐次通訳に触れ、「その方法では結審の日まで自分が生き長らえるとは思わない」(45)と述べた。

同時通訳の採用が正しい選択だと明らかになるまでに、時間はかからなかった。その他の方法は審理を遅らせるだけということが確実だったからだ。しかし、同時通訳を使う決断を下すよりも、実際の導入の方が困難をともなった。装置を入手し、法廷での迅速な設置をする必要があったし、同時通訳を行なうのに適切な能力を持つ通訳者を探さなければならなかったのだ。裁判運営の責任を負う米国首席法律顧問事務局の担当者がこの任務に就くことになった。

ＩＢＭ装置の提供と設置

同時通訳の使用が決定すると次のステップは、必要な装置を手配し設置することだった。ジャクソン判事の息子、ジャクソン少尉はＩＢＭに連絡し、装置の提供を求めた。少尉は国際連盟に赴いたことがあり、ジュネーブや他の国際会議でＩＢＭが同時通訳用の装置（ファイリーン＝フィンレー・システム）を設置していることをそのとき知ったと思われる。ＩＢＭからは一九四五年八月八日に書面で返答があり、ファイリーン＝フィンレー・システムの特許技術に基づく「国際通訳システム」の情報が届いた。書簡には、装置の説明、設置の図面と写真が含まれていた。ＩＢＭはまた、ヘッドフォン一〇〇個と必要なケーブルを含め、装置をすぐに発送できることをジャクソン少尉に知らせた。しかも輸送費を政府が負担するのであれば、無償で装置を提供してもよいとのことだった。[46]

英国の首席検察官マックスウェル＝ファイフ卿は回顧録の中で、ＩＢＭが無償で装置を貸与した寛大さを讃えている。[47]ＩＢＭによると、「これは国際理解を促進し、『国際貿易を通じた世界平和』を推進する当社の取り組みの一貫である」[48]という。しかし、装置の貸与はおよそ寛大さや平和とは関係ないとみる向きもあった。

最初の赤字は覚悟のうえで客寄せをねらった「目玉商品」の格好の例だ。ニュルンベルク裁判で成功を収めたおかげで、ＩＢＭは後に同じ装置をニューヨークの国際連合に売ることができた。[49]

ＩＢＭはまた、装置の設置には熟練作業員が必要になるとジャクソン少尉に伝えた。ＩＢＭは、少尉のスタッフのうち技術者二名を装置の発送二日前にＩＢＭ社内で訓練することを提案した。少尉が後に送った電信によると、技術者が二名ＩＢＭに送られ、その後ニュルンベルク裁判でこの二名が装置の設置を監督した。ＩＢＭはまた、自社の従業員を数名派遣し、米国陸軍通信部隊の技術者との共同作業にあたらせた。技術者全員を監督したのは、裁判を通して通訳システムの技術面の責任を担ったヴィンセント少佐である。少佐は裁判前ＩＢＭで働いた経験があり、その後また同社に復職した。[50]開廷の約三週間前、通訳装置の入った木箱六個とIBMのエンジニアを乗せた陸軍軍用機がついにニュルンベルクに到着し、その後すぐに装置の設置作業が始まった。

設置作業にあたり大きな問題となったのは時間だ。装置が到着したのは一九四五年一〇月末で、開廷は一一月二〇日と決まっていた。ドステール大佐はニュルンベルク到着後すぐ、審理が行われることになっていた裁判所建物の建築と修復にあたった建築家のダニエル・U・カイリー大佐に装置の設置を急がせた。装置のテストや通訳者の訓練に必要だったからだ。

大きな障害となったのは、裁判所の建物が戦時中大きな被害を受け、修復に時間がかかっていたことだ。修復作業中に、法廷の床の一部が三階分、地下まで崩れ落ち、作業員二名が命を落としている。これにより同時通訳装置の最終的な設置作業が遅れ、法廷の階上にある裁判所屋階に仮設されることになった。

そればかりでなく、一九四五年八月の段階でIBMが納入できたヘッドフォンは二〇〇個だけだったのに対し、ニュルンベルク裁判の法廷ではさらにそれ以上の数が必要とされた。この問題は、米国首席法律顧問事務局のギル大佐が、ジュネーブで同時通訳用の装置に使われていた三〇〇個のヘッドフォンを確保したことで解決した。大佐はヘッドフォンの受け取りを一九四五年九月一九日に行ない、ニュルンベルクに同月二二日頃に届くよう手配した。(51)

時間との闘いは厳しさを増した。人類史上もっとも重要な法廷となるはずのニュルンベルク裁判の開廷まで三週間しか残されていない。それなのに、裁判の運営に不可欠な要素がまだ欠けていた。同時通訳者である。

通訳者の採用

ニュルンベルク裁判の通訳者は二段階のプロセスを経て採用された。まず候補者は自国で言語能力試験を受け、試験に合格すると次にニュルンベルクに送られ、ドステール大佐の下で同時通訳試験を受けた。ニュルンベルク裁判での仕事の難しさから選抜基準は非常に厳しく、通訳者候補を探すのは困難を極めた。しかも、選ばれた候補者の中から実際に通訳者として裁判に臨んだのはごくわずかだった。

ペンタゴンによる最初の求人

採用プロセスは米国で始まったが、これは言語関連業務を組織し資金提供を行なうのが米国だったという事情による。ニュルンベルク裁判に関わる全人員の採用は、米国大統領ハリー・トルーマンの大統領令から始まった。一九四五年五月二日付の大統領令でロバート・ジャクソン判事が米国検察団の代表に任命され、必要とされる全人員の採用に関する権限を与えられた(52)。

ドステール大佐の同時通訳使用案が認められた後、国務省のスロ首席翻訳官が、ニュルンベルク裁判における言語関連業務の計画をまとめた。この計画は、国務省がこの頃サンフランシスコで開催した国連の多言語会議を基にしたもので、通訳局、翻訳局、記録報告局の設置を盛り込んでいた。計画では、四言語それぞれに六名の通訳者、通訳部門の管理官一名、また、各言語につき一二名の翻訳者および九名の速記者を置くこととした。これに加え開廷前には、公判前尋問手続および押収された大量のドイツ語文書の翻訳のため、多数の通訳者、翻訳者、速記者が必要とされた。

この計画に従い、トルーマンの大統領令で権限を与えられた国務省および戦争省は、ニュルンベルク裁判で必要とされる人員の採用に総力を挙げて取り組みはじめた。戦争省は下士官兵からの採用を担当し、民間人の採用は国務省または戦争省の海外軍属部門が担当した。(53)採用にあたった部門はいずれも困難に直面した。まず、軍人を採用しニュルンベルクに派遣するのは、ビザもパスポートも必要ないので容易だった。しかし民間人の場合、ニュルンベルクへの派遣にはパスポートやビザの取得が必要となるため、大統領令に基づいて採用しようにも問題があった。遅延を避けるため、ジャクソン判事の在欧スタッフは、ニュルンベルクで切実に必要とされている民間人の通訳者・翻訳者に対してはパスポート取得の条件を無効とするよう、繰り返し要請した。(54)

一九四五年九月二四日、トルーマンが新たな大統領令を発したことで採用プロセスは早まることになった。この大統領令で、ビドル判事とパーカー判事がそれぞれニュルンベルク裁判の正判事および副判事に任命され、採用に関して以下の内容が盛り込まれた。

> 国務長官、戦争長官、司法長官および海軍長官に、正判事および副判事に対し適切な支援を提供する権限を与える。（中略）また、この目的のため人員の要請があった場合は、軍人も含め人員を採用または派遣することができる。(55)

それでも他の面で問題が生じた。一九四五年九月一七日付で戦争省が送った電信によると、ドイツ語、フランス語、ロシア語に関し、有能な通訳者を見つけるのに国務省が苦労しており、現地また英国での通訳者の採用を強く求めたという。[56] 主な問題はドイツ語を話す人材の不足だった。この時点ではまだ、ニュルンベルク裁判に関わる作業、特に法廷速記のためにドイツ人を採用することが可能かは不透明だった。代替策となり得るのは、オーストリア人とスイス人の採用だった。[57] 翻訳部門の人材リストによると、後にドイツ人の法廷速記者一七名が採用されたことがわかる。

最後にまた別の問題によって、採用プロセスが滞ることになった。戦争省は通訳者・翻訳者候補の能力を判断する役割を国務省のスロ首席翻訳官に委ねることを提案した。国務省はサンフランシスコで国連国際会議を開催したばかりで、通訳のプロセス、通訳者の要件や料金について情報を得ていたため、言語面を担当する人員の試験と採用に関しては国務省のほうが適格だとホースキーは判断したのである。[58] この判断に基づき、スロはドイツ語と英語への通訳・翻訳を担当する人員の採用を任された。[59]

こうした対応策により米国での採用プロセスは加速したが、他の連合国も自国から人員を派遣しなければならなかった。そのため、スタッフがワシントンで通訳者の採用と訓練にあたっている間、ジャクソン判事は在欧の他の代表団に対し、何をすべきか情報を提供した。早くも一九四五年八月三一日には、ジャクソン判事はロンドンでスロがまとめた言語関連業務の計画を他国の代表団に示していた。フランスとソ連は、それぞれフランス語、ロシア語への翻訳と通訳、またフランス語、ロシア語の法廷速記を行なう人員を提供しなければならないとされた。米国と英国は英語とドイツ語を共同で担当することになった。ジャクソン判事は各国に対し、通訳者六名、翻訳者一二名そして速記者九名を派遣するよう要請した。フランス、英国、ソ連の代表団は、必要な人員の確保を確約した。

しかし、この三ヵ国の尽力も、ジャクソン判事の目には十分とは映らなかった。一ヵ月が経過しても、ジャクソン判事は通訳者の採用に依然として懸念を抱いていた。ジャクソン判事は、米国は英語・ドイツ語以外の言語からこの二ヵ国語に訳出する人員を手配できると確信していたが、フランスとソ連がフランス語・ロシア語に訳出する人員を確保できるか疑念を抱いていたのだ。米国の代表団は、四ヵ国語での裁判は絶対に不可能と堅く信じ、既に二つの代替策まで構想していた。

a　四ヵ国語要件の放棄——各検察団は自国語を使用し、通訳は被告人のためにドイツ語へのみ行なう。

b　英語・ドイツ語での二ヵ国語裁判の実施——英国と米国の代表団のみで裁判を行なう。(60)

しかし、このように極端な代替策は必要なかった。一九四五年一〇月二日、英国、フランス、ソ連が、適切な通訳者の提供を改めて確約し(61)、一方、米国でも当初の問題が解決し、事態は大きく前進しようとしていた。

ペンタゴンでの試験

通訳者選抜の第一段階は、ペンタゴンで行なう語学試験だった。米国では、ニュルンベルクに派遣する言語要員の採用に責任を持つスロ首席翻訳官が、選抜を監督し実際の採用にあたる担当者を任命することにした。この役目を果たすのに最も経験豊富な適任者は明らかにドステール大佐だった。同時通訳システムを考案しその採用を働きかけたのはそもそも大佐だったからだ。

しかしドステール大佐は、民事業務の歴史を記すという新しい任務を戦争省から任されていた。そこで、大佐をこの任務から解き、言語要員の採用監督にあたらせようとする働きかけがヨーロッパおよびワシントンでなされた。[62] 一九四五年一〇月一日、大佐はついに米国での採用プロセスの指揮を執ることになった。[63] 大佐は、ワシントンで一般的な語学の試験を実施し、選ばれた候補者をニュルンベルクに派遣することにした。

翻訳、通訳、速記の試験を受けるためにペンタゴンにある大佐の執務室を訪れた受験者は、ニュルンベルク裁判での職務についてさまざまな方法で情報を入手していた。トルーマン大統領の二つの大統領令は、米政府のさまざまな部門に行き渡っており、米国の行政に携わる人々、また軍に所属する人々は、来るべき裁判について情報を得ていたのだ。軍人の受験者は、軍あるいはペンタゴンにより再徴用され、九〇日間の一時的任務としてニュルンベルクに送られた。一方、ドステール大佐の執務室にやってきた民間人が裁判と言語要員の募集を知ったのは、裁判に関するメディアの大々的な報道を通してのことだった。本研究のためインタビューに応じてくれたニュルンベルク裁判の通訳者のうち、エディス・コリヴァーは、ワシントンで仕事をしていた際、新聞で裁判のことを知ったという。彼女は戦争省に応募し、そこで面接を受けた。[64] ピーター・ウイベラルは、米軍所属でドイツ・フランクフルト近郊に駐屯していた妻から裁判の情報を得た。[65] ドイツ語が母語のウイベラルはドステールの面接を受け、採用が決まった。ドイツ文学者アルフレッド・ステアは、ワシントンの酒場で軍人から裁判について聞き及び、ペンタゴンに行ってドステールの面接を受けるよう勧められた。[66]

ステアは、ペンタゴンで受けねばならなかったドイツ語試験を今でも覚えている。[67] 新聞記事の切り抜きをドイツ語に翻訳するという内容だった。ドイツ語に堪能なステアは、試験監督のドステールがドイツ語を話せなかったため、この試験に少々憤慨した。しかしドステールは、この試験は興味本位、また観光目的の受験者を排除するために通常行なっているやり方だと説明した。ドステールはドイツ語の知識が乏しかったためか、ペンタゴンで語学試験を行なうにはドイツ語の母語話者が必要だと考えていた。そこで、ペンタゴンに面接を受けに来たウイベラルにこの任務を与えたのだった。

試験の際ウイベラルは、受験者に木、自動車部品、農具などの名前をそれぞれ一〇個、二ヵ国語で挙げるよう求めた。ウイベラルの行なった試験は、一般的な言語知識を試すだけのものではなく、職務に即したものだった。通訳者はさまざまな分野についての知識を有していなければならず、また、その知識に対応した語彙を通訳する言語で習得している必要もあったからだ。ウイベラルは、母語で農具の名前を挙げられない都市在住者が多いのに驚いたことをよく覚えている、と語っている。(68)

言語能力を基に選ばれた受験者は、船でニュルンベルクへ渡った。裁判で仕事をすることになった通訳者・翻訳者六九名のうち、最初に渡航することになった一〇～一五名は一九四五年一〇月初めに出発した。審理前の尋問のために必要とされたからだ。採用プロセスは一〇月末まで続き、さらに多くの通訳者・翻訳者がヨーロッパへ派遣された。

一〇月の終わり、ドステールはワシントンからヨーロッパに向かう時期が来たと判断した。IBMの装置もニュルンベルクにまもなく到着することになっており、ドステールはその設置を監督しなければならなかった。通訳者の訓練も必要だった。開廷までたったの三週間という時になっても、ニュルンベルクではいまだに多くの仕事が残っていた。ドステールは、ワシントンの自分の部署に人材の採用とニュルンベルクへの派遣を引き継がせ、自らはスタッフと共にヨーロッパに向かい、一九四五年一〇月二九日ニュルンベルク入りした。任務開始を報告したのは一九四五年一〇月三一日である。

ヨーロッパでの求人プロセス

一方ヨーロッパでは、通訳者の採用はいまだに大きな懸念の種だった。フランスとソ連が自国の通訳者を提供できないのではないかというジャクソン判事の不安は的中した。一九四五年一〇月二九日、開廷までたったの二二日という時になっても、ニュルンベルクにはフランス語担当、ロシア語担当の通訳者・翻訳者がだれ一人到着していなかった。事実、審理前尋問手続を行なっていたのは米国の代表団だけだった。英国は尋問を行なわない決定を下していたが、フランスとソ連の場合は単に通訳者が不足していたのである。[69]

言語要員の問題は、一九四五年一〇月二九日のIMTにおける判事の会合でも再度取り上げられた。ギルは各代表団に、最低でも法廷速記者四名、通訳者六名、翻訳者六名を提供するよう求めていた。[70] たとえばフランス代表団は、フランス語以外の各言語からフランス語への通訳者を、一言語につき二名、計六名派遣しなければならないとされた。米国のビドル判事は、この数では必要な言語関連業務をすべて行なうのに不十分かもしれないと反対したが、速記者も含め六四名で十分だと説得された。しかし実際はビドル判事が正しかった。開廷直前、通訳者は二四名ではなく三六名必要だと判明した。また、翻訳が必要な文書も、二四名の翻訳者が対応できる分量を超えることがわかった。裁判中の通訳者・翻訳者の数はソ連関係者を除いても約三〇〇名に達し、[71] 翻訳部の人材リストの長さを見ればギルが裁判における言語サービスの必要性を大幅に過小評価していたことは確かだった。

同会合でギルはまた、同時通訳システムは三つの条件が満たされた場合にのみ機能することを他の代表団に説明した。まず、装置が効率的に機能しなければならない。ギルはこれについてはまったく心配していなかった。米国陸軍通信部隊がこの任務を遂行する能力を完全に備えていると考えていたからである。次に、発言者はだれもが、一回に一人ずつ、ゆっくり発言するという決まりを守らねばならない。最後に、同時通訳システムは、各代表団が最高レベルの通訳者を派遣した場合にのみ機能する。(72) ギルは同時に、一一月初め（遅くとも一一月一〇日まで）には通訳者の準備が完了していることが重要だと主張した。そのため、連合国の作業は容易ではなかった。人員を迅速に確保するだけでなく、最良の人材を採用しなければならなかったからだ。フランス、英国、ソ連の代表団が採用努力の成果を披露するときが遂に来た。ソ連のニキチェンコ判事は、ロシア語の人員は英国、ドイツ、フランスから採用中であると述べ、フランス代表団は、フランス語への通訳者は一一月七日か八日にニュルンベルクに到着すると確約した。最後に英国代表団のローレンス判事が、英国の通訳チームは一一月七日に間違いなく到着すると述べた。

ヨーロッパ到着後も、ドステールと彼のスタッフが人員を採用し続けた。それまでに選ばれた人員のほとんどが、他の組織からの出向者、あるいは休職してニュルンベルク裁判に参加した者で、休職期間が終われば裁判を離れなければならないことを知っていたからである。後に裁判中、多くの米国人が本国に帰還せねばならないという事態が生じたが、フランス人、オランダ人、スイス人といったヨーロッパ現地で直接採用した人員を充てることで問題は解決された。人材を発掘し採用するために、ドステールは副官となったステアをヨーロッパ全土に派遣した。IBMは、訓練を受けた通訳者の派遣を支援できる可能性があるとして、ジュネーブの支社に連絡を取るよう勧めた。ステアはジュネーブの国際連盟にも足を運んだが、国際連盟の通訳者は年齢も上で翻訳文書の読み上げ方式の通訳に慣れていたため、同時通訳の重圧に耐えられるか疑問だと判断した。むしろベルギーやオランダのような、国民が一般に複数の外国語を容易に操る小国で良い候補者が見つかった。また、パリ電話交換局では、職員が日常会話を電話で同時通訳することに慣れており、通訳者の良い発掘場所になることがわかった[73]。

ニュルンベルクでの通訳試験と採用

米国政府やその他各国政府が行なった語学試験に合格した受験者は全員、採用プロセスの第二段階に進むためニュルンベルクに送られた。採用プロセスの第一段階は、合格者が同時通訳のできる人材であることを示唆するものではなかった。そこで、ニュルンベルクに着いた通訳者候補は広範な試験に臨み、聞きながら訳すという作業が実際に同時にできるかを判断された。この試験は国籍にとらわれずに実施された。つまり、ドイツ語に訳出する通訳者は、ドイツ語を習得してさえいればフランス人でも英国人でも構わなかった。

通訳試験は模擬裁判の形式で行なわれた。候補者はブースに送られ、母語あるいは候補者が最も自信のある言語への同時通訳をしなければならなかった。この模擬裁判では、判事役や検察官役などの人が、実際の裁判で予想される通り、文書を読み上げたり、即興で発言したりした。どの候補者が同時通訳をする能力があり、どの候補者が緊張に耐えられないかは容易に判断できた。スピードが重要な鍵だった。

文書を読み上げる速度は徐々に上がり、通常の速度へ、それから早い速度へと移行した。通常の速度での発言を同時通訳できないのであれば、この任務には向かないということだった。

模擬裁判は、ドステールとヴィンセント少佐が通訳装置を仮設した裁判所屋階で行なわれた。戦争で被害を受けた裁判所の修復が進むと、通訳装置は法廷に移され、模擬裁判もそこで行なわれるようになった(74)。

採用基準

ニュルンベルク裁判で使用されることとなった同時通訳の形は、全く新しい通訳方式だった。そのため、通訳候補者の合否を決定する基準も存在しなかった。候補者の採用と試験をある時期指揮していたステアとウイベラルは、基本要件は逐次通訳の要件に近いと考えていた。二つの言語に対し抜きん出た知識を有すること、そして広範な文化的・教育的背景を持つという要件だ。加えて候補者は同時通訳特有の要件として、ストレスの多い状況下でも慌てず、平静を保てる能力が必要とされた。

言語面では、通訳者は、担当する外国語に対し母語話者並みの知識を持っているべきとされた。言語の習得度や流暢さだけでなく、法律や医学、時事問題など多くの分野で広範な語彙が必要とされたのだ。また、聞き取る言語よりも、訳出する言語での習得度や流暢さの方が高いことが必要と考えられた。そのため翻訳局は(75)、母語でない言語に訳出する通訳者に関しては、その外国語をこれまで一貫して、かつ最近使用したことのある候補者を採用しようとした(76)。

言語能力そのものは通訳能力を保証するものではなく、教養や教育程度の高さも必要とされた。通訳者の経歴は、「多岐にわたる語彙とさまざまな主題を吸収する能力」[77]を持てるような広範なものでなければならなかった。通訳で扱う二言語をそれぞれ使用する国で数年ずつ過ごしたことがある通訳者の場合に最良の結果が得られた。たとえば、母国で教育を受け、外国で職業経験を積んだ場合などだ[78]。また別の基準として、法律関係の職歴や人前で話す経験があれば、通訳者としての適性が高いとされた[79]。

最後の基準として翻訳局は、同時通訳で特別に必要とされるスキルを持つ人材を探していた。まず、ストレスの多い状況で職務が行なわれることを考えれば、通訳者はプレッシャーの下でも平静さを保ち、困難な状況にあっても集中できる能力を有していなければならなかった。また、この職務では、同時に聞き、話すことができる頭脳の機敏さが求められ、耳に入る原発言という刺激に即座に対応できる能力も必要とされた。つまり、言葉に詰まったり止まったりすることは許されないため、最良の訳語を思いつかなくてもすぐに別の訳語を思いつく能力を持つ必要があったのだ。迅速かつ正確に決定を下せるようでなければならず、さらに、話者の発言速度への適応や迅速かつ正確な通訳の必要性から、高レベルの精神力と体力が求められた。最後に、聞き手が何時間も同じ通訳者の声を聞いても疲れないように、通訳者は聞きやすい声ではっきりと発音する必要があった[80]。翻訳局が「長時間聞くに耐えない話し方をする通訳者数名」を降板させたという報告がある。

採用結果

翻訳局は、これらの基準を満たす候補者の選抜を始め、最も適任なのは通常三五～四五歳の通訳者であるとの認識に至った。これより若い受験者は語彙が不十分で、年配の受験者は職務の緊張に耐えられなかった。さらに、聞きやすい声は女性より男性のほうが多かったものの、ステアによれば「優秀な女性通訳者は本当に優秀」[81]だった。また、多言語を話す人材より二ヵ国語を話す人材のほうが好まれた。というのも、知っている言語の数に比して言語の習熟度が低下することがわかったからだ。[82]また、スピーキング能力に関し、対象言語間で常に多少の差があり、真に二ヵ国語を操れる人は珍しいこともわかった。[83]ステアは、真の意味での二言語話者は存在しないと考えていた。「母語を二つ持つと主張する人が時々現われる。そんな時は台所用品の名前をすべて二ヵ国語で言ってもらうことにしている。子供の頃に母親の台所仕事を見てはじめて習うような語彙だからだ[84]」とステアは述べている。

また、通訳者の多くが母語への訳出を好む一方で、「発言を母語で聞き第二言語に訳出したとき最良の通訳になる。（中略）通訳者はまず発言内容を完璧に理解しなければならない。そうすれば通常は、発言の意味を表すにふさわしい言葉を第二言語で見つけることができる[85]」こともわかった。ウイベラルは次のように回顧する。

ウォルフ・フランク（独英通訳者）のような人材が好まれた。彼の場合、母語はドイツ語だが英語圏での生活が十分に長く、さまざまな職業や活動分野における英語使用経験も十分にあった。[86]

しかし全員が同じ意見だったわけではない。ステアによると、原発言の理解と意味を伝えるという点では母語から訳出したほうが良い通訳になるが、外国語の発音が聞き手に違和感を持たせることが多く、デリバリー（話し方）では劣る。つまり外国語への訳出では、デリバリーの洗練度や格調の高さが失われる恐れがある。一方、母語への訳出では「マイクを通すと強調されて聞こえるらしいアクセントの問題がない」(87)のだ。人は「母語で話すほうが語彙も豊かで滑らかになる」(88)からだ。このような見方はあったものの、結局、最良の通訳者と考えられたのは、フランクのように母語から非常に高度な知識を伴う外国語へ訳出する通訳者だった。

最後に、優れた学歴を持つ言語専門家の多くはこの任務に向かないことも明らかになった。ショーペンハウアーを訳せるからといって、強制収容所でのトイレの状況などの話題に対応できるわけではなかったのだ。このため、最も優秀な言語学者や学術分野の翻訳者が不合格になることがあった。

翻訳局は、同時通訳ができる人材はごくごく少数だということを認識するに至った。一年に四〇〇名を超える受験者の試験を行なったステアの計算によると、経験豊富な逐次通訳者も含めて同時通訳ができるのは、全受験者のわずか五%だったという。開廷前に二〇〇名以上が試験を受け、最初の同時通訳者三六名が選ばれた。また、裁判中には合計五〇〇名以上が受験した。試験開始からほどなくして、同時通訳は非常に困難な作業であることが認識されたのだった。

同時通訳者には並の通訳者・翻訳者をはるかに上回るレベルと技術が求められるという極めて重要な点で、全員の意見が一致した。(89)

採用された通訳者が受験者の数パーセントにすぎなかったのは任務の難しさによるものだが、受験者の中に同時通訳の訓練経験者がいなかったという背景もある。彼らは自分なりに手探りで試験に臨んだため、同時通訳ができる人材の割合は今日と異なり非常に低かった。こうした理由から、また裁判期間を通して通訳者が切実に必要とされていたという理由から、採用基準の一部が後に緩められたが、通訳者の中には通訳の質が低いと批判され別の通訳者に取って代わられる者もいた。(90)

ドステールは当初から、翻訳局が既に翻訳者として雇っていた人材あるいは尋問局で一文ごとの逐次通訳を担当していた通訳者に対し試験を行なうことを決めていた。彼らは仕事の中でニュルンベルク裁判に関する用語を使い、それに慣れるだけの時間を経ていることから、試験で良い成績を収めるのではないかと考えたからだ。マイクを通してきちんと通訳できるかを見るため、これらの通訳者・翻訳者は次々と模擬裁判に呼ばれた。多くが受験しようとさえせず、同時通訳ができない通訳者も多数いたが、最終的には、審理前尋問手続を担当した通訳者や翻訳者の中から最初の同時通訳者の中核をなす人材が選ばれた。

訓練

法廷での任務のために採用された通訳者は模擬裁判の形式で訓練を受け、屋階に仮設された同時通訳装置を使って練習した。模擬裁判では、通訳者たちが互いに文書を読み上げたり、検察官や判事の発言を即興で行なったりして、数名が通訳にあたった。発言のスピードが徐々に上げられ、通訳者の声や話し方、通訳内容がチェックされ、直された。訓練プログラムは通常二週間から一～二ヵ月に及んだが、裁判の後半で時間の余裕がなくなったときなど、例外的にたった数日の訓練で法廷に出される通訳者もいた。たとえばエリザベス・ヘイワードは、訓練を全く受けずに法廷に臨んだことを記憶している。(91)模擬裁判中、通訳者は言語運用能力の向上法に関しても指示を受けた。外国語に訳出する通訳者の場合は、発音の問題を矯正するために通訳が録音され、チェックされた。裁判中も採用される通訳者が増え、訓練プログラムは続行された。

前述のように、通訳試験に臨んだ受験者の多くは同時通訳ができなかった。ここに一段階採用プロセスの非効率性が表れている。ニュルンベルクでは、ドステールとステアが、ペンタゴンから新たに送られてくる同時通訳者候補のほとんどは、その能力が同時通訳を行なえる水準にまで達していないという問題の拡大に直面していた。こうした候補者は、二ヵ国語が話せる、あるいは語学関係の学位を有しているという理由で選ばれたのだが、いざニュルンベルクに到着すると同時通訳ができないことがわかった。結局、翻訳者として採用された者、事務能力や校正スキルなど何かしらの能力があり、そうした業務の担当者として採用された者もいる。通訳試験を受けなかった人材のうち、たとえばステアはドステールの副官となり、マーガレット・ウルフは速記録校閲部長となり、ローレンス・エグベール少佐はさまざまな言語での法律用語集の作成を任された(92)。

しかし同時通訳試験の不合格者の大半は他の技能を持たず、裁判では使い物にならなかった。そのため翻訳局は、角を立てずにこうした人材を整理する手段を探す必要にせまられた。「不適任者は『シベリア』と呼ばれる場所に送られ、本国に帰されるまでつまらない仕事をしなければならなかった」という(93)。

同時通訳装置が設置され通訳者の採用と訓練が進んでも、開廷前にはまだ同時通訳に対する懸念と不安が残っていた。裁判関係者は依然として懐疑的であり、同時通訳が機能するとは全く思っていなかった。そのため連合国の代表団は、少なくとも一回は本番リハーサルを行ない、同時通訳がきちんと機能し通訳者が実際に同時通訳できることを確認するという点で合意した。(94)ビドル判事は、判事、検察官、弁護人、通訳者、速記者が全員揃った本格的なリハーサルを、開廷前の一週間に最低二回は行なうよう提案した。

反対に通訳関係者は、判事や検察官、弁護人こそが同時通訳の仕組みを知らないがために通訳を妨げてしまうのではないかと恐れていた。このため、同時通訳の仕組みを見せる機会として本番リハーサルの提案を歓迎した。法廷も訓練が必要だという点にジャクソン判事も全面的に合意し、同時通訳を入れて全員が練習を行ない、慣れることが必要だと繰り返し強調した。(95)

最初のリハーサルは一九四五年一一月五日に行なわれたが、まだ実際の法廷は修復中だったため、別の場所で実施された。ジャクソン判事が同時通訳装置を丁寧にチェックし、いくつかの問題も処理された。ロシア語の通訳者が出席しなかったため、当日の通訳者は九名だけだった(96)が、この模擬裁判が通訳者と通訳装置を入念にテストする一連のリハーサルの最初のものとなった。ドステールと部下がさまざまな役を演じながら模擬裁判を行なったこともあり、実際の「役者」たちにマイクの使い方や発言のスピードなどを指示した。ドステールの副官だったステアは、この模擬裁判で裁判長を演じたことを覚えている。(97)

翻訳局

西側諸国の通訳者・翻訳者は、米国戦争犯罪首席法律顧問事務局（U.S. Office, Chief of Counsel for War Crimes: OCCWC）の翻訳局に所属することになった。翻訳局は、法廷通訳部、翻訳部、速記部、速記録校閲部に分かれていた。他にも録音部や印刷部があった。翻訳局長はドステールが務めた。一九四六年四月にドステールが国際連合へ移動すると、副官のステアが局長を引き継いだ。ステアの他にドステールの副官としては、ジョアキム・ヴォン・ザストローとピーター・ウイベラルがいた。ドステールは首席通訳者でもあった。米国以外では、アンドレ・カミンカー（フランス）、シンクレア（英国）、検察官でもあるルデンコ将軍（ソ連）が各代表団の首席通訳者を務めた(98)。設立当初から、翻訳局には米国人の局長を置き、三名の副局長を米国以外の国から選出することが決まっていた(99)。翻訳部長には、「多言語を操る優秀な英国外交官(100)」として名高いウィリアム・マーサーが就いた。モニターを担当することもしばしばあったザストローは速記部長となり、しばらく通訳部長も務めた。速記録校閲部長は英国人のマーガレット・ウルフだった。

翻訳局の組織編成は以下の通りである。

Ⅰ　法廷通訳部

A　法廷同時通訳者。一二名から成るチームが三つ。

B　補助的逐次通訳者。約一二名。ポーランド語やイディッシュ語など、法廷公用語に含まれない言語の通訳を担当。判事付き通訳者二名が判事団の後ろに座り、判事どうしの審議の通訳を行なった。

Ⅱ　翻訳部

セクションが八つあり、二〇～二五名の翻訳者から成る。各セクションは特定の言語が割り当てられ、ロシア語からフランス語へといった具合に一方向だけの翻訳を担当。格調高く、洗練された文章を書ける人材を探すのは困難だったため、一五～一八名の翻訳者がざっと翻訳したものを、「編集者」または「校閲者」と呼ばれる八名ほどの担当者が編集し、校正、推敲を行なった。各翻訳セクションは五～一〇名のタイピストを抱えており、手書きの翻訳をタイプする作業を担当した。

Ⅲ　法廷速記部

各言語につき約一二名。三〇分交替で作業し、自分が担当する言語で行なわれる原発言とその言語に訳出される通訳を記録した。

Ⅳ　速記録校閲部

全言語あわせて一〇〇名ほどで構成。速記録を印刷する案が採択された後、採用された。これらの人員は、通訳の速記録と原発言をそのまま録音した音声記録とを照合する作業を担当した。

審理前の準備は開廷直前に終了した。装置の設置に加え、裁判に必要な三六名の通訳者の採用と訓練も終わった。判事、検察団、弁護人なども同時通訳の仕組みについて説明を受け、翻訳局も開廷初日を迎える準備が整っていた。裁判で不可欠なのは、同時通訳がきちんと機能することだった。同時通訳が機能しなければ裁判は茶番と化し、互いを理解することのできない人々の無意味な集まりになってしまう。関係者全員が、装置の設置、通訳者の採用と訓練、練習に費やした労力を思えば、通訳システムが失敗することはないと翻訳局は信じていた。しかし、土壇場で問題が発生する可能性は常にあった。

一九四五年一一月一九日、模擬裁判と訓練が終了した。翌日、実際の同時通訳が始まることになる。

註

(1) 被告人一覧については巻末の付録を参照。

(2) 各被告人に対する訴因、裁判所の判決と刑の宣告に関する詳細は巻末の付録を参照。

(3) 各通訳方式の説明については「用語説明」を参照。

(4) Jean Herbert, "How Conference Interpreting Grew." *Language Interpretation and Communication.* Ed. by D. Gerver and Wallace H. Sinaiko (New York: Plenum,1978): 5. 一八七四年に創設された万国郵便連合（WPU: World Postal Union）は、五年ごとに大会を開催している。第一次大戦前の協定を生み出した重要な大会が一八八五年、一八九一年、一八九七年、一九〇六年、一九二〇年に開かれた。世界中のどの国も同連合に加盟できる。

(5) こうした委員会は、ドイツ軍の代表と、当時「同盟および連合国軍」と呼ばれていた軍の代表との間で、あらゆる議題について討議することを定めた休戦協定が調印されてから開かれるようになった（Jean Herbert, "How Conference Interpreting Grew." *Language Interpretation and Communication.* Ed. by D. Gerver and Wallace H. Sinaiko [New York: Plenum, 1978]: 6.）。

(6) Jean Herbert, "How Conference Interpreting Grew." *Language Interpretation and Communication.* Ed. by D. Gerver and Wallace H. Sinaiko (New York: Plenum,1978): 5.

(7) Université de Genève, "Conference Interpretation at the École de Traduction et d'Interprétation" (leaflet) and "École d'Interprètes." *L'Interprète* 4 (1952): 10.

(8) "Information Concerning Interpreters" (ts. Spring 1946).

（9） AIIC, *The Interpreters: A Historical Perspective*, videocassette.

（10） Dana Schmidt, "Pick Your Language." *The New York Times Magazine* 6 (Aug. 25, 1946): 24.

（11） Marie-France Skuncke, "Tout a commencé à Nuremberg." *Parallèles* 11 (1989): 7.

（12） Marianne Lederer, *La traduction simultanée: expérience et théorie* (Paris: Lettres Modernes, 1981): 16.

（13） André Kaminker, "Conférence prononcée à l'Université de Genève." *L'Interprète* 10, 3 and 4 (1955): 11-12. 原文はフランス語で、英訳は著者による。

（14） International Business Machine Corporation, "That All Men May Understand" (ts. n.d.).

（15） Gilbert Bourgain, "A Genève, retour de Nuremberg." *AIIC Bulletin* 19.4 (1991): 18. Qtd. in Ruth Morris, "Technology and the Worlds of Interpreting." In *Future and Communication: The Role of Scientific and Technical Communication and Translation in Technology Development and Transfer.* International Scholars Publications. Ed. by Y. Gitay and D. Porush (San Francisco: Rousenhouse, 1997): 177-184.

（16） Hilary Gaskin, ed., *Eyewitnesses at Nuremberg* (London: Arms, 1990): 43.

（17） "Telephonic Interpretation — The System of the Future?" *L'Interprète* 1.5 (August/September 1946): 2-4.

（18） Henri van Hoof, *Théorie et pratique de l'interprétation: avec application particulière à l'anglais et au français* (Munich: Max Hueber Verlag, 1962): 19.

（19） Participant to the AIIC conference (AIIC, *Nurnberg*, Geneva 1992, videocassette). イワン・ペトローヴィチ・パブロフ（1849-1936）はロシアの生理学者で、一九〇四年ノーベル医学・生理学賞を受賞した。

（20） Gelij V. Chernov, "Conference Interpretation in the U.S.S.R.: History, Theory, New Frontiers." *Meta* 37.1 (1992): 149. Qtd. in Ruth Morris, "Technology and the Worlds of Interpreting." In *Future and Communication: The Role of Scientific and Technical Communication and Translation in Technology Development and Transfer.* International Scholars Publications. Ed. by Y. Gitay and D. Porush (San Francisco: Rousenhouse,1997): 177-184. 五ヵ国語の使用を示す資料が一点あるが、他の資料はすべてフランス語、英語、ドイツ語、ロシア語のみに言及している。

（21） Participant to the AIIC conference (AIIC, *Nurnberg*, Geneva 1992, videocassette). 各国における一九四五年以前の同時通訳装置の使用についての詳細は以下を参照。Ruth Morris, "Technology and the Worlds of Interpreting." In *Future and Communication: The Role of Scientific and Technical Communication and Translation in Technology Development and Transfer.*

International Scholars Publications. Ed. by Y. Gitay and D. Porush (San Francisco: Rousenhouse, 1997): 177–184.

(22) Léon Dostert, "The Instantaneous Multi-Lingual Interpreting System in the International Military Tribunal" (ts. n.d.): 1.

(23) Léon Dostert, "The Instantaneous Multi-Lingual Interpreting System in the International Military Tribunal" (ts. n.d.): 2.

(24) Ann and John Tusa, *The Nuremberg Trial* (London: Macmillan, 1983): 218.

(25) Ann and John Tusa, *The Nuremberg Trial* (London: Macmillan, 1983); Francis Biddle, *In Brief Authority* (Garden City: Doubleday, 1962); "Great Nuremberg Trial Opens." *The New York Times* (Nov. 21, 1945); David and Margareta Bowen, "The Nuremberg Trials: Communication through Translation." *Meta* 30, 1 (1985): 74–77.

(26) 「国際軍事裁判所憲章（中略）

第4章　被告人に対する公正な審理（中略）

第16条　被告人に対する公正な審理を保障するため、以下の手続をとるべきものとする。（中略）

（c）被告人の公判前尋問手続および裁判は、被告人が理解する言語で、あるいは同言語に訳して行なうべきものとする。

第5章　裁判所の権限および裁判の実施（中略）

第25条　すべての公式文書および訴訟手続は、英語、フランス語、ロシア語および被告人の国語で作成し、行なうべきものとする。裁判記録および審理の多くに関しても、公正を実現し世論を形成するうえで利すると裁判所が判断する限りにおいては、裁判の開催国の国語はいかなる言語であっても使用することができるものとする」(Jay W. Baird, ed., *From Nuremberg to My Lay* [Lexington: Heath, 1972]: 15, 17.)。

(27) 「国際軍事裁判所憲章（中略）

第1章　裁判所の構成

第1条（中略）西欧枢軸国の主要戦争犯罪人に対し公正かつ迅速な裁判と刑の宣告を行なうため（中略）国際軍事裁判所を設立すべきものとする」(Jay W. Baird, ed., *From Nuremberg to My Lay* [Lexington: Heath, 1972]: 11.)。

(28) David and Margareta Bowen, "The Nuremberg Trials: Communication through Translation." *Meta* 30, 1 (1985): 75.

(29) International Military Tribunal, Seventeenth Organizational Meeting (ts. Oct. 29, 1945): 3, 4, 6, 7.

(30) William Jackson to the Secretary of State Byrnes, State Department Central Decimal Files 1945–1949. File No. 740.00116 EW Prosecution/10–145. ニーダーザクセン州の一都市であるベルゼンは、ナチス統治時代および第二次大戦中に強制

収容所があったことで名を知られている。

(31) International Military Tribunal, Seventeenth Organizational Meeting (ts. Oct. 29, 1945): 16.

(32) E・ピーター・ウイベラルから著者への手紙（一九九五年二月一一日）。

(33) 第五章「通訳者のプロフィール」のドステールに関する記述を参照。

(34) E・ピーター・ウイベラルから著者への手紙（一九九五年二月一一日）。

(35) William Jackson to the Secretary of State Byrnes, "Memorandum for Secretary Byrnes" (Oct. 1, 1945) State Department Central Decimal Files 1945-1949. File No. 740.00116 EW Prosecution/10-145.

(36) チャールズ・A・ホースキーから著者への手紙（一九九五年四月二七日）。

(37) Chief Prosecutors, Note of Meeting (ts. Aug. 31,1945): 1.

(38) Joseph E. Persico, *Nuremberg: Infamy on Trial* (New York: Viking-Penguin, 1994): 53-54.

(39) Charles A. Horsky, "Memorandum for Mr. Justice Jackson" (ts. Sept. 5,1945).

(40) Chief Prosecutors, Note of Meeting (ts. Aug. 31, 1945): 1.

(41) International Military Tribunal, Seventeenth Organizational Meeting (ts. Oct. 29, 1945): 16.

(42) André Kaminker, "Conférence prononcée à l'Université de Genève." *L'Interprète* 10, 3 and 4 (1955): 10. 原文はフランス語で、英訳は著者による。

(43) International Military Tribunal, Seventeenth Organizational Meeting (ts. Oct. 29, 1945): 12. この発言から、ギルが二つの通訳形式を理解していなかったことがわかる。ギルの発言にあるよう、「二人（の通訳者）が着席し、もう一人が起立する」というだけでなく、同時的逐次通訳を用いれば、原発言はすべて同時ではなく逐次的に通訳されることになるのだ。同時通訳と逐次通訳ではデリバリーと正確性に大きな違いが出る可能性がある。

(44) Marie-France Skuncke, Conference (AIIC, *Nurnberg*, Geneva 1992, videocassette).

(45) International Military Tribunal, Seventeenth Organizational Meeting (ts. Oct. 29, 1945): 11.

(46) アンダーソンからウィリアム・E・ジャクソンへの手紙（一九四五年八月八日付）。

(47) David Maxwell-Fyfe Kilmuir, *Political Adventure: The Memoirs of the Earl of Kilmuir* (London: Weidenfeld, 1964): 97.

(48) A.C. Holt, "International Understanding: A Tribute to Mr. Thomas J. Watson" (ts. n.d.): 2.

(49) Ann and John Tusa, *The Nuremberg Trial* (London: Macmillan, 1983): 110.

（50） E・ピーター・ウイベラルから著者への手紙（一九九五年二月一一日）。
（51） ギルからジャクソンへの電信（第一一二八号、一九四五年九月二二日付）。
（52） Harry S. Truman, Executive Order 9547, *Code of Federal Regulations* 3, 2, 1943–1948（Washington, D.C.: Government Printing Office, 1951）.
（53） "Record of Telephone Conference"（ts. Oct. 1,1945）: 1.
（54） William Jackson to the Secretary of State Byrnes, "Memorandum for Secretary Byrnes"（Oct. 1, 1945）State Department Central Decimal Files 1945–1949. File No. 740.00116 EW Prosecution/10–145.
（55） Harry S. Truman, Executive Order 9626, *Code of Federal Regulations* 3, 2, 1943–1948（Washington, D.C.: Government Printing Office, 1951）.
（56） 戦争省からニュルンベルクの首席法律顧問事務局への電信（第一三二二一四七号、一九四五年九月一七日付）。
（57） Charles A. Horsky, "Memorandum for Mr. Justice Jackson"（ts. Sept. 5,1945）: 3.
（58） Charles A. Horsky, "Memorandum for Mr. Justice Jackson"（ts. Sept. 5,1945）: 4.
（59） William Jackson to the Secretary of State Byrnes, "Memorandum for Secretary Byrnes"（Oct. 1, 1945）State Department Central Decimal Files 1945–1949. File No. 740.00116 EW Prosecution/10–145.
（60） William Jackson to the Secretary of State Byrnes, "Memorandum for Secretary Byrnes"（Oct. 1, 1945）State Department Central Decimal Files 1945–1949. File No. 740.00116 EW Prosecution/10–145.
（61） "Record of Telephone Conference"（ts. Oct. 2, 1945）.
（62） ロバート・J・ギルからワシントンの米国首席法律顧問事務局のジョン・W・グリッグスに宛てた「通訳・翻訳局の人材について」と題した書簡（一九四五年九月二六日付）。
（63） "Record of Telephone Conference"（ts. Oct. 1, 1945）: 2.
（64） エディス・コリヴァーから著者への手紙（一九九五年八月二日）。
（65） Hilary Gaskin, ed., *Eyewitnesses at Nuremberg*（London: Arms, 1990）: 12.
（66） Hilary Gaskin, ed., *Eyewitnesses at Nuremberg*（London: Arms, 1990）: 1.
（67） Alfred G. Steer, "Interesting Times: Memoir of Service in U.S. Navy, 1941–1947"（ts. 1992）: 229.
（68） Joseph E. Persico, *Nuremberg: Infamy on Trial*（New York: Viking-Penguin, 1994）: 112.

（69）Ann and John Tusa, *The Nuremberg Trial* (London: Macmillan, 1983): 130.

（70）International Military Tribunal, Seventeenth Organizational Meeting (ts. Oct. 29, 1945): 10.

（71）Dana A. Schmidt, "Pick Your Language." *The New York Times Magazine* 6 (Aug. 25, 1946).

（72）International Military Tribunal, Seventeenth Organizational Meeting (ts. Oct. 29, 1945): 16.

（73）開廷後の最初の一年で一〇四パーセントに達したとされる高い離職率のため、採用プロセスは裁判を通じて継続された。Alfred G. Steer, "Interesting Times: Memoir of Service in U.S. Navy, 1941-1947" (ts. 1992): 229.

（74）法廷での模擬裁判の様子は一九四五年のニュース映画で見ることができる（AIIC, *Nurnberg*, Geneva 1992, videocassette）。

（75）ドステールと部下は、米国のために、米国からの通訳者候補の試験と採用を行なっていただけでなく、フランス語、ロシア語、ドイツ語への訳出を担当する人材の採用にもあたっていた。最初の通訳者三六名の採用に向けて足並みをそろえるため、フランス、英国、米国の西側三ヵ国は、一極に集約された翻訳局に人材を集めることを決めた。効率性を上げるためである。ソ連代表団の抱える翻訳者、法廷速記者、通訳者などの人員は皆、ソ連の監督者の下で作業に従事した。

（76）Siegfried Ramler, "Origins and Challenges of Simultaneous Interpretation: The Nuremberg Trial Experience." *Languages at Crossroads*. American Translators Association. Ed. by Deanna Lindberg Hammond (Medford: Learned Information, 1988): 438.

（77）Siegfried Ramler, "Origins and Challenges of Simultaneous Interpretation: The Nuremberg Trial Experience." *Languages at Crossroads*. American Translators Association. Ed. by Deanna Lindberg Hammond (Medford: Learned Information, 1988): 438.

（78）Siegfried Ramler, "Origins and Challenges of Simultaneous Interpretation: The Nuremberg Trial Experience." *Languages at Crossroads*. American Translators Association. Ed. by Deanna Lindberg Hammond (Medford: Learned Information, 1988): 438.

（79）Alfred G. Steer, "Simultaneous Multi-Lingual Interpreting System" (ts. n.d.): 3, and Steer qtd. in Dana A. Schmidt, "Pick Your Language." *The New York Times Magazine* 6 (Aug. 25, 1946).

（80）Alfred G. Steer, "Simultaneous Multi-Lingual Interpreting System" (ts. n.d.): 4.

(81) Dana A. Schmidt, "Pick Your Language." *The New York Times Magazine* 6 (Aug. 25, 1946).
(82) Léon Dostert, "The Instantaneous Multi-Lingual Interpreting System in the International Military Tribunal" (ts. n.d.): 3.
(83) Siegfried Ramler, "Origins and Challenges of Simultaneous Interpretation: The Nuremberg Trial Experience." *Languages at Crossroads.* American Translators Association. Ed. by Deanna Lindberg Hammond (Medford: Learned Information, 1988): 438.
(84) アルフレッド・G・ステアから著者への手紙（一九九五年四月二二日）。
(85) Joseph E. Persico, *Nuremberg: Infamy on Trial* (New York: Viking-Penguin, 1994): 112.
(86) Hilary Gaskin, ed., *Eyewitnesses at Nuremberg* (London: Arms, 1990): 44-45.
(87) Alfred G. Steer, "Simultaneous Multi-Lingual Interpreting System" (ts. n d.): 6.
(88) Alfred G. Steer, "Simultaneous Multi-Lingual Interpreting System" (ts. n d.): 6. この点については意見の相違がみられる。ステアによると、パリから参加した亡命ロシア人の通訳者数名を除き、全員が外国語から母語へ訳出した（アルフレッド・G・ステアから著者への手紙、一九九五年四月二二日）が、ウイベラルは、自身のほかラムラー、ドステール、フランクなど「通訳者の少なくとも半数が母語からの訳出を行なった」（E・ピーター・ウイベラルから著者への手紙、一九九五年二月二五日）と記憶している。
(89) International Military Tribunal, Seventeenth Organizational Meeting (ts. Oct. 29, 1945): 16.
(90) 第三章「通訳の信頼性とその影響」の「通訳に対する反応」を参照。
(91) エリザベス・ヘイワードから著者への手紙（一九九五年五月一日）。
(92) Lawrence D. Egbert, Haakon M. Chevalier, and C.D. Macintosh, "Glossary of Legal Terms French-English" (ts. n.d.).
(93) Joseph E. Persico, *Nuremberg: Infamy on Trial* (New York: Viking-Penguin, 1994): 263.
(94) International Military Tribunal, Seventeenth Organizational Meeting (ts. Oct. 29, 1945): 17.
(95) International Military Tribunal, Seventeenth Organizational Meeting (ts. Oct. 29, 1945): 17.
(96) Dana A. Schmidt, "Pick Your Language." *The New York Times Magazine* 6 (Aug. 25,1946).
(97) Alfred G. Steer, "Interesting Times: Memoir of Service in U.S. Navy, 1941–1947" (ts. 1992): 237.
(98) "Interpreters" (ms. n.d.).
(99) "Record of Telephone Conference" (ts. Oct.2, 1945).

(100) E. Peter Uiberall, "Court Interpreting at the Nuremberg Trial" (ts. April 11, 1995): 2.

訳註

(1) 原文には"interpreting"、つまり「通訳」とあるが、文脈からしてガイバは「会議通訳という職業」に言及していると思われる。

第二章　通訳システムの説明

ついにその日が来た。一九四五年一一月二〇日、ローレンス裁判長の柔和で落ち着いた声が、二〇世紀で最も重要な裁判の開廷を告げた。出席者であふれたニュルンベルクの法廷に世界中の注目が集まり、同時通訳という未知の仕組みに人々が驚嘆するという史上初の出来事が起こった。同時通訳は、「法廷を見守る人々を引きつけ驚嘆させ」(1)、「人々の想像力を最もかき立てる」(2)ものだった。ヘッドフォンを付けた人であふれた法廷の奇妙な光景は、ヘルマン・ゲーリングやルドルフ・ヘスの姿に負けないほど、報道陣や公衆の関心を引いた。「電話交換のようだと思った記者もいた」(3)。

しかし、光沢のあるヘッドフォンの新奇性に隠れて、人々が気付かず、また気付くこともできなかったのは、同時通訳システムの導入に尽力した関係者の抱く不安だった。努力が報われるのか不安に思う人々がいたのだ。ローレンス裁判長が話し始めると、その言葉がフランス語、ドイツ語、ロシア語に通訳され、ケーブルを通して流れてきた。同時通訳システムが機能したのだ。

法廷通訳部、翻訳部、速記部、速記録校閲部という翻訳局の各部門のうち、報道陣の注目を最も集めたのは法廷通訳部だった。当時の報道記者および後の歴史家に対して法廷通訳部が与えた影響の大きさは、次の引用に示される通りである。これは、裁判における重要かつ決定的な要素を四点挙げるものだ。

一九四五年一一月一四日（原文ママ）、ドイツの主要戦争犯罪人を裁く国際軍事裁判がニュルンベルクで始まった。

被告人二一名、判事八名、検察官五〇名、証人一一一名、弁護人二三名が参加した。

審理は四ヵ国語で同時に行なわれた。

裁判は一年にわたった。(4)

一九四五年当時は「驚くべきこと」(5)だった同時通訳は今や、国際的な会合や会議で日常的に行なわれている。それでも、ニュルンベルク裁判における同時通訳システムは、今日では当時ほど驚嘆に値するものでないとはいえ、いまだに興味を誘うものだ。四つの言語デスクで通訳に従事する一二名の通訳者から成るチームが三つあった。技術的なサポートを必要とする複雑な配線システムが用いられ、監督役のモニターもいた。また、判事席での通訳や非公開審理における通訳、文書が用いられる際の通訳など、必要に合わせた通訳を提供できる柔軟さを備えたシステムだった。

通訳システムの仕組み

ここでは、主にレオン・ドステール著の『国際軍事裁判所における同時多言語通訳システム』からニュルンベルク裁判における同時通訳システムの仕組みを紹介する。前述の通り、同裁判で用いられたのはファイリーン＝フィンレー・システムである。法廷での作業言語はロシア語、英語、ドイツ語、フランス語だった。法廷参加者は皆ヘッドフォンを付け、発言はすべてマイクに向かって行なわれる。判事、検察官、弁護人、報道陣など、聞き手は全員、自らの希望する言語による通訳を聞くか、「言葉どおり(verbatim)」と呼ばれた原発言を聞くか、選択することができた。(6) ヘッドフォンとつながった言語選択スイッチが各座席に取り付けられ、チャンネルの選択ができた。言語選択スイッチのダイヤルには五つのチャンネルがあり、チャンネル1は原発言、チャンネル2は英語、チャンネル3はロシア語、チャンネル4はフランス語、チャンネル5はドイツ語に割り当てられていた。

たとえば、フランス人の検察官がドイツ人の証人を尋問する際、検察官はフランス語で質問する。証人はヘッドフォンを通してドイツ語の通訳を聞き、マイクに向かってドイツ語で答弁する。検察官はフランス語に通訳された答弁を聞き、フランス語で応答する。これに合わせて、英語話者はいずれも英語に訳された質問と答弁を聞く。通常、原発言からほんの数秒遅れで訳出が始まった。フランス語で décalage《デカラージュ》 と呼ばれるこの遅れは、通訳者が話者の発言を理解し訳出を始めるために必要な間だった。

通訳者は原発言をヘッドフォンを通して聞き、マイクに向かって担当の言語へ訳出する。通訳者はガラスの仕切りの後ろに座っていたが、仕切りには天井がなかったため、話者や他の通訳者を邪魔しないように、小さな声で話さなければならなかった。通訳者のヘッドフォンだけが、常に原発言チャンネルに設定されていた。一方、他の聞き手は自らの選択した言語にチャンネルを合わせていた。

法廷では常時一二名の通訳者が稼働しており、訳出を担当する言語に合わせて四つのデスクにわかれていた。たとえばロシア語デスクはドイツ語からロシア語、フランス語からロシア語、英語からロシア

写真1　1945-46年、ドイツのニュルンベルクで開かれた国際軍事裁判所の様子。左から、被告人席および被告側弁護人席。左奥に通訳デスク、モニター席、法廷執行官席。中央に証人席と向き合うかたちで設置されているのが発言台。右に法廷速記者席、裁判所職員席、判事席。手前に見えるのは検察官用のテーブル4台と法廷付き軍人用のテーブル1台。写真は、高位置に設けられた傍聴席から撮影されたもの。(米国立公文書館)

語へ訳出する通訳者で構成されており、フランス語デスクは英語からフランス語、ドイツ語からフランス語へ訳出する通訳者で構成されていた。各デスクには、オン・オフの切り替えスイッチの付いたマイク一台とヘッドフォンが三個用意されており、他のデスクとはガラスで仕切られていた。当然ながら、各デスクで通訳を行なう通訳者は常に一名のみで、全体では常に三言語、三名の通訳者が訳出していた。

たとえば原発言がドイツ語の場合、ドイツ語デスクの通訳者はマイクをオフにして訳出しない。そうすると、チャンネル1（原発言）とチャンネル5（ドイツ語）で原発言が流れる。その他のデスクでは、ドイツ語の「専門家」、つまり英語デスクではドイツ語から英語への通訳者、フランス語デスクではドイツ語からフランス語への通訳者、ロシア語デスクではドイツ語からロシア語への通訳者のみが訳出を行なう。通訳者がマイクのオン・オフの切り替えスイッチを適切に操作することが非常に重要だった。また、話者が何語で発言を行なうのか把握しておく必要があった。各デスクで訳出を担当する通訳者が話者の発言に間に合うよう準備し、また、原発言と同じ言語を担当するデスクがマイクのスイッチを切っておくためである。何度か実際に起きたことだが、通訳者がマイクのスイッチを入れ忘れると、その言語に割り当てられたチャンネルからは、通訳ではなく原発言が流れることになった(7)。その一方で、通訳をしないデスクのマイクが入ったままになっていると、そのチャンネルからは何の音声も流れず、結果として法廷参加者に情報が伝わらないことになった(8)。スイッチの切り替えは、尋問や反対尋問の際、特に複雑になった。弁護人と証人あるいは被告人が異なる言語を話し、これに対して他の弁護人や検察官が割り込んで発言するような場面である。

この複雑な仕組みの例を挙げてみよう。ソ連の検察官がドイツ人の証人の反対尋問を行なった際、検察官がロシア語で質問した。ロシア語デスクはマイクのスイッチを切り、通訳をしない。法廷でチャンネルをロシア語に合わせていた参加者は、質問を原語で聞く。チャンネル1（原発言）以外のチャンネルでは、質問の英語、フランス語、ドイツ語訳がそれぞれ流される。証人がドイツ語で答弁を始めると、ロシア語からドイツ語へ訳出する通訳者はすぐにマイクのスイッチを切って原発言がチャンネル5（ドイツ語）から流れるようにする。ドイツ語からロシア語へ訳出する通訳者はマイクのスイッチを入れてドイツ語の答弁内容をロシア語に通訳する。この間、フランス語と英語のデスクではマイクのスイッチは常にオンになっているが、マイクを通訳者間で回し合いながら通訳作業にあたる。英語デスクでは、証人の発言中はドイツ語から英語への訳出を行なう通訳者が通訳にあたるが、検察官が話し始めるとすぐマイクをロシア語から英語へ訳出する通訳者に渡すという具合だ。(9) フランス語デスクも同様である。

ここでフランス人の検察官が突然割り込んで質問すると、当然ながら状況はより複雑になる。通訳者は全員、いつでも通訳を始められるよう心積もりをしておく必要があった。発言ごとにマイクのスイッチを入れたり切ったりしなければならないため、尋問と答弁の間に間があることが必要で、それによって通訳者は自分の訳出を完了してからマイクを切るタイミングを確保できた。すべて順調にいけば、ロシア語の聞き手は審理内容をすべて、チャンネルを3に合わせたまま聞くことができる。話者がロシア語で発言するときは原発言を、それ以外の場面ではロシア語への通訳を聞くのだ。

写真2と写真3が示すように、通訳者は目標言語ごとに決まった座席に座っていた。そうすれば、チーム、つまり「言語デスク」ごとに作業し、必要に応じてマイクを互いに回し合うことができるからで

写真２　被告人、弁護人、通訳者。通訳デスクには、前列にロシア語と英語、後列にドイツ語とフランス語の通訳者が座った。（米国立公文書館）

写真３　被告人、弁護人、通訳者。判事と副判事計８名の入廷に合わせ、全員が起立している。モニター席には、前列にレオン・ドステール、後列にピーター・ウイベラルとジョアキム・ヴォン・ザストローが確認できる。（米国立公文書館）

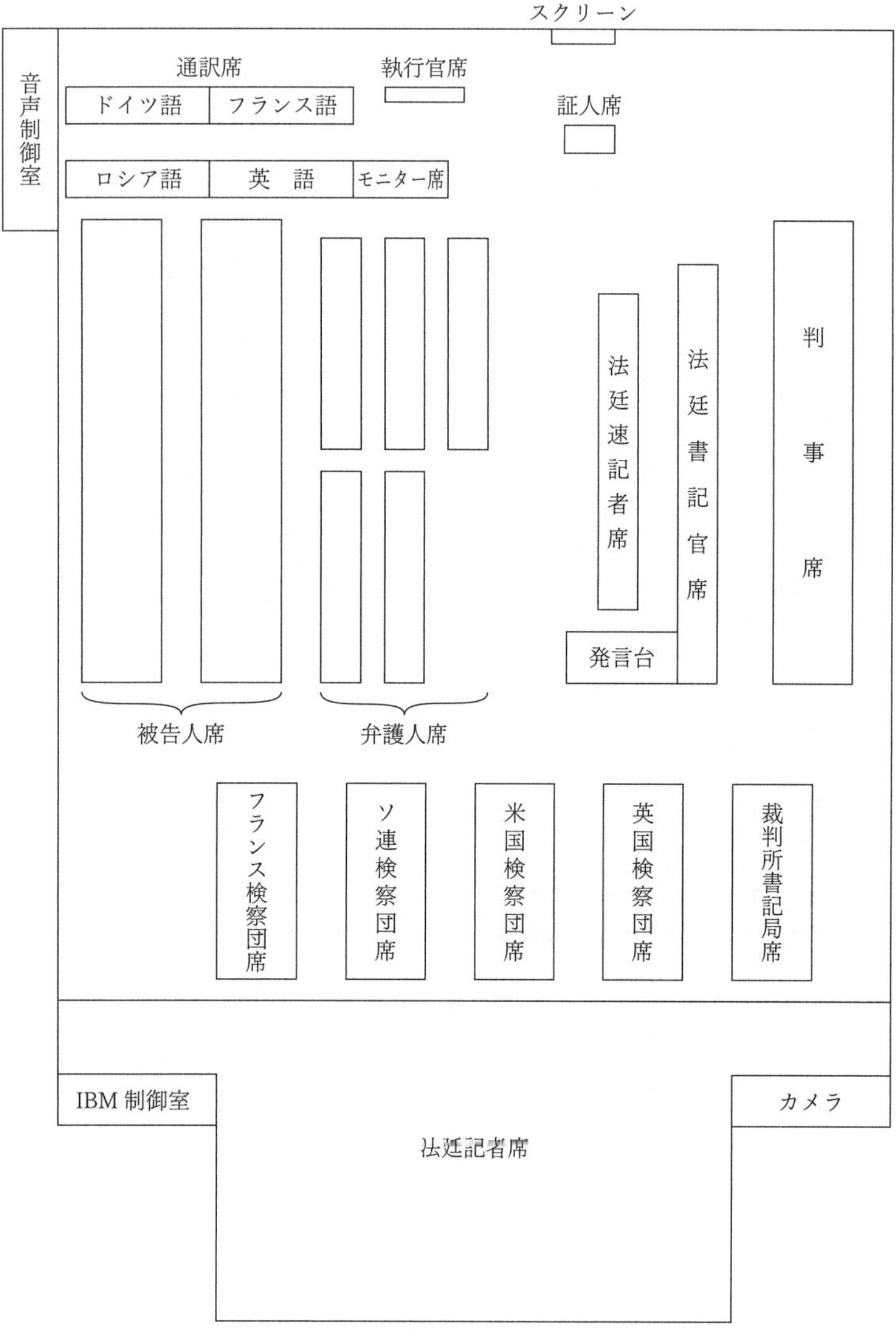

図 1　法廷の見取り図（各種資料に基づき訳者が作成）

露→独　英→独　仏→独 ドイツ語デスク	露→仏　英→仏　独→仏 フランス語デスク	
独→露　仏→露　英→露 ロシア語デスク	露→英　仏→英　独→英 英語デスク(10)	モニター

表1　通訳デスク

ある。また、座席のマイクも特定の言語チャンネルにつながっていたため、たとえばフランス語に訳出する通訳者が、ロシア語デスクに座ることなどできなかった。このデスクに接続されているチャンネル3からは、ロシア語のみが流れることになっていたためである。傍聴席から見た通訳者の席順は**表1**（通訳デスク）の通りである。

「通訳者が法廷全体を見渡せるよう、後列のドイツ語およびフランス語デスクは一段高いところにあった(11)」。

図1の法廷の見取り図からわかるように、通訳者は傍聴席から見て法廷の左奥の隅、被告人席と法廷執行官の間に座っていた。この位置からは法廷のほぼ全体を見渡すことができた。話者とその身振り、唇の動き、表情を目にすることは通訳者にとって非常に重要だった。わからない単語が一つ二つあった際、皮肉や嫌み、あるいはそれに似た修辞的な語法が用いられた際に理解の助けになったからだ。通訳者にとって話者が見えることの重要性は今も変わらない。仕切りがガラスで作られたのもこの理由だが、この仕切りゆえに通訳ブースは「水族館」と呼ばれた(12)。通訳者席からは、向かって右から以下を目にすることができた。

- 被告人席。通訳デスクの正面にあり、通訳者は被告人を横から見ることになった。前列と後列の一番奥に座っていたハンス・フリッチェとヒャルマール・シャハトの二名は通訳デスクに近く、興味深そうに通訳者の仕事を観察していた。たとえばフリッチェは、通訳者の仕事に感銘を受け、回顧録の中で通訳に対し好意的な記述を残している(13)。

• 弁護人席。通訳者には弁護人の背中しか見えなかったが、これは問題にはならなかった。弁護人は発言の際は発言台に立つことになっており、通訳ブースからは発言台全体が見えたからだ（発言台は弁護側と検察側が共用した）。

• 法廷速記者席とその左の判事席。両者の顔全体を見ることができた。一番左には証人席があったが、証言台の位置は通訳者にとって問題だった。証人の顔を見るために身体を真左に向ける必要があったからだ。執行官の近くに座っていた通訳者は容易に身体を向けられたが、壁の近くに座っている通訳者には難しかった。

通訳ブースのガラスの仕切りには天井がなかった。そのため、他の通訳者あるいは法廷から聞こえてくる音声をいやがる通訳者もいた。法廷内の音声が聞こえてくるのは仕方なかったが、少なくとも他の言語デスクを邪魔しないよう、通訳者はマイクに向かって小さな声で話そうとした。ニュルンベルク裁判で通訳を務めたフレデリック・トレイデルは、ブース間で通訳者の声が聞こえて大問題になることはなかったと語る。しかしその代わり、「他の通訳者を邪魔しないためにマイクを食べなければならなかった。マイクを口に入れるように話さなければならなかった」ということだ(14)。しかし、天井のない仕切りには利点もあった。

話者がマイクから顔を背けたため発言が聞こえてこない場合でも、単にイヤホンを片耳だけ外し、ガラスの仕切りを越えて聞こえてくる声を拾えばよかった。[15]

ニュルンベルク裁判で、また後に国連でも通訳者を務めたエリザベス・ヘイワードによると、同裁判での通訳装置と遮音設備は簡易式のものだったという。通訳ブースには防音措置が施されておらず、通訳者には他言語の通訳が聞こえてしまった。[16] これは、「情熱的な干し草の山」とあだ名をつけられた通訳者が法廷で通訳を行なっていた際には特に問題となったに違いない。[17] この通訳者は「無視することが最も難しい、最も神経に障る声で話し、その鼻声は遠くにまで飛んで裁判の音声記録の多くに入っているキーンという背景音のもとになった」ということだ。[18]

送受信システム

法廷内でのコミュニケーションを可能にしたのは、マイク、ケーブル、アンプ、ヘッドフォンをワイヤーでつないだ送受信システムだった。法廷には複数のマイクがあり、弁護側と検察側が発言の際に共用した発言台に一台、証言台に一台設置されていたのに加え、判事席にも、四台備えられていた。ただし、判事席のマイクで一度にオンにしておけるのは一台のみだった。通訳者席にも、前列に二台、後列に二台、計四台マイクが用意されていた。さらに、法廷執行官が使用する携帯マイクが一台用意されており、被告人が被告人席から発言する時は、警備員がそのマイクを被告人席の前に置くこともあった。

判事席と通訳デスクのマイクにはオン・オフの切り替えスイッチが付いていた。

通訳デスクのマイクを除く他のすべてのマイクからは以下の仕組みで音声が送られた。


音声がRCA76‐Bコンソールと RCA QP‐7携帯ミキサーに届く。（これら）複数のマイクのいずれかが拾った原発言がRCAミキサーからチャンネル1を介してIBM製のアンプに伝わる。アンプから今度は音声が通訳デスクに運ばれる。通訳者がマイクに向かって訳出すると、その言語のチャンネルを介し、アンプを通して聞き手に届けられる。[19]

マイクとヘッドフォンは、電気の「電話線」[20]でつながっていた。

マイクが設置されている箇所には必ず、話者のために最低一個のヘッドフォンが用意されていた。[21]ヘッドフォンは各座席にも備え付けられており、法廷にはチャンネル選択スイッチ付きのヘッドフォンが全部で約六〇〇個用意されていた。これは「米国陸軍通信部隊のヘッドフォンで、頭部にかける部分は二本の金属バンドでできており、このバンドが両耳の大きなイヤホンをつないでいた」[22]。言語選択用のスイッチは、机あるいは「報道陣や傍聴者が座る座席の肘掛け」[23]に付いていた。肘掛けのない椅子の場合、スイッチはケーブルでイヤホンに接続されており、聞き手が手に持つか、固定されないまま床に置かれていた。

マイクの使用に全員が慣れていたわけではない。スイッチを切り忘れる判事もおり、ヘッドフォンを通じて公にすべきでない会話が聞こえてしまうこともあった。[24]検察官と弁護人は、互いの発言を遮る習慣を忘れて自らの順番が来るまで待つことを覚えなければならなかった。当初からジャクソン判事が指摘していたように、「検察官用のマイクを使うのは常時一名だけになるよう、検察団は立証や論告のやり方を調整しなくてはならない。一度に全員が話してはならない」状況だったのである。(25)

マイクの使用を管理するために、音声担当技術者が法廷の後方に座ることになった。この技術者は、報道陣席のそばにあるガラスの囲いの後ろに座り、マイクのオン・オフの切り替えを担当した。雑音が過剰になるのを防ぎ、(26)「キーンという『背景音』」(27)が入らないようにするために、オンになっているマイクの数を最小限に抑えることが必要だったのである。

（技術者には）常に神経をとがらせ勘を働かせるばかりでなく、ピアニストのような指使いをすることが求められた。技術者が主に懸念していたのは判事席だった。どの判事も予告なく法廷に対し発言する傾向があったからだ。(28)

音声担当技術者はまた、音量調整も行なった。話者によっては小さな声で話したり、マイクに近づいて話したりする人がいたが、通訳者にとっては発言を常に明確に聞き取れることが極めて重要だったからだ。(29)

ドイツ語デスクの右側に「謎めいた」(30)小部屋があり、これが二つ目の音声制御室だった（法廷見取り図（六四頁）を参照）。この部屋は戸口で法廷とつながっており、米国陸軍の技術者が五つのチャンネルそれぞれのアンプを調整していた。ここでは、ヴィンセント少佐の下、陸軍通信部隊が裁判の音声記録用に使うワイヤーレコーダーの操作を担当していた。また、「四トンにも及ぶさまざまな電気部品」から成る電気システムに関連して頻発する技術的な問題の解決にもあたった(31)。

音声が無線で飛ばされる今日の同時通訳装置とは違い、ニュルンベルク裁判の同時通訳装置では、床にむき出しに置かれたケーブルが使われていた。ニュルンベルクの裁判所は、木造建築ではなく硬いレンガ造りだったため、同時通訳装置のケーブルを床下に設置することはできなかったのだ。法廷出席者がケーブルにつまずいて通信が切断され、音声が流れなくなることもしばしばだった。ヴィンセント少佐チームの技術者が問題を見つけて解決するまで、時には何時間も審理が中断することもあった。後に、ケーブルを保護するため、木の板が床に張られることになった。修復作業をあわてて行なったため、ケーブルが交差して通訳が間違ったチャンネルを通して流れたこともあった。フランス語チャンネルからドイツ語の通訳が流れたりしたのだ。さらに、古いワイヤー絶縁体が「混線」と呼ばれる問題のもととなった。聞き手がある言語を選択しても実際には二つの言語が耳に入り、何も理解できなくなる問題である。

弁護人が突然、「裁判長、通訳がはっきりしません。二人の声が同時に聞こえます。フランス語とドイツ語が聞こえます」と発言すると、裁判長が審理を中断し、技術者がケーブルの接続を直し始めたものだ(32)。

「混線」のもとを探し出して修復するのは難しかったので、この問題も審理を長時間中断させることになった。

チーム体制

技術的な側面よりさらに興味深いのは、通訳デスクの通訳体制である。法廷内での状況を鑑み、通訳者チームがローテーションで稼働する複雑な仕組みが考案された。通訳業務の継続が可能だと思われる時間を超えて業務にあたる者がいないように、通訳者三六名が担当言語に応じて交替で通訳を行なったのだ。

前述の通り、法廷では三名の通訳者から成る四つの言語グループが常に稼働していた。これら四つのデスクの通訳者計一二名が一つのチームとなったのである。この他にもやはり一二名の通訳者から成るチームが二つあった。翻訳局長を務めたアルフレッド・ステアは次のように通訳体制を説明している。

各一二名の通訳者から成る三つのチームを、以下のように配置した。
第一チーム――稼働
第二チーム――近くの部屋で待機。法廷で行なわれる審理を聞き、稼働中の通訳者の訳出が乱れた場合、知らせが入ればすぐ交替できるよう準備。
第三チーム――非番、休息(33)

第一チームと第二チーム
三日間で二日だけの勤務となるよう、一二名の通訳者から成る三つのチームが交替で通訳業務にあたった。それでも、法廷で審理が行なわれる朝一〇時から夕方五時まで、終日の業務を通訳者が一人で担当することはできないことが明らかになった。(34) そのため、一つのチームが休みをとる間、残りの二チームが以下のスケジュールに従って交替で通訳を行うようになった。

	第一チーム	第二チーム
午前一〇時～一一時二五分	稼働	待機
午前休廷		
午前一一時三五分～午後一時	待機	稼働
昼休廷		
午後二時～三時二五分	待機	稼働
午後休廷		
午後三時三五分～五時	稼働	待機

通訳者は八五分のシフトで稼働した。つまり、三日間のうち二日出勤し、一日約三時間通訳を行なった計算である。今日の同時通訳の交替時間である三〇分よりは長かったが、全体的にみれば、一日の「(ニュルンベルク裁判における) 通訳者の業務スケジュールでは、今日の専属通訳者憲章の規定に比べてブースでの通訳時間は短かった」ということだ。(35) 国際会議通訳者協会（ＡＩＩＣ）とさまざまな国際機関との契約に基づき、国連などの専属通訳者は通常、午前中二時間半～三時間、午後に二時間半～三時間、通訳業務を行っている。(36) ニュルンベルク裁判では、通訳者の通訳担当時間が長すぎると通訳の質が

落ちることが明らかになった。
待機中の通訳者は、後方の部屋で、特別なチャンネルに接続されたヘッドフォンを通して審理を聞いた。裁判の初期段階では、待機中の通訳者は審理を聞くことができず、通訳に入るよう指示されても審理の内容がわからないという不満が出ていた(37)。どのような通訳内容になるのか予想し、辞書や単語集を使って準備ができるよう、できるだけ詳細に審理内容を理解しておくことが通訳者には欠かせなかったのだ。そこで、第二チームのために待機室にヘッドフォンが設置されることになった。こうして、待機中の通訳者が実際に法廷に出た際も、同僚のそれまでの訳出に倣うかたちで通訳したため、ある程度の一貫性と標準的な語彙の使用を保つことができた。

第三チーム

第一チームと第二チームが法廷にいる間、第三チームは休息をとった。通訳者は二日間勤務し、三日目は休みを取ることになっており、休日をどう過ごすかは個々に任されていた。しかし審理が進むと、この取り決めに変更が生じ、休日は非番ではあるがまったくの休みではなくなった。通訳者は、自らの訳出を原発言の録音と照合し確認する作業を三日目に行なうことになったのだ。法廷に出ずに済むため、基本的には、裁判における通訳の緊張から解放される待ちに待った一日だったが、業務に関連する作業は行なっていたことになる(38)。第三チームの中には、間もなく法廷で使用される文書の翻訳や、通訳の質の向上を意図した他の言語関連業務を行なう通訳者もいた。また、休廷後にしばしば開かれた判事の非公開ヒアリングで、その日の審理についての協議を通訳する者もいた。つまり、追加的な業務に従事する通訳者がほとんどで、「審理の合間に通訳者は、尋問、翻訳、速記録の訂正など、さまざまな領域で作業を行なっていた。（中略）通訳者が何もしないでいると考える人などいなかった[39]」ということだ。時には、調査員として検察側のために働くこともあり、ヨーロッパ各地に派遣され、証人候補者から宣誓供述書と裁判に出廷して証言する合意を得る仕事をしていた。

なぜ通訳には三つのチームが必要だったのだろうか。当時もこの疑問が呈されることはしばしばあったようだ。ウイベラルによると、「第三チームを設置できるよう闘わなければならなかった[40]」という。人員の採用にあたっていた将校はおそらく、第三チームを設置するのは金銭の無駄で、二つのチームを法廷に配置し、三つ目のチームを非番とする体制を取る必要はないと考えたのだ。しかし、関係者によれば、以下のような多くの理由から、それは誤った考え方だった。

まず、通訳業務の性質から、通訳者が終日通訳にあたることはできないため、第二チームを待機させておくことが必要だった。通訳業務は「神経をすり減らす[41]」ものとされており、ストレスの多い状況下であっても特別な集中力が求められるだけでなく、証言の内容も、通訳者にさらなる精神的負荷をかけるものが多かった。また、狭く暑いブースの中で小さな声で話す必要があったため、作業環境も心地の良いものではなかった。それだけでなく、ドステールが指摘するように、「人員のローテーションによって、通訳者の欠勤という不可避の状況に対応できた[42]」。つまり、一二名全員が揃ったチームを法廷に常時稼働させておくことが必要であり、通訳者の欠員から審理が中断するリスクを避けるため、交替要員をいつでも提供できる状態にしておかなければならなかったのだ。最後に、通訳者が精神的に打撃を受け、業務を継続できなくなり、交替が必要になることもあった。こうした理由から、第一チームと第二チームの通訳者が交替しながら一日の作業にあたった。それでも、この二チームは常に緊張状態に置かれていた。通訳を担当しているか、審理を聞きいつでも交替できるように準備をしておくかのどちらかの状況にあったからだ。この精神的疲労から回復するため、法廷に出ない日が必要だった。だからこそ、第三チームの設置が求められたのである。

翻訳局も、より精度の高い通訳を提供するには三つのチームを交替で使うことが実際必要だと間もなく認識するようになった。通訳者が、心的疲労から身体的にも回復できるだけでなく、非番の日には自らの訳出を確認し、どう改善できるか考えることもできたからである。単語や表現を調べたり、説明を求めたりすることができたばかりでなく、校正者や翻訳者として作業にあたったため、語彙への慣れを深めることもできた。そのため、最初は金銭の無駄であり通訳者の怠慢を示すと考えられたチーム体制は、効果的な通訳のために欠かせない要素であることがわかったのである。

通訳言語に関する方針

ニュルンベルク裁判で採用された言語関連の方針によると、通訳者は一方向への訳出のみを行ない、リレー通訳は行わないことになっていた。これに対し、通訳者が二ヵ国語間の双方向で訳出を行なうという別の考え方もあっただろう。つまり、フランス語からドイツ語へ訳出する通訳者は、ドイツ語からフランス語への訳出も行なうという具合だ。この方針を取っていれば、ニュルンベルク裁判で必要とされる通訳者の数は減っていただろう。図2を見れば明らかである（一本の線が通訳者一名を表す）。

ニュルンベルク裁判における一方向の通訳

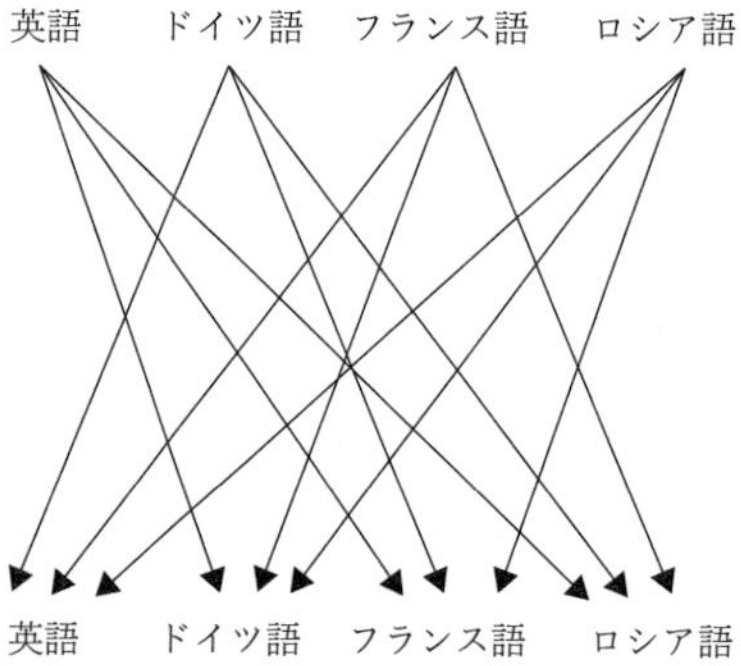

通訳者は 12 名必要

双方向の通訳

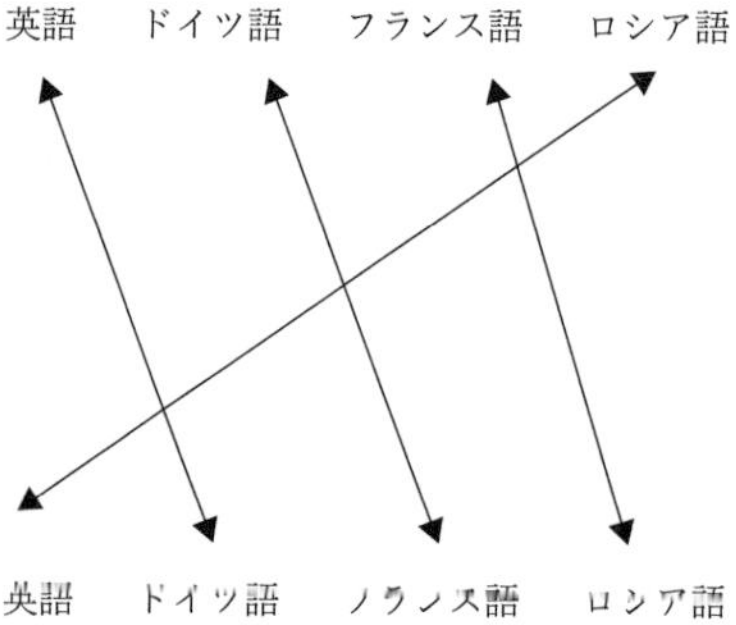

通訳者は 4 名必要

図2

裁判の準備の初期段階で、米国首席法律顧問事務局のチャールズ・ホースキーは、必要となる通訳者の数は双方向に訳出できる能力の有無によって異なるだろうとジャクソン判事に報告していた。ホースキーは通訳について詳しくなかったが、ある言語から訳出することはできても、その言語に訳出することはできない通訳者がいることは驚きながらも認識していたのだ。[43] しかしニュルンベルク裁判では、わずかな例外を除き、通訳者の運用言語が複数あっても、そのうち一つが他と比べて秀でているため、一つの目標言語に絞って通訳したとき最良の仕事ができるということもわかった。それだけでなく、双方向への訳出では、通訳者にかかる負荷も二倍になっただろう。そのため、双方向の訳出を行なう方針は採用せず、ニュルンベルク裁判では、どの通訳者も一方向にのみ訳出することが決まった。ロシア語から英語への訳出を担当する者は、同じ審理の中では英語からロシア語への訳出は行なわないということだ。

ニュルンベルク裁判ではリレー通訳も行われなかった。リレー通訳では、会議で三ヵ国語以上の言語が使われる場合、一ヵ国語（たとえば英語）のみへの訳出を直接行なう。他言語を担当する通訳者は、英語への通訳を聞いてそれを基に担当言語に訳出する。この通訳方式では、リレー通訳を使わない場合と比べ通訳者の数は半分で済む。たとえばニュルンベルク裁判の場合、リレー通訳を使っていれば通訳者の数は一二名でなく六名で済んだことになる（図3を参照。一本の線が通訳者一名を表す）。たとえば英語を「仲介」言語とすれば、話者が英語で話している場合は、ロシア語、フランス語、ドイツ語への訳出を行なう通訳者は原発言を聞くが、話者がドイツ語で話せば、フランス語、ロシア語担当の通訳者はドイツ語から英語への通訳を聞き、それをもとにそれぞれの言語に通訳するのである。[44]

ニュルンベルク裁判で採用されたリレーを用いない通訳

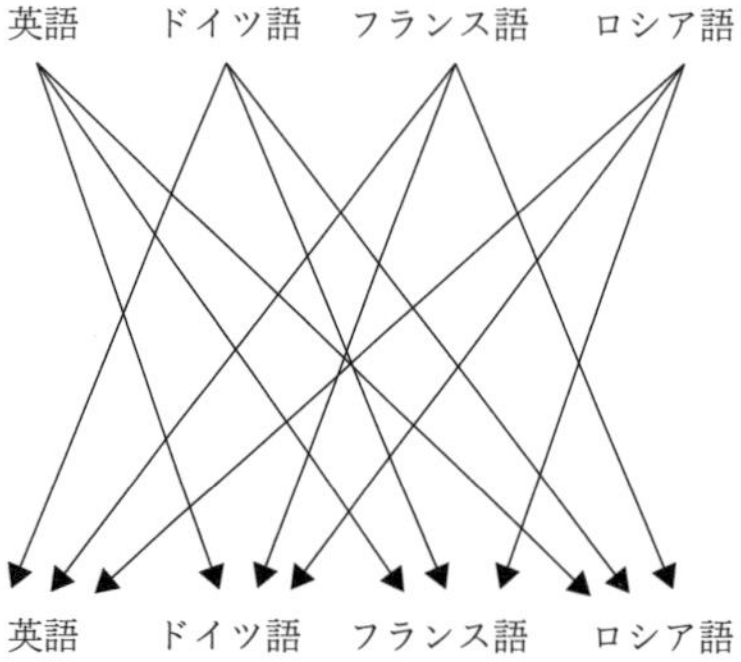

通訳者は 12 名必要

リレー通訳

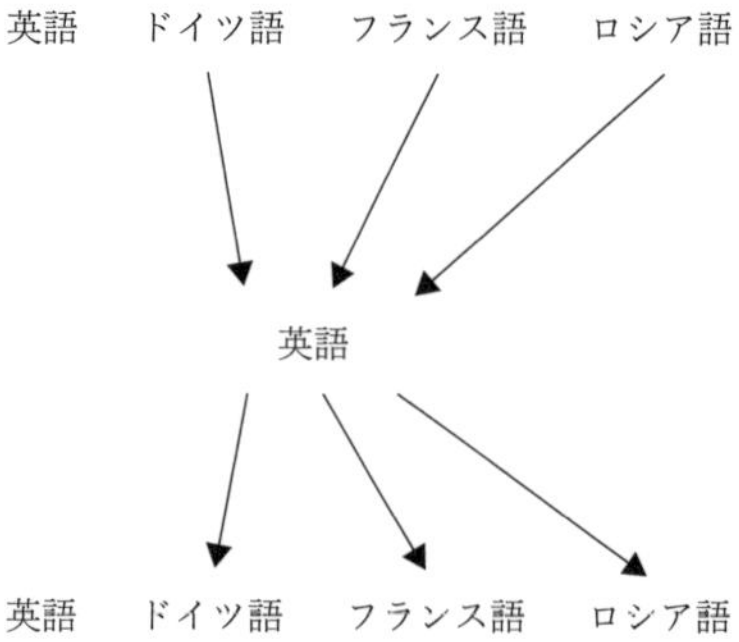

通訳者は 6 名必要

図3

しかしリレー通訳には欠点もあり、ニュルンベルク裁判では不適切とされた。まず、リレー通訳では二重の通訳が発生するため、精度が大幅に落ちる可能性がある。さらに、原発言と通訳との間にかなりの時間的ずれが生じる。同裁判では、弁護人と検察官が発言をすぐに理解し、タイミングよく異議を唱えられることが求められたため、このずれは大きな問題となったことだろう。

それでも、裁判の準備の初期段階では、リレー通訳も行なえるような同時通訳システムが考案されていた。ホースキーはジャクソン判事に対し、たとえばフランス語への通訳者で、他の三ヵ国語全てを理解できるような人を見つけることは不可能だと伝えていた。そのため通訳者は、英語など自分が理解できる言語に発言が通訳されるのを待ち、そこからフランス語など担当の言語に訳さねばならないと考えられた。ホースキーは、審理の五分の二が英語で行なわれるだろうと考え、「中間」言語を英語にするよう提案した。ニュルンベルク裁判で通訳を担当したピーター・ウイベラルに、同裁判でリレー通訳を採用することが実際に検討されたか著者が質問したところ、以下のような返答があった。

検討された。費用を節約できるだろうという理由で、リレー通訳を提案した人はいた。しかし、人件費を抑えられるかもしれないが時間の無駄になるという理由で、この提案は却下された。最も重要なことは、この「連続的同時」通訳では確実に（中略）精度が落ちるということで、極めて重要な今回の刑事裁判で、このリスクを取ろうと真剣に考える者はいなかった。(45)

リレー通訳は緊急時に用いられた。「通訳者に関する情報」という文書に、リレー通訳が用いられた

写真4　通訳モニターの様子。通常は独英通訳の担当だったハリー・スペルバー大尉が、通訳のミニターを行なっている。（米国立公文書館）

写真5　審理中の通訳者たち。前列に英語デスク、後列にフランス語デスクが見える。通訳ブースの右に写っているのはモニターのウォルター・セログソン少尉。英語、フランス語、ロシア語デスクの通訳者が訳出にあたっていることから、原発言はドイツ語だったことがわかる。３名は、証言台の話者を見ようと顔を左に向けている。（米国立公文書館）

場面として以下のような記述がある。

ロシア語で発言が行なわれている間、ロシア語からドイツ語へ訳出する通訳者が咳をおさえられなくなってしまった。そのため、英語からドイツ語への訳出を担当していた同僚の通訳者が、自分のイヤホンを英語チャンネルに切り替え、咳き込んでしまった通訳者の交替要員が席に着くまでの数分間、英語の通訳を聞いてそれをドイツ語へ訳出した。この切り替えはスムーズに行なわれ、法廷でもこの事態に気付いた人はほとんどいなかった。(46)

モニター

同時通訳システムが滞りなく機能するよう監督する人員の必要性は、模擬裁判の段階で既に明らかになっていた。通訳者にこの仕事は無理だった。通訳に全神経を集中させていたからだ。そのため、法廷に常時モニターを置くことが決まった。モニターは通訳者を監督し、通訳者を助けるために話者に対し適切な速度で話すよう注意を喚起する役目も果たした。

モニターは翻訳局の一員で、通常は将校が務めた。英語デスクと法廷執行官の間に座り(写真4と5を参照)、通訳が正確か、装置は機能しているかをチェックし、通訳者と法廷参加者間とのコミュニケーションも担当した。

まずモニターは、担当する通訳チームを任されると、毎朝、そして各休憩後に、チーム全員が法廷に揃い審理のための準備が整った状態にするのが仕事だった。法廷では、通訳システムが機能しているか、また訳出は正確かをチェックするため、片耳ごとに別の音声が流れるイヤホンを装着し、原発言とその他のチャンネルを聞いた。こうして、たとえば、マイクが誤ってオフになっているとデスクに合図を送ったり、声が大きすぎて他の通訳者の邪魔になっているとその通訳者に注意したりすることができた。

また、通訳者が話者の声を明確に聞き取れるようにするのもモニターの役目だった。モニター席には、後方の部屋で作業する音声担当の技術者につながる電話が設置されていた。この電話には、審理の邪魔をすることがないようベルの代わりにライトが付いていた。モニターは、通訳者の耳に入る原発言の音量や、聞き手の耳に入る通訳の音量を調節するよう技術者に指示した。話者や通訳者が自分の口とマイクとの間に取る距離は人によって異なり、音量も違った。そこで聞き手を疲れさせないよう、マイクから流れる音量を一定に保っておくことが必要だった。(47) 技術者のサポートが得られない場合は、モニターが自ら介入し、証言台の話者にマイクを近付けたりした。(48)

通訳者のために文書を調達することもモニターの仕事だった。弁護人や検察官が事前に準備した発言原稿を入手したり、特に、どの証拠書類を読み上げるのか、弁護人や検察官に事前に確認したりした。法廷で読み上げられる文書の多くは翻訳だったため、翻訳をまた訳すという二重通訳から生じる間違いや混乱を避けるため、モニターは通訳者に原文を渡すこともした。

モニターの役目の中で何よりも重要だったのは通訳の正確さを確保することで、そのために黄色と赤のランプを操作するシステムが使われた。このシステムは初期の模擬裁判で考案されたもので、基本的には、通訳者を代弁するモニターと話者の間の無言のコミュニケーション方法だった。このシステムを使って、モニターが話者に、発言の速度を変える必要があることを伝達したのである。このランプによってモニターは、装置の技術的な不具合だけでなく、特に以下に詳述するような通訳に影響を与える大きな「人的」問題に対処することができた。開廷当初から、黄色と赤のランプがローレンス裁判長の前に取り付けられ、後に、検察官と弁護人用の発言台および証人席にも取り付けられた。

黄色のランプ

黄色と赤のランプを操作するスイッチはモニター席に取り付けられていた。発言のスピードが速すぎて通訳が不適切なものになっているとモニターが判断すると黄色のランプを点滅させ、話者に発言の速度を落とすことを求めた。通訳者は模擬裁判中、発言の速度があるレベルを超えると同時通訳は不可能になることに気付いていた。文書を読み上げる際、話者は非常に速い速度で話す傾向があり、文書が事前に通訳者に渡されていないときは特に、正確な通訳ができなかった(49)。黄色のランプはまた、尋問と答弁の間に間を置く必要があることを示した。通訳者が訳出を終えて次の通訳者にマイクを渡すためである。審理は時に一分間六〇ワードという口述筆記に使われる速度で進んだが(50)、通訳者は平均一分間に一三〇ワード、最高二〇〇ワードで訳出していたことが複数の資料で示されている(51)。通訳初心者の場合、きちんと訳出ができるのは話者の発言速度が一分間平均一〇〇ワードのときで、訓練を積んだ優秀な通訳者の場合、一五〇ワードでも対応できた。ページに換算すると一時間にダブル・スペースのリーガル・サイズの用紙一五枚分を訳出できたことになる(52)。事前に翻訳された文書が提供されている場合、通訳者は訳出速度を話者の発言速度にさらに近付けることができ、一時間に三〇枚分の速度で訳出できた(53)。

法廷は話者に対し、妥当かつ訳出可能な速度を超えて発言しないよう、しばしば警告した。ローレンス裁判長は証人に対し以下の発言をしている。

間を置いた後、ゆっくり答えてください。わかりますか？（中略）ちょっと待ってください。そちらの机やこちらの机に取り付けられているランプがついたときは、話すスピードが速すぎるということです。わかりましたか？(54)

一九四六年一月三一日には別の事態が持ち上がり、弁護人がフランス語による原発言の通訳が間違っていると不満を訴えた。特に数字が誤訳されることが多かった。弁護人にとって、フランス人の検察官が引用している文書集のページ番号を正しく理解することは、その検察官が参照している文書を見つけるうえで重要だったのである。ここでもローレンス裁判長が問題解決のために介入し、フランスのデュボスト検察官に対し以下のように述べた。

デュボスト検察官、問題の本当の原因は、ページ番号を挙げる際のあなたの発言のスピードが速すぎて、数字がドイツ語だけでなく時には英語でさえも誤って訳されている場合が非常に多いことだと思います。数字をすべて拾うのは通訳者にとって非常に難しいのです。第一に、文書の番号、証拠書類の番号、文書集のページ番号というふうに数字を挙げていますが、これは、たくさんの数字を通訳者が急いで訳さなくてはならないということです。（中略）ですから、ゆっくり話していただくことが絶対に必要です。(55)

しかし、警告もランプを使ったシステムも効力を発しない話者に対しては、通訳者が他の手段を講じざるを得ないこともあった。

> ジャクソン判事はもともと早口だった。（中略）あるとき（通訳者が）ちぎったティッシュの小片に書き付けて渡したメモを彼はとっておいた。メモには、「お願いですから、判事がゆっくり話してくださらないと通訳者は力尽きてしまうと伝えていただけませんか」とあった。[56]

そうした場合、つまり話者が黄色いランプを気に留めず通訳者に協力してくれない場合に備えて、話者が発言を完全に停止することを求める赤いランプが考案された。

赤のランプ

赤いランプは、審理の中断が必要なさまざまな問題を示すのに使われた。モニターが赤いランプを点滅させることもあったが、これは、通訳者が話者の発言の最後の数文を聞き取れなかった、あるいは理解できなかったため、話者に発言を繰り返すことを求めるものだった。点滅時間が長い場合は、たとえば急に咳き込むなどして通訳者が訳出を続けられない状態であることを示した。このようなときは、ランプが消えるまで話者は発言を待たなければならなかった。さらに、ランプが点灯し続けることもあり、数分程度の短い間、審理全体を中断することを意味した。通訳者が落ち着きを取り戻し、訳出を続ける準備ができるのを待つためである。

また、通訳者が訳出を継続できず、交替が必要だと考えた場合には、モニターは審理のより長い中断を求めることもできた。第二チームの通訳者が待機している近くの部屋につながった電話を使って、法廷内の同僚と交替する通訳者を呼び出すことができた。待機中の通訳者は、実際に法廷で通訳にあたっている同僚の訳出が遅くなり、精度が落ちてきている様子を把握できたため、いつ呼び出されるか大体わかっていた。さらにモニターは、同時通訳装置の修理が必要な場合に休廷を要請することもできた。審理の長い中断が必要なときは、ローレンス裁判長が可能な限り休廷を宣言し、時間の無駄を最小限に抑えようとした。午前と午後、短時間の休廷が組み込まれており、午後一時頃、昼食のために長めの休廷が入った。

交替

モニターは、最良の通訳者であっても時に交替させる必要にせまられた。通訳しなければならない内容が影響してのことだ。証言の性質によって気持ちが動揺し、通訳者が訳出を続けられなくなることが時々あった。殺戮や強制収容所に関する証言を聞いて衝撃を受け、凍り付いてしまう通訳者もいたと報告されている。また、若く経験の少ない通訳者が、精神的に打ちのめされ泣き出したり、訳出をそもそも始められなかったりしたことがあったという報告もある。通訳者のほうから願い出て交替することもあった。ジョン・ドス・パソスによる以下の記述は、審理内容によって通訳者がどのような影響を受けたのかを伝えるものである。

検察官がユダヤ人に対する罪に言及しだすと、（被告人の）顔は自分に注目が集まっているという痛みで凍り付いた。検察官の声を追うドイツ語の通訳者の声は、復讐を誓う甲高い声がこだまするかのようだった。被告人席の隣にあるガラスの仕切りを通して、光沢のあるイヤホンを付け、黒っぽい髪をした女性が通訳をしている、その強ばった表情を見ることができた。その顔には恐怖が浮かんでいた。時にのどが強ばることがあるようで、そのために恐ろしい言葉を発することがほとんどできなかった。恐怖で縮み上がっている。（中略）（ジャクソン判事の）声は、自ら発見した犯罪のおぞましさを嘆く分別ある男の声だが、これに重なるのは、女性のドイツ語通訳者がつまりながら話す無機質の声で、その声はアブのように被告人の頭上にまとわりついた。[57]

強制収容所に収容されていた通訳者もおり、収容所に関する内容を通訳するには最適だと考えられたが、そこでの経験に引き戻されるのは彼らにとって辛いことだった。このような場面では、通訳者は被告人に対する憤りの念を隠す、あるいは克服しなければならなかった。冷静で公正な通訳を行なう努力をしなければならなかったのである。[58]

たとえば、採用されて間もないユダヤ系の若い女性通訳者は、訓練プログラム中は良い通訳をしたものの、法廷に出て初めて通訳をした際、凍り付いて泣き出してしまった。「親族の一四人の男性のうち、一二人が命を落とすことになったのはこの男たちのせいだ[59]」という思いを抑えられなかったのである。また別の場面では、被害者だからではなく自分は加害者だという罪悪感から、通訳を続けられなくなる者もいた。

（この通訳者は）ドイツ軍の元少尉だったが、ある日涙を浮かべてオフィスに現われた。私（ウイベラル）が「どうしたのかね」と聞くと、「もう続けられません。法廷では、ワルシャワのゲットー、蜂起、殺戮の話をしています。私はそれをしなければならなかったドイツ軍部隊の一員でした。もう通訳できません」と言った。彼は通訳部の通訳業務からは外されたが、後にドイツ人弁護団に雇われ言語要員として働いた。(60)

時には、衝撃の影響が遅れて出ることもあり、証言が持つ真の意味を夜になって認識する通訳者もいた。たとえば、米国陸軍が最初に強制収容所に入ったときに撮影した映像フィルムを見て、その恐怖から悪夢にうなされたと報告する者も多くいた。(61) 映像フィルムが流される間も通訳が必要だったため、通訳者はこの映像を見ないわけにいかなかった。パーカー判事は、「東欧で行なわれた残虐行為を撮影したソ連の映像フィルムを見た後三日間(62)」、寝込んでしまったと報告されている。

モニターの質

前述の役割をすべて果たすために、モニターは同時通訳システムに関する知識を十分に持っている必要があり、特に通訳問題の兆候に敏感でなければならなかった。また、法廷作業言語のほとんどを理解する必要もあった。モニターの一人だった翻訳局長のステアは、一九四六年、同時通訳システムについて記した文書の中で、良いモニターの資質について以下のように述べている。

責任感があり、人の扱いがうまく、必要なことを見抜いて対応できる行動力を持ち、判事から被告人に至るまで、法廷の全参加者の間でコミュニケーションの橋渡しをするにふさわしい人柄であることが必要だった。特に重要なのは、重圧の下でも冷静さを保てることだ。通訳装置が機能しない、通訳者が感情的になる、話者がなかなか協力してくれないといったさまざまな場面においても、問題を解決するのはモニターの責任だった。(63)

ウイベラルも何度かモニターを務めたが、訳出の正確性をチェックするほか、通訳のリズムと通訳者の呼吸にも注意を払っていた。通常、通訳者の訳出のペースが落ち、息づかいが荒くなり始めるのは、通訳者が疲労しており、もうすぐ通訳を継続できなくなるという明らかな信号だった。するとモニターは、話者が発言の速度を落とせば疲れた通訳者の助けになると判断すれば、黄色のランプを押して話者に注意を促すか、あるいは通訳者を交替させるために赤いランプを点滅させて数分の中断を求めた。ウイベラルによると、自分の隣に座っている独英通訳者が苦しそうだったら、自分がマイクを取り、その通訳者が自力で通訳を継続できる状態になるまで訳出を交替したこともあったという。(64)

ステアは、モニターを担当する際には décalage《デカラージュ》、つまり原発言と通訳との間の時間的ずれに注意を払っていた。八〜一〇秒の遅れであれば正常だが、通訳者の訳出がそれ以上遅れると、間もなくその通訳者を交替させなければならないとわかった。この方法を用いれば、ロシア語など、あまり知識のない言語についてもモニターすることができたとステアは言う。

私はロシア語が決して得意ではなかったが、片耳ごとに違う音声の流れてくるヘッドフォンを付けて、片方の耳でロシア語、もう片方の耳で原発言を聞きながら、同語源語に意識しようとした。たとえば、英語の tribunal（法廷、裁判所）はロシア語では tribunaliye である。もしこの単語が八秒以内に聞こえてこなければ、通訳者を交替させなければならないということである。(65)

ニュルンベルク裁判では、これまでにまったく前例のない通訳システムが用いられたため、法廷のニーズに適切に応え、また審理が滞りなく進むような解決策を翻訳局が編み出さねばならなかったのだ。その中には今も知れ渡っている解決策がある。たとえば、通訳ブースの"SLOW（減速）"というボタンに接続された黄色のランプは、今日でも使われている。しかし、通訳者にとっては残念なことに、今日の話者はランプを無視することを覚えて久しく、「ランプを見るように」と話者に注意を喚起してくれるモニターもいない。

その他の特徴

ニュルンベルク裁判の法廷で最も重要なコミュニケーションは判事と証人とのやり取りだったが、通訳業務が必要な理由は他にもあった。審理の同時通訳だけでなく、判事付き法廷通訳、裁判の公用語以外の言語の通訳、翻訳を組み合わせた通訳が全通訳体制を構成したのだ。

判事付き通訳

判事のために行なわれた通訳には、判事席での通訳と協議室での通訳があった。実際、ほとんどの判事は二、三ヵ国語を話せたが、法律用語を扱えるほど正確に操れるわけではなかった。フランスのドヌデュー・ド゠ヴァーブル判事は、「ドイツ語に馴染みがあったが英語については脈絡のない単語を三〜四個知っているに過ぎず、それを時々使ってみたがった」[66]。米国のビドル判事は、フランス語を話しドイツ語も理解できたため、西側の代表団の要となった[67]。「ロンドンに数年住んだことがあるソ連のヴォルホフ副判事は、限られた範囲での英会話ができた」[68]。ヴォルホフは外務省勤務時にロンドンのソ連大使館に派遣された経験があった[69]。ソ連のニキチェンコ判事は、英語を完璧に理解し話すことができたが、断固としてそれを認めず、ヴォルホフと共に通訳者を介してしか話さなかった。ごくまれに英語で気の利いた発言をして、米国や英国の同僚を驚かせては楽しんでいた[70]。

このような理由から、法廷の中であろうと外であろうと、判事は通訳者を必要とした。法廷内では、判事の質問や発言は通常、通訳システムを使って通訳された。しかし時には、法廷の参加者全員に向けられたわけではない発言や質問を判事が互いに交わすことがあり、そのような場合は通訳システムを使った通訳ができなかった。そのため、判事付き通訳者二人が常時法廷で稼働することになった。判事付き通訳を務めたのはオレグ・トロヤノフスキーとベンジャミン・ワルドで、両者とも少なくとも三ヵ国語を話した[71]。

判事付き通訳者二名は判事席の後ろに座った。一人はソ連判事と英国判事の間、もう一人は米国判事とフランス判事の間である。裁判前の一九四五年一一月一三日に行なわれたリハーサル中、ビドル判事が判事の席順を調整し、判事付き通訳者の数を最低限にしようとした。米国と英国の判事を中央に、フランスの判事を米国判事の左に、ソ連の判事を英国判事の右に座らせたのである。「この席順は理にかなっていると誰もが思った。英語を話す四人の判事が並んで座ったためである」(72)。

法廷での審理や休憩の間、またそれ以外の特定の場面における協議で、判事は通訳者の助けをかりた。たとえば、ニュルンベルク裁判における最初の「事件」(73)として、ナチの元大将であるフォン・デム・バッハ＝ツェレウスキーが被告人に不利な証言をしたときのことだ。法廷を出ようとバッハ＝ツェレウスキーが被告人席の前を通ると、ゲーリングが立ち上がり「畜生め！」(74)と法廷全体に聞こえる大声で叫んだ。ブース内の通訳者には、ヘッドフォンを通してその声が聞こえなかったので、この侮蔑語は通訳されなかった。そのため判事は身体を後ろに傾けて、判事付き通訳者にその意味を尋ねたのである(75)。

法廷外では、判事同士で行なう協議のために通訳者が必要とされた。裁判の初期段階では、検察側あるいは弁護側の要求を判事が非公開で協議する際は逐次通訳が用いられた。その後、判事の協議室に合わせて同時通訳装置に手を加えることが検討され、一九四五年一二月一二日頃、この部屋に同時通訳システムが導入された。米国のビドル判事は、「イヤホンがついに協議室にも取り付けられた。うまく機能しており、時間の節約になっている」(76)という手記を残している。

協議室には、判事が補佐官と共に座る長い机が用意されており、六台のマイクが用意されていた。椅子にはそれぞれイヤホンとスイッチが付いていた。この部屋では英語、ロシア語、フランス語の三ヵ国語のみが使われ、そのため通訳ブースも部屋の三方の隅に設定された。他の通訳者の声が聞こえないようにガラスの仕切りで囲われた各ブースには、通訳者が二名ずつ配備された。最も優秀で守秘義務を最も厳しく果たせる通訳者だけが選ばれて非公開協議の通訳にあたり、同時通訳システムもきちんと機能した。判事は、まるで同じ言語で話しているかのように協議し、議論することができた(77)。協議室における判事のための通訳は、法廷での通訳よりも難しかった。法廷で発言する話者に対するのと同じ規律を判事に課すことはできなかったからだ。判事は早口で話し、発言の順番を待つことをしなかった。発言の速度を落とさせる黄色のランプも発言をやめさせる赤いランプもなく、通訳者を助けてくれるモニターもいなかった。最良の通訳者のみが選ばれたのはこのためで、通訳者はだれからの監督も受けずに業務に従事した(78)。

判事付き通訳者は、法廷の中だけでなく、判事が互いに会話することが求められる場面でも常に必要とされた。休憩中の廊下、判事や他の法廷参加者によって、あるいは彼らのために催されるパーティーや夕食会などでのことだ。米国のビドル判事は、ソ連のニキチェンコ判事が開催した夕食会のことを記憶している。ニキチェンコは英語を話すことも理解することもできたのに、「美しく物腰の穏やかな秘書兼通訳者のニンナ・オルロワ」を同伴し通訳させていた(79)。さらに重要なのは、判決を決定する審議の際、通訳者が必要とされたことだ。審議期間中、通訳者は判事と生活を共にし、一時も施設を離れることはできなかった(80)。当然ながら安全上の理由により、外界とコミュニケーションを取ることは許されなかったのである。

「少数」言語の通訳

ニュルンベルク裁判におけるもうひとつの特殊な通訳ニーズは、「少数」言語、つまり常時使われるわけではないので専用の「デスク」を与えられなかった言語の通訳である。

まれに、同裁判の四つの作業言語をいずれも話さない証人が召喚されることがあった。このようなときは、「特別な」通訳者が雇われ、証人席で証人の隣に座った。フランスの検察団が召喚した証人であれば、その「特別な」通訳者はフランス語への通訳を行ない、ソ連の検察団が召喚した証人であれば、証言台における通訳はロシア語と証人の言語との双方向の通訳となった。証言台でマイクに向かって話したのは証人ではなく通訳者だった。弁護人あるいは検察官が質問するとすぐ、通訳者が証人の耳元でウィスパリングをした。その間、質問は、法廷の正規通訳者によってその他三つの作業言語に訳された。証人は通訳者に向かって発言し、通訳者がマイクを通してその答弁を通訳した。この訳出を聞いて、他の言語を担当する通訳者は自らの訳出を行なった。証言台の通訳者は必ずしもヘッドフォンを着ける必要はなかったが、判事あるいは弁護人が、この通訳者の理解しない言語で質問する可能性は十分にあった。

この通訳方式は、自らの街の大学図書館が所蔵する書物がナチに奪われた事件を証言するベルギー人の証人喚問で使われた(81)。また別の時に、ソ連検察団がポーランド人の証人を召喚し、ポーランド語とロシア語との間で訳出を行なう通訳者が雇われた。その他、時によって用いられたのはブルガリア語、チェコ語、ハンガリー語、イディッシュ語だった。この方法は効率性が高く、同時通訳システムの柔軟性を示すものだった。しかし、大きな欠点が二つあった。まず、この通訳形式はリレー通訳だったため、どうしても二重通訳となり、正確性が失われる可能性があった。さらに、記録に残ったのは証言台の通訳者の訳出のみだった。証人の原発言は公式には記録されず、訳出の正確性を確認したり後で参照するために原発言をそのまま残したりしておくことはまったくできなかった。[82] しかし、法廷はこのような不都合も許容しなければならなかった。この通訳方式に代わる実行可能な代替策がないうえ、法廷が掲げる通訳の正確性に関する基準は十分に満たすと考えられたためである。

翻訳を組み合わせた通訳

ニュルンベルク裁判における通訳は、これまで述べてきたような同時通訳が全てというわけではなかった。法廷で行なわれる発言の原稿の有無によるが、事前に翻訳された文書の読み上げやサイト・トランスレーション（文書からの口頭翻訳）など、同時通訳以外のさまざまな通訳方式が用いられた。こうした通訳方式を使って法廷でのコミュニケーションを円滑に行おうとするには話者の協力が欠かせなかったが、それは必ずしも実行されなかった。

翻訳済み発言原稿の読み上げは、検察官や弁護人が事前に準備した原稿や文書を法廷で読み上げる際、時間に余裕をもって文書を通訳者に渡しておいた場合に行なわれた。通訳者は、審理前に発言原稿を翻訳しておき、原発言と同時に翻訳を読み上げたのである。たとえば、検察側の冒頭陳述の際など、翻訳の読み上げのタイミングを原発言と完璧に呼応させることができた。翻訳を読み上げる通訳者は、直前に変更された箇所に注意し、その場で訳出を変えるだけでよかったのである。

話者が、事前に準備した発言原稿を使用するが、通訳者の手元に原稿が届くのが遅く審理前に翻訳する時間がないときは、サイト・トランスレーションが行なわれた。サイト・トランスレーションでは通常、通訳者はデスク内に原稿を置き、目で文字を追いながら訳出を行なった。この場合でも、原稿の予期せぬ変更には注意を払う必要があった。原稿に対応しているか確認するために原発言に注意を払いながら原稿を読むのが難しいため、原稿をまったく無視しイヤホンから流れる音声だけに集中して同時通訳を行なうことを好む通訳者もいた。

しかしニュルンベルク裁判の性質上、発言原稿が事前に準備されることは多くなかった。検察官、弁護人、判事らは即時的な陳述や発言を行なうのが普通で、そのため通訳者も即時的な通訳を行なうことが求められた。どのような発言を行なうか、打ち合わせの際に通訳者に知らせる話者もいた。これにより、通訳者はその発言の内容に合わせて準備ができ、関連する用語を確認したり勉強したりすることもできた。

何よりも通訳者にとって難しかったのは、渡されていない文書を話者が読み上げることだった。文書を読み上げるときは準備なしの発言のときよりも早口になる人が多く、通訳者は大きなプレッシャーに晒されることになった。さらに、通訳者に文書が渡されていないことから、長く議論され審理を遅らせる原因ともなった二つの大きな問題が生じた。まず、法廷で証拠書類を読み上げる際は、通訳者にその文書を渡しておくことが特に重要だった。たとえば主尋問中、米国の検察官が、押収したドイツ語の文書の英訳を読み上げ、被告人に同文書を作成したことを認めるよう尋問することがあった。こうした場合、ドイツ語への訳出を行なう通訳者の手元には絶対にドイツ語の原本がなければならなかった。そうすれば逆翻訳から生じる誤訳を避けることができ、さらに重要なことに、文書中の特定の文章に対して被告人の責任を問うことができたのである。原本が通訳者の手元になければ、通訳者が逆翻訳をすることになり、それを基に被告人に自分の言葉を認めさせることなどできなかった。

そのため、各審理の前にモニターが話者に連絡し、どの文書を読み上げる予定か尋ね、原本の写しを提供してもらえるよう依頼したのである。ビドル判事もこの必要性を十分認識しており、あるIMT高官会合でそのことを指摘した。

法廷に文書を提出する前にドイツ語通訳者に各文書の写真複写を渡しておくことをビドル判事が提案した。通訳者が関連箇所を直接その文書からマイクに向かって読み上げることができるようにするためである。(83)

判事の以下の手記から、この提案が採用されたことがわかる。

OKW（第二次大戦中のドイツ国防軍最高司令部）ファイル内の押収文書（PS 789, Ex.23）を提出、ドイツ語原本を通訳者に提供。通訳者が印のついた箇所を読み上げた。(84)

しかし、通訳者に原本を渡す必要性には全員が賛成したものの、読み上げられる予定の文書を通訳者が受け取ることはまれだった。たとえば、この問題の影響を受けた被告人の一人にハンス・フリッチェがいる。フリッチェは回顧録で以下のように記している。

英国のラジオ局があるとき使った私自身の発言の一部を聞かされ、それだけを基に抗弁しなければならないことがあった。英語に訳された発言が今度は法廷でドイツ語に逆翻訳されたのだが、この二重翻訳によって多くの言葉の元の意味が歪曲されてしまい、何のことかわからないほどだった。(85)

後述するように、おそらくこれこそがニュルンベルク裁判における通訳システムの大きな欠陥だった。奇妙なことに、ヘルマン・ゲーリングの反対尋問中、自身に不利になる証拠書類のドイツ語原本がゲーリングには渡されていたものの、通訳者には渡されていないことがあった。ゲーリングはこの機会を逃さず、ヘッドフォンを通して彼が耳にしているのは正確な自分の言葉ではなく、二重翻訳によって言葉の意味が変わってしまったと幾度となく指摘した。

文書に関するもうひとつの大きな問題は、翻訳が必要とされる膨大な量の文書の翻訳作業に、当初、翻訳局が対応できなかったことだ。法廷に提出される文書はすべて、審理前に他の三つの言語に翻訳し、法廷参加者全員に配布しておくことになっていたため、翻訳作業の遅れは検察側にとって大きな問題となった。検察官が文書の英語版に基づき立証を始めることが多々あったが、判事から質問が出たことで翻訳文書が作成されていないことがすぐに明らかになり、陳述を延期しなければならないことがあった。

この問題を解決するために法廷は、証拠書類の該当箇所を審理中に読み上げさせ、同時通訳によってその場で翻訳が産出できるような決定を下した。つまり、同時通訳による訳出（翻訳）を法廷速記者が書き起こし、その日の終わりまでに法廷参加者に提供するのだ。(86)このため通訳者は、事前に作成されるべきだった翻訳を読み上げることができず、逆に、文書の読み上げに合わせて同時通訳をすることによって、事前に準備できなかった翻訳を法廷に提供するという矛盾に直面することになった。話者は、立証や反証を進めたいがために早口で文書を読み上げ、通訳者はその速度についていけないことが多々あった。そのため、通常の同時通訳に比べ正確性もおそらく落ちていただろう。しかし、このような事態はニュルンベルク裁判の初期段階でのみ発生したことだった。(87)

翻訳文書の用意があるかどうか、また法廷で証拠書類の読み上げを許可するかどうかについては、複数の審理で繰り返し議論が行なわれた。翻訳に関し、弁護側と検察側の両方が怒りを覚え不正な対応を受けたと唯一感じたのはこの点だった。これは主に、翻訳者不足が原因で、翻訳が必要とされる大量の文書に対応できなかった翻訳局の落ち度である。前述の通り、この問題は通訳部門にも影響を与えたが、通訳システムそのものの欠点ではなかった。それどころか、通訳システムおよびその関連システムはすべて非常にうまく機能したのである。話者が発言すると、その通訳がヘッドフォンから聞こえてくる。しかし聞き手は、自分が耳にしているのが原発言に照らし正確で忠実な訳だということを、どうやって確認できたのだろうか。通訳を信頼できたのはなぜか。また、通訳は裁判にどのような影響を与えたのだろうか。これらの疑問は、マイクとケーブルをつなぎ合わせるという同時通訳の仕組みを理解するだけでは解決できない。同時通訳システムの信頼性や通訳が与える影響は先験的に計れるものではなく、裁判の過程を通して考察すべきものなのだ。次章ではこの点について論じる。

註

（1）Ann and John Tusa, *The Nuremberg Trial* (London: Macmillan, 1983): 218.

（2）Maurice Bardèche, *Nuremberg ou la terre promise* (Paris: Les Sept Couleurs, 1948): 29. 原文はフランス語で、英訳は著者による。

（3）*Stars and Stripes* (Nov. 20, 1945), qtd. in Ann and John Tusa, *The Nuremberg Trial* (London: Macmillan, 1983): 147. 法廷の様子は図1を参照。

（4）Rolf Schneider, *Prozeß in Nürnberg* (Frankfurt am Mein: Fischer, 1968): forward. 原文はドイツ語で、英訳は著者による。

（5）David Maxwell-Fyfe Kilmuir, *Political Adventure: The Memoirs of the Earl of Kilmuir* (London: Weidenfeld, 1964): 97.

（6）原発言用のチャンネルは、言語にかかわらず常に原発言を流していた。そのため、本章の「『少数』言語の通訳」で述べるような法廷使用言語以外の言語の場合を除き、話者によって異なる言語の発言が流れてくることになっていた。

（7）法廷の様子を撮影したビデオ映像でもこのような問題があったことがわかる（AIIC, *Nurnberg*, Geneva 1992, videocassette）。ドステールがモニターとしてフランス語チャンネルを聞いていたときのことだ。突然フランス語デスクに顔を向け、音声が流れてきていないという仕草をすると、デスクの通訳者はあわててマイクのスイッチを入れた。

（8）以下に説明する通り、このような事態を防ぐのがモニターの役目だった。

（9）法廷の様子を撮影したビデオ映像の一部からも、マイクを渡す際の通訳者のテクニックを確認することができる（AIIC, *Nurnberg*, Geneva 1992, videocassette）。通訳者はほとんど抱き合うかのように身体を寄せ合って座り、マイクを動かさなくても互いにマイクに向かって訳出できるよう、マイクを二人の間に置くこともあった。

（10）E. Peter Uiberall, "Court Interpreting at the Nuremberg Trial" (ts. April 11, 1995): 3.

（11）E. Peter Uiberall, "Court Interpreting at the Nuremberg Trial" (ts. April 11, 1995): 3.

（12）Marie-France Skuncke, AIIC, *The Interpreters: A Historical Perspective*, videocassette.

（13）通訳者と被告人との協力関係については、第三章「通訳の信頼性と裁判への影響」を参照。

（14）Conference (AIIC, *Nurnberg*, Geneva 1992, videocassette). 原文はフランス語で、英訳は著者による。

(15) E・ピーター・ウイベラルから著者への手紙（一九九五年二月一　日）。

(16) Interview (AIIC, *Nurnberg*, Geneva 1992, videocassette).

(17) 第五章「通訳者のプロフィール」のマーゴ・ボートリンに関する記述および本書のカバー写真を参照。

(18) Ann and John Tusa, *The Nuremberg Trial* (London: Macmillan, 1983): 218.

(19) Léon Dostert, "The Instantaneous Multi-Lingual Interpreting System in the International Military Tribunal" (ts. n.d.): 3 および Alfred G. Steer, "The Simultaneous Multi-Lingual Interpreting System" (ts. n.d.): 1.

(20) Whitney R. Harris, *Tyranny on Trial: The Evidence at Nuremberg* (Dallas: Southern Methodist Press, 1954): 28.

(21) Léon Dostert, "The Instantaneous Multi-Lingual Interpreting System in the International Military Tribunal" (ts. n.d.): 3 および Alfred G. Steer, "The Simultaneous Multi-Lingual Interpreting System" (ts. n.d.): 1.

(22) E・ピーター・ウイベラルから著者への手紙（一九九五年二月一　日）。

(23) E. Peter Uiberall, "Court Interpreting at the Nuremberg Trial" (ts. April 11, 1995): 4.

(24) Hans Fritzsche, *The Sword in the Scales*. Trans. by Hildegard Springer (Stuttgart: Thiele, 1949): 80.

(25) International Military Tribunal, Seventeenth Organizational Meeting (ts Oct. 29, 1945): 16.

(26) Alfred G. Steer, "The Simultaneous Multi-Lingual Interpreting System" (ts. n.d.): 1

(27) Alfred G. Steer, "Interesting Times: Memoir of Service in U.S. Navy. 1941-1947" (ts. 1992): 236.

(28) Hans Fritzsche, *The Sword in the Scales*. Trans. by Hildegard Springer (Stuttgart: Thiele, 1949): 80.

(29) 法廷の様子を撮影したビデオ映像の一部から、音声担当技術者が二つのヘッドフォンを付けている様子が見て取れる（AIIC, *Nurnberg*, Geneva 1992, videocassette）。音量を調整し、特別な電話を使ってモニターと連絡をとりあった。

(30) E. Peter Uiberall, "Court Interpreting at the Nuremberg Trial" (ts. April 11, 1995): 4.

(31) "Information Concerning Interpreters" (ts. Spring 1946): 4.

(32) Didier Lazard, *Le procès de Nuremberg: récit d'un témoin* (Paris: Éditions de la Nouvelle France, 1947): 56. 原文はフランス語で、英訳は著者による。

(33) アルフレッド・G・ステアから著者への手紙（一九九五年二月一四日）。

(34) 一九四五年一〇月二九日のＩＭＴ会合の議事録から、審理時間に関する討議が行なわれたことがわかり、興味深い。フランス代表団は、土曜を除き審理時間を一日四時間とすることを提案した。ソ連代表団は、土曜も含め一日七時間とすることを提案したが、一笑に付された。ローレンス裁判長は、審理時間の長さが通訳者に与える負担を考慮し、妥協案を提示した。代表団は最終的に、審理時間を一日六時間とし、土曜の審理は必要な場合のみ行なうことで合意した。審理は一週間に五日、月曜から金曜まで行なわれた。土曜も「事務的な問題を話し合うため、あるいは週末を丸々挟むことで尋問や反対尋問の流れを損なわないため」、午前中は審理が行なわれることが多かった（Ann and John Tusa, *The Nuremberg Trial* [London: Macmillan, 1983]: 224.）。ヴィルヘルム・カイテルの尋問の際などは土曜も終日審理が行なわれた。また、クリスマスと一九四六年八月三一日〜九月三〇日は休廷となった。後者の期間中は、個々の訴因に関する判断を下し判決を決定するために判事が集まり、審議を重ねていた。

(35) David and Margareta Bowen, "The Nuremberg Trials: Communication through Translation." *Meta* 30, 1 (1985): 75.

(36) AIIC, "Vertrag und Allgemeine Vertragsbedingungen für Konferenzdolmetscher."

(37) Hilary Gaskin, ed., *Eyewitnesses at Nuremberg* (London: Arms, 1990): 38.

(38) E. Peter Uiberall, "Court Interpreting at the Nuremberg Trial" (ts. April 11, 1995): 3.

(39) Frederick C. Treidell, Conference (AIIC, *Nurnberg*, Geneva 1992, videocassette).

(40) Hilary Gaskin, ed., *Eyewitnesses at Nuremberg* (London: Arms, 1990): 45.

(41) Hilary Gaskin, ed., *Eyewitnesses at Nuremberg* (London: Arms, 1990): 38.

(42) Léon Dostert. "The Instantaneous Multi-Lingual Interpreting System in the International Military Tribunal" (ts. n.d.): 3.

(43) Charles A. Horsky, "Memorandum for Justice Jackson" (ts. Sept. 5, 1945).

(44) ジュネーブにあるＡＩＩＣ職業通訳者委員会のデイビッド・フォックスによると、「旧ソ連ではパイロット言語システムは（中略）標準的に行なわれており、現在でも東欧では一般的だ」ということだ（著者への手紙、一九九六年九月二四日）。ＡＩＩＣの定める規定に沿って開かれる会議では、リレー通訳は可能な限り使用されず、国際連合の公用語およびドイツ語・日本語という最も頻繁に用いられる言語は、リレーを介さずに通訳されている。

(45) Ｅ・ピーター・ウイベラルから著者への手紙（一九九五年二月二五日）。

(46) "Information Concerning Interpreters" (ts. Spring 1946): 3.

(47) Alfred G. Steer, "The Simultaneous Multi-Lingual Interpreting System" (ts. n.d.): 4. 法廷の様子を撮影したビデオ映像の一部から、音声担当技術者が音の鳴らない電話を使ってモニターに電話している様子を確認することができる

(AIIC, *Nurnberg,* Geneva 1992, videocassette)。
(48) 法廷の様子を撮影したビデオ映像の一部で確認できる通りである (AIIC, *Nurnberg,* Geneva 1992, videocassette)。
(49) デイナ・シュミットの記事によると、「通訳者の手が容易に届くところに "SLOW (減速)" と書かれた小さなベニヤの板が置かれており、話者の発言についていけなくなると通訳者はこの板を取ってモニターに向けて掲げた」ということだ。この情報に関し通訳者による裏付けは得られていないが、"STOP (停止)", "SLOW (減速)" と書かれたサインがあるのはニュルンベルク裁判の通訳者を撮影した写真で確認することができる。
(50) David and Margareta Bowen, "The Nuremberg Trials: Communication through Translation." *Meta* 30, 1 (1985): 75; Robert E. Conot, *Justice at Nuremberg* (New York: Harper, 1983): 84.
(51) Alfred G. Steer, "The Simultaneous Multi-Lingual Interpreting System" (ts. n.d.): 3.
(52) Alfred G. Steer, "The Simultaneous Multi-Lingual Interpreting System" (ts. n.d.): 4; 12 to 14 pages according to Dana A. Schmidt, "Pick Your Language." *The New York Times Magazine* 6 (Aug. 25, 1946): 24.
(53) Alfred G. Steer, "The Simultaneous Multi-Lingual Interpreting System" (ts. n.d.): 4; 26 pages in Dana A. Schmidt, "Pick Your Language." *The New York Times Magazine* 6 (Aug. 25, 1946): 24.
(54) 法廷の様子を撮影したビデオ映像の一部で確認できる通りである (AIIC, *Nurnberg,* Geneva 1992, videocassette)。
(55) International Military Tribunal, *Trial of the Major War Criminals before the International Military Tribunal, Nuremberg 14 November 1945–1 October 1946.* 4 (Nuremberg, 1947): 373–374.
(56) Ann and John Tusa, *The Nuremberg Trial* (London: Macmillan, 1983): 150–151.
(57) John Dos Passos, "Report from Nürnberg." *Life* (Dec. 10, 1945): 49–50.
(58) Frederick C. Treidell, Conference (AIIC, *Nurnberg,* Geneva 1992, videocassette).
(59) Hilary Gaskin, ed., *Eyewitnesses at Nuremberg* (London: Arms, 1990): 41.
(60) Hilary Gaskin, ed., *Eyewitnesses at Nuremberg* (London: Arms, 1990): 117.
(61) Alfred G. Steer, "Interesting Times: Memoir of Service in U.S. Navy, 1941–1947" (ts. 1992): 250.
(62) Ann and John Tusa, *The Nuremberg Trial* (London: Macmillan, 1983): 198.
(63) Alfred G. Steer, "The Simultaneous Multi-Lingual Interpreting System" (ts. n.d.): 5.
(64) Hilary Gaskin, ed., *Eyewitnesses at Nuremberg* (London: Arms, 1990): 43.

（65）Hilary Gaskin, ed., *Eyewitnesses at Nuremberg*（London: Arms, 1990）: 39.

（66）Francis Biddle, *In Brief Authority*（Garden City: Doubleday, 1962）: 380.

（67）Robert E. Conot, *Justice at Nuremberg*（New York: Harper, 1983）: 85.

（68）Francis Biddle, *In Brief Authority*（Garden City: Doubleday, 1962）: 381.

（69）Arkadii Iosifovich Poltorak, *Nürnberger Epilog*（Berlin: Militärverlag der DDR. 1971）, qtd. in Ann and John Tusa. *The Nuremberg Trial*（London: Macmillan. 1983）: 111.

（70）Francis Biddle, *In Brief Authority*（Garden City: Doubleday, 1962）: 374.

（71）第五章「通訳者のプロフィール」参照。

（72）Robert E. Conot, *Justice at Nuremberg*（New York: Harper, 1983）: 85.

（73）Hans Fritzsche, *The Sword in the Scales.* Trans. by Hildegard Springer（Stuttgart: Thiele, 1949）: 112.

（74）ドイツ語は“Schweinehund!”。

（75）この事件が起きた日、審理後の追加作業のために通訳者が一人呼び出された。ローレンス裁判長がゲーリングと個人的に話したいということで、ゲーリングの弁護人と独英通訳者も同席しなければならなかったのだ。この日法廷に出ていたウイベラルは、ゲーリングに対し法廷での適切な振る舞いについて講釈することになった（Hilary Gaskin, ed., *Eyewitnesses at Nuremberg*［London: Arms, 1990］: 85）。

（76）International Military Tribunal, Notes of Evidence（Dec. 12, 1945）: 147.

（77）Léon Dostert, “The Instantaneous Multi-Lingual Interpreting System in the International Military Tribunal”（ts. n.d.）: 5.

（78）Alfred G. Steer, “The Simultaneous Multi-Lingual Interpreting System”（ts. n.d.）: 7.

（79）Francis Biddle, *In Brief Authority*（Garden City: Doubleday, 1962）: 423–424.

（80）Gerhard E. Gründler and Arnim von Manikowsky, *Nuremberg ou la justice des vainqueurs.* Trans. by Herbert Lugert（Paris: Laffont, 1969）: 265.

（81）Hilary Gaskin, ed., *Eyewitnesses at Nuremberg*（London: Arms, 1990）: 45.

（82）この通訳形式は公判前尋問手続でも用いられたが、同様の欠点があった。通訳者は被告人のために逐次通訳を行なうが、速記録に残ったのは尋問者の言語である英語での発言だけで、ドイツ語の原発言は失われてしまったのである（Telford Taylor, *Final Report to the Secretary of the Army on the Nuremberg War Crimes Trials under Control Council Law*

No. 10. Washington, D.C.: Government Printing Office, 1949: 60)。裁判中、アルフレート・ヨードルの弁護人がこの欠点を逆手にとり、ヨードルに有利になるような行動をとった。法廷にヨードルの尋問の英文記録が提出されると、弁護人は「議事録は（中略）英語で書かれています。これらの議事録を被告（ヨードル）は目にしたことはなく、署名もしていません。さらに英語で作成されたこれらの議事録が被告人には今ドイツ語で提示されています。このような状況に照らして、議事録に記載されている特定の語彙の責任を被告人に問うことは不可能に近いというのが私の見解です」と言ってこの証拠書類を拒否したのだ。法廷は異議を認めるしかなかった（International Military Tribunal, *Trial of the Major War Criminals before the International Military Tribunal, Nuremberg 14 November 1945-1 October 1946*. 15 [Nuremberg, 1947]: 455)。

（83）International Military Tribunal, Executive Session (ts. Nov. 24, 1945): 2. また別の場面では、ニュルンベルク裁判の様子を撮影したビデオ映像が示す通り（AIIC, *Nurnberg*, Geneva 1992, videocassette）、法廷で文書が読み上げられると、原本の写しと思われる文書が、判事、弁護人（一部）、モニター（四部）に渡され、モニターは通訳ブースに文書を配布した。

（84）International Military Tribunal, Notes of Evidence (ts. Nov. 26, 1945): 40.

（85）Hans Fritzsche, *The Sword in the Scales*. Trans. by Hildegard Springer (Stuttgart: Thiele, 1949): 43.

（86）この解決策は、ビドル判事が一九四五年一一月二四日二時三〇分、IMT上級者会合でまず提案し、その後、法廷によって採択された。

（87）翻訳にまつわる問題と判事の決定は、検察側と弁護側のいずれも自らに不利だと考えたものだった。検察側は、判事の決定は「検察側が提出できる証拠量を大幅に制限するものだ」と主張した（Bradley F. Smith, *Reaching Judgement at Nuremberg* [New York: Basic, 1981]: 84)。ローレンス裁判長も、この決定は検察側に不利だと考えた。法廷で提出された文書しか証拠書類として認められなかったからだ（International Military Tribunal, *Trial of the Major War Criminals before the International Military Tribunal, Nuremberg 14 November 1945-1 October 1946*. 5 [Nuremberg, 1947]: 24)。一方、弁護側は、法廷で読み上げられる証拠の影響力のほうが大きいと不満を述べた。反証段階で証拠書類の読み上げができないことにより、大きな不利益を被ると考えたのである。弁護側反証の時点では、翻訳局が翻訳作業に追いつき、全文書の翻訳を提出できる準備が整っていたため、弁護側は提出を望む証拠書類の番号だけを引用するよう求められた。これに対し弁護側は、判事や一般大衆に対し弁護側の証拠書類が持つ影響力が検察側に比べ薄れたとして不満を述べたのだった（International Military Tribunal, *Trial of the Major War Criminals before the International Military Tribunal, Nuremberg 14 November 1945–1 October 1946.* 5［Nuremberg, 1947］: 24）。

第三章　通訳の信頼性と裁判への影響

通訳システムの信頼性

通訳システムの重要な課題のひとつはその信頼性にあった。通訳者による訳出は全面的に信頼できたのだろうか。被告人に公正な裁判を保障するためには、全ての発言がきちんと正確に通訳され、どの部分も省略されたり変更されたりしないようにする必要があった。しかし法廷関係者は、通訳者の訳出に全面的に頼ることはできないと考えていた。誤訳の可能性があるからだ。さらに裁判開始前には、開廷から数時間後に通訳システムが機能停止に陥る可能性もあると思われていた。そのため、発言を記録に残すシステムが導入され、通訳に関し誤解や意見の相違があった際に法廷関係者が参照できるようにした。しかし開廷後は、記録を取ることが公正さの確保にどれだけ役立つのか意見がわかれた。誤りの余地がなくなると考える者もいれば、無益だと見る者もいたのだ。

記録、校閲、印刷

裁判の公正さを実現するための重要な一要素として、証言を必ず原発言のまま記録し、参照できるようにすることがあった。そのため法廷では、言語にかかわらず全発言が録音された。録音は、史実を留める証拠として、また通訳の正確性を確認するために参照する原音声の記録として使われることになった。これは、英語への通訳しか録音されなかった公判前尋問に比べ大きな進歩だった。通訳者の訳出は、法廷で速記により記録され、一日の終わりにチェックされた。裁判が進むと、速記録の印刷という役割が翻訳局に加わった。翻訳局内の録音部、校閲部、印刷部を組織、運営したのは米国代表団で、資金も同代表団が提供した。

録音

米軍通信部隊の将校たちが、陸軍の備品からワイヤーレコーダー（針金磁気録音機）を提供し録音を行なった。レコーダーは通訳者の隣に置かれ、法廷内のＩＢＭ製マイクにも接続されていた。(1)チャンネルは常に1に設定されており、これは原発言を通訳なしにそのまま流すチャンネルだった。(2)ワシントンの国立公文書館に保存された録音室の写真からは、二種類のレコーダーが見て取れる。それはディスク・レコーダーとテープ・レコーダーで、キャプションにはディスク装置およびワイヤー装置と記されている。写真では、テープ・レコーダーと、ディスクに録音する円盤録音機が確認できる。ウイベラルによると、原発言チャンネルの音声がディスクに録音されたという。これは現在、国立公文書館に保管されている。また、「(チャンネル2～5で流された)言語はすべて、米国陸軍通信部隊のアップライトリール式レコーダーでテープに録音された(3)」ということで、これも写真で確認できる。これらのテープは劣化が進み、もはや聞くことはできないため、原発言はそのまま今日まで残っているのに対し、通訳者の声は、法廷で撮影された映像に残されたものを除き失われてしまったことになる。

音声録音に加え、三台のカメラが映像と音声を記録した。一台は証人席のそばに、残り二台は部屋の後方に置かれた。後方のカメラ二台は、審理の邪魔にならないよう、ガラスの仕切り越しに法廷の外から操作された。そのうち一台は窓越しに法廷を撮影するかたちでブース脇に置かれ、もう一台は音声モニター装置の反対側に置かれた。法廷内で判事席の隣に置くことが許可されたカメラは一台のみで、撮影時間も限られていた。裁判の進行中あらかじめ決められた時間帯に撮影をする際、照明機材を一時的に設置できるよう規定が作られた。(4)

速記録

通訳者の肉声記録は今日では失われてしまったが、訳出を筆記したものは（直しが入っているものの）保存されている。法廷速記者がチャンネル2～5から流れる通訳を速記していたためだ。速記者は、被告人と向かい合うようにして判事席の前に座っていた。それぞれが担当言語で審理を一五～二〇分速記した後、交替する流れになっていた。英国と米国の速記者は速記用タイプライターを使用し、ドイツ語とロシア語の速記者は速記法で書き取った。ロシア語の速記者に至ってはペンとインクつぼを使っていた。速記者は法廷を出るやいなや記録をタイプした。

裁判の初期段階では、法廷関係者はその日の速記録を受け取るまで四八時間も待たねばならなかった。(5)「ドイツ語の速記録は翌朝には手に入らず、数日待たなければならなかった」(6)と一九四六年一月九日ローレンス裁判長は述べている。同日、一二月一八日と一九日の速記録をやっと受け取ったドイツの弁護人も、このような遅延は容認できないと語っている。この件については、ページ番号にミスが見つかったため速記録を写し直さなくてはならず、通常はこれほど遅れることはないとの説明だった(7)。それでも開廷後の数ヵ月間で、法廷速記部は、審理内容の速記録の完成版を当日の終わりまでに全法廷関係者に四ヵ国語で提供できるまでになった。検察団が最終陳述を行なった公判が閉廷した直後、ゲーリングは弁護人からその日の記録をドイツ語で受け取ったとの報告もある。早くも翌日には、ゲーリングは自分の名前が他のどの名前よりも頻繁にジャクソンの陳述に登場すると自慢することさえできた(8)。

速記録が直ちに入手できるかどうかは極めて重要な問題だった。母語で作成された速記録を自らのメモと合わせて使用し、その日の審理内容を振り返って検察側と弁護側の主張を検討した判事も多分いただろう。検察団と弁護団は、自らの主張を組み立て相手の異議申し立てに対応するために速記録を必要とした。このため速記部には、効率的にそして何よりもまず迅速に仕事をすることが求められたのである。

校閲

しかし、正確性とスピードは必ずしも両立できるものではなかった。速記録には誤りも度々あり、間違いだらけの速記録を受け取っていると判事たちは不満を漏らした。もちろん、こうした誤りのすべてが誤訳だったわけではない。緊張や疲れから、発言者が数字や文書への言及、日付などを間違えて読み上げたことに起因するミスもあった。重圧を感じ通訳者が間違えることも当然あり、速記者も記録ミスを犯すことがあった。

既に開廷前から、ジャクソンのスタッフは校閲部を設置し、通訳と速記録の正確性を確認するために日々の速記録と音声記録を照合することを検討していた。実際、翻訳局の校閲部が法廷の一階上に置かれ、ここで原発言の音声記録をもとに速記録が点検されることになった。校閲担当者は、速記者の元の記録にある誤りを訂正し、必要であれば通訳者の訳出も修正し、洗練された言葉に直した。通訳と原発言との齟齬が被告人の利害に関係する場合は、それについて弁護側との話し合いが持たれた。時には、通訳者が審理中の自らの訳出に満足せず、担当が終わると校閲部に駆け込み、訳出を修正するよう依頼し、訂正訳を提案することもあった(9)。校閲をするには法廷使用言語の知識が必要であり、通訳者や翻訳者が自ら校閲を担当することもあった。長い間校閲部長を務めたのはマーガレット・ウルフで、ロンドンからニュルンベルクにやってきた人物だった。通訳試験を受けなかったウルフは、別の部署に配置されたのだった。

訳語が洗練された言葉に置き換わり通訳者の肉声録音が失われた今日では、法廷内通訳の正確性をチェックすることは、不可能ではないにしても非常に難しい。今日入手できる、各言語で刊行された速記録もかなりの修正を経たものであり、判事を始めとする裁判関係者が法廷で耳にした発言とは異なっているかもしれない。

印刷

開廷後しばらくして判事団は、当時の翻訳局長ステアに対し、修正と推敲を経た速記録を印刷するよう依頼した。ステアは、英国人のバートンと共に委員会を立ち上げ、印刷部を開設した。しかし、戦争で破壊されたドイツで印刷を行なうのは非常に困難だった。当時、速記部と検閲部（スタッフ数はそれぞれ四五人と一〇〇人）の部長を務めていたシグマンド・ロスは、ステアの親友でもあった。校閲の経験もあるロスが印刷を担当することになったが、ニュルンベルク＝エアランゲン地域で良い印刷所を見つけることはできたものの、紙と製本材料が不足していた。必要な資材をソ連占領地から入手すべく、ロスはソ連と交渉した。ロスが印刷部長に任命され[10]、開廷後かなりの時間が経ち裁判の全行程が半分ほど終わった頃に印刷が始まったが、審理の進行に追いつくことは決してなかった。印刷を終わらせるために、判決が言い渡された後もロスは一年以上ニュルンベルクに留まり、作業を続けた。

こうして印刷された文書は、ニュルンベルク裁判の極めて貴重な歴史的記録となった。「六〇〇万語裁判[11]」とも言われるこの裁判の記録は、速記録と関連書類四二巻に索引一巻からなり、全巻が英語で五〇〇〇部、ドイツ語・フランス語・ロシア語では各二五〇〇部印刷され、「合計では五〇万巻を超え、その後世界中の主要な図書館に配布された[12]」。

ここで、記録部、校閲部、印刷部について重要な疑問が持ち上がる。裁判の実施にあたり、審理を記録し、その記録を校閲、印刷する必要はあったのか、ということだ。

記録システムの必要性

審理を録音し、速記に残し、その記録を何度も確認するという取り組みの目的は、裁判参加者のために正確な記録を提供することだった。後世にとっての価値は明白だが、それはさておき、速記録は裁判の進行にどれほど重要だったのだろうか。この問いに対する答えは、判事の職務の進め方をどう想定するかによる。判事が判断を下すうえで速記録は必要不可欠と考えるなら、法廷での発言の一語一句、また通訳が入った場合には発言の正確な意味を記録したものを受け取ることは極めて重要だ。一方、判事にとって実際に重要だったのは法廷内発言だけだと考えるなら、法廷現場で最良の通訳が得られる方が重要だった。後者の見方に立てば、記録や校閲のシステムは無駄だったことになる。

被告人のハンス・フリッチェは、記録や校閲に費やされる労力はすべて無駄であり、ヘッドフォンから流れる証言こそが最も重要だと考えた。判事は法廷で耳にしたことを基に判断を下すからだ。そのためフリッチェは、できるだけ良い通訳が法廷の現場で行なわれることが絶対に必要だと考え、通訳者を助けるために最大限の努力をした。彼は次のように述べている。

もちろん審理中の発言はすべて、なんらかのかたちで記録された。しかし、どんなに厳密に残された記録でも、それが後世のためだけに保存されるのであり、判事が決して目にしないのなら何の意味があろうか。(13)

同時通訳が後にチェックされ修正されるとはいっても、「究極的には判事団のためだけに行なわれる通訳で発言を一語一句耳にした後、大きく変更され修正されることの多い文書を読む時間が彼らにあるだろうか」(14)、とフリッチェは疑っていた。

一方、ニュルンベルク裁判に関する著述を残した他の人々のほとんどは、速記録中の不正確な記述や誤りが除かれたことで、記録と校閲のシステムは公正な裁判に貢献したと考えている。同裁判で通訳を務めたラムラーは、誤訳を正したことで裁判の公正さが保たれたと考える。修正が「被告人や裁判結果に重大な影響」を与えたかもしれない速記録中の誤りを取り除いたからである。[15]ラムラーは、検察団と弁護団が日々の速記録を広範に用いて自らの立証、反証や反対尋問を準備したことに触れるとともに、判事も法廷での同時通訳より速記録に依存したのではないか、と考えている。だからこそ、裁判関係者が法廷内発言の正確な記録を受け取ることが極めて重要だった、とラムラーは述べる。

裁判でモニターと通訳を務めたウイベラルも、ラムラー同様、判事は判決にあたり速記録を参照したと考えている。ウイベラルによると、速記録には誤訳は一切残っていなかったという。速記録は、「印刷に回されるまで、あるいは判決の際の資料として判事に使われるまで」[16]、確認に確認を重ねて作成されたのだ。ギル大佐も同様の見方をしている。ギルは開廷前、判事団に対し、通訳の正確性に疑念があれば発言を正確に知るために録音記録および速記録を参照することが可能だと述べていた。[17]

このように、記録と校閲の必要性は、判事が法廷で耳にしたことに加え、実際に速記録を参照したかどうかによって異なる。この点に関する書面での規定はなく、実際、「判事は日々の審理の速記録を受け取っていたが、読むかどうかは判事次第だった」[18]という。

さまざまな情報源によれば、速記録など無用で、法廷での誤りは修正の機会など全くないまま判事に影響を与えてしまうと信じていたのは、どうやらフリッチェだけだったようだ。被告人という立場からか、あるいは通訳者と違って協議室に入ることが許されなかったためか、彼が偏見を持っていた可能性はある。判決に際し判事が速記録を参照したかどうか不確かなので、著者は記録と校閲が行なわれたことについては語れるが、それが公正な裁判にどれほど貢献したかについては報告できない。記録システムは、正確さを高め、原発言を参照できるようにする目的で構築された。同時通訳と記録のシステムがあれば、審理中に言語面でのサポートを提供する中で生じるすべての問題に対処できると考えられた。それでも、いかなる実用的な手段をもってしても解決できない通訳特有の問題があった。通訳が審理に及ぼす影響である。

通訳が審理に及ぼした影響

ニュルンベルク裁判の同時通訳に関する最も重要な論点のひとつは、公正な審理の実現に対し通訳が及ぼした影響だ。同時通訳はそもそも、被告人が母語で裁判に臨む権利を保障するために考案され、「公正な裁判」のための条件のひとつだった。同時通訳はその役目を果たしたのだろうか。同時通訳によって、被告人にとって言語という観点からは公正な裁判が確実に行なわれたのだろうか。それとも、弁護側・検察側のいずれかに有利に働いて、公正な裁判の運営を妨げてしまったのだろうか。以下、同時通訳がどの程度、またどのように裁判に影響を与えたのかを考察する。

主尋問と反対尋問における通訳の影響

通訳が入ることによって、弁護人や検察官などの裁判参加者はゆっくり話さねばならず、主尋問および反対尋問の際彼らはこれを最も嫌った。同時通訳は実は尋問に適していると考えた尋問者もいたが、ゆっくりと行なわれるようでは反対尋問に効果はなく、通訳によって不利益を被っていると不満を抱く者がほとんどだった。尋問者が外国語や外国文化に無知であることも尋問の弱さにつながり、その結果、通訳が主尋問や反対尋問に与える影響をさらに際立たせた。

同時通訳に対して人々が持つ意見は、往々にして、どれだけ同時通訳に関する知識があるかによって異なった。たとえば、ニュルンベルク裁判に同時通訳を導入したドステールは、同時通訳に代わる手段は逐次通訳だと認識していたが、逐次通訳が主尋問や反対尋問で使われると証言が大幅に遅れ、迅速な尋問と答弁ができなくなる。そのためドステールは、同時通訳は特に反対尋問に適していると述べた。同時通訳によって尋問の「自発性とスピード」[19]が保たれ、証人や被告人が外国語で発言しようとも、検察官は彼らにプレッシャーをかけられるからだ。英国の首席検察官マックスウェル＝ファイフ卿は、同時通訳がうまく機能したおかげで、ゲーリングが聞かれてもいないことについて滔々と話してしまう前に発言をやめさせることができたと考えていた。[20]同時通訳が入るために異言語が話されていることを忘れてしまう者すらおり、白熱した議論で弁護人が互いに「悪口の応酬をする」[21]ことさえできた。

しかし、同時通訳に関し意見する者の多くは、通訳に関する問題についてほとんど理解していなかった。同時通訳を、効率の面で劣る他の手段と比較するのではなく、通訳を介した裁判と通常の裁判とを比較したのだ。同時通訳に対し批判的だったのもうなずける。弁護人や検察官は、必ずしも原発言と「同時」ではない通訳の遅れにしばしば苦言を呈した。どうしても生じてしまう遅れにより、二ヵ国語を理解する被告人や証人が、不信に思われることなく答えを考える時間を持つことになる。[22]シャフト、フリッチェ、シュペーア、ゲーリング、ヘスといった被告人の多くは、ドイツ語の他に少なくとも英語を話した。つまり英語の質問を理解でき、通訳を聞いている間に答えを考えることができたのだ。これは反対尋問のあるべき姿ではない。

反対尋問を行なう弁護人や検察官は、自分がペースをとりながら尋問を進めるのが理想だ。さもなければ、証人に余裕を与えたり、尋問と関係のない話を持ち出して裁判参加者の気を逸らすのを許したりしてしまう。(23)

従来の尋問の緊張感あふれる進行に慣れている弁護人や検察官は、通訳によって大きな不利益を被っていると感じた。ゲーリングに対する反対尋問の出来が悪かった米国の首席検察官ジャクソンは、自らの失敗を同時通訳のせいにした。ゲーリングは、訳出がきちんとされていない、あるいは通訳者の声が小さいことを理由に質問内容が理解できなかったと返答し、考える時間を常に稼ぐことができた、とジャクソンは主張した。答弁を避けるために質問を別の言葉に置き換えるようゲーリングが要求したというのだ。ジャクソンは、次のように強い不満を示した。

(ゲーリングは) いつでも、答弁を準備する時間を稼ぐことができた。彼がそうするのを止めることはできない。英語がわかるので、質問も理解できる。自分のために通訳が行なわれている最中、既に質問を理解しているゲーリングは、その答えを準備していたのだ。(24)

反対尋問のリズムが思いもよらず変わっても、英国の首席検察官マックスウェル＝ファイフ卿だけは対応できたようだ。「（尋問がゆっくり行なわれた）としても、四ヵ国語での司法と呼ばれるこの裁判にとっては高い代償ではない」(25)と彼は考えた。ゲーリングに対する反対尋問で、マックスウェル＝ファイフ卿は通訳の遅れからくる不便さに巧みな方法で対処し、裁判参加者をうならせた。

通訳を待っているゲーリングに対し、「証人、あなたは英語をかなりよく理解しますね。今すぐお答えになってはどうですか」と言ったのだ。(26)

他の尋問者は、同時通訳に遅れがあり、迅速に言葉のやりとりができないことに不満を抱えていた。彼らは、通訳が必要とされていようといまいと、自らが望むスピードで尋問を行なおうと繰り返し試みた。一九四六年一月七日、弁護側はドイツ人の検察側証人フォン・デム・バッハ＝ツェレウスキーに対する反対尋問を行なった。弁護側も証人もドイツ語を話しヘッドフォンなしで互いの発言を理解できたため、反対尋問は非常に迅速に行なわれた。被告側の弁護人は、証人から矛盾を引き出そうと畳み掛けて尋問を行なってプレッシャーをかけ、証人も速やかに答えた。このため通訳者は尋問のペースについていくのに苦労した。スピード感のある巧みな反対尋問も判事には何の影響も与えないことに、弁護人は気づいていなかった。判事は通訳に頼っており、あわただしい訳出により原語での効果が弱まってしまったのである。ローレンス裁判長が弁護人に行なった以下の指摘にある通りだ。

弁護人と証人がゆっくり話し、尋問と答弁の間に適当な間を置かない限り、通訳者が適切な通訳を行なうことは不可能で、尋問と答弁の内容が法廷に伝わらないという結果に終わるだけです。（中略）畳み掛けるように反対尋問を行なったことで得られたと思ったものがすべて、不十分な通訳によって失われてしまいます。繰り返しますが、通訳者の訳出が伝わる時間を確保するために、文章の終わりと質問の終わりに間を置くべきです。(27)

しかし、通訳者のために指摘しておきたいことがある。それは、検察側の尋問が往々にして説得力に欠け効果的でなかったとしても、それは必ずしも通訳者のせいではなかったということだ。裁判が多言語で行なわれたために審理に影響が出た別の側面として、時に英国や米国の検察団が、ドイツ語やドイツの歴史・制度に通じていないために恥をかいた事例が挙げられる。ゲーリングの反対尋問中、ジャクソンがドイツ語の名前を一度ならず間違えて発音したため、通訳者ですらジャクソンの発言を理解できなかった。“Reichsbank《ライヒスバンク》”が“Reichstag《ライヒスターク》”に、“Woermann《ヴェールマン》”が“Bormann《ボルマン》”に、“Turner《トゥルナー》”が“Koerner《ケルナー》”に間違われる始末だった。毎回、ゲーリングが間違いを訂正し、ジャクソンが「わかった。私の発音が悪かった」(28)ときまり悪そうに認めた。ゲーリングはまた、ソ連のルデンコ検察官がドイツ語の知識を持たないことを再三にわたり冷笑する一方、ドイツ語の語彙を操り政府関係者のドイツ語役職名を常に正確に引用する英国のマックスウェル＝ファイフ首席検察官の卓越した能力は認めざるをえなかった。「ミルヒ大将…失礼、ミルヒ元帥が述べたところによると…」(29)などは、マックスウェル＝ファイフ卿が自分の発言を見事に訂正した例のひとつだ。

誰の意向でも責任でもなかったが、裁判の多言語的な特徴と通訳の必要性は、主尋問や反対尋問の進め方に確かに影響を与えた。しかし、影響は検察側にも弁護側にも及んだため、一方に不利だが他方には有利というわけではなかった。優秀な検察官や弁護人は通訳への対応法を身につけたが、一方で、通訳システムに不満を抱き批判する者もいた。

言語の問題と審理への影響

通訳が審理に微妙に影響したもうひとつの例として、ドイツ語の特徴に関する問題がある。他の言語と比べドイツ語には同時通訳に適さない言語的特徴があるのだ。そのため被告人の発言をドイツ語から他言語に通訳するのは、他の言語の組み合わせと比べて難しいことがわかった。そのうえ、ドイツ語話者の多くが最初は協力的でなく、時に曖昧かつ多義に取れる言い回しを意図的に使ったため、発言を客観的かつ明確に通訳できないこともあった。

通訳を難しくしたドイツ語の特徴のひとつは統語構造である。ドイツ語では、副文および複合動詞・法助動詞の場合、動詞は文末に置かれる(30)。動詞が文の前半に来ることが決まっているフランス語や英語に訳出する際は、通訳者は文構造を変えなければならない。動詞を聞いてもいないのに、どうして通訳できるというのだろうか。短文であれば文末の動詞を聞くまで待つこともできる。しかし、法廷発言によくある冗長な文では文末まで待つ余裕はない。待てば訳出が遅れ、追いつけなくなってしまうからだ。この複雑な状況に対処する方法のひとつは、動詞を先読みする、つまり文頭の単語と文脈から、どのような動詞がくるか予想するというもので、この方法は今日でも使われている。可能ではあるが、これには言語に対する母語話者並みの知識が必要だ。しかしそのような知識があっても、通訳者の多くは文の意味を先読みできなかった。肯定なのか否定なのか、文が終わるまでわからない場合があるからだ。[31] これに対し通訳者が編み出した対処法は、文を曖昧かつ一般的な言葉で始め、動詞を聞いて初めて具体的に訳すというものだ。これにより、話者に遅れずについていきながら、洗練はされていないながらもまずまずの通訳をすることができた。[32]

実際、ニュルンベルク裁判のドイツ人弁護団は複雑な長文を用いて発言した。そして、そのような話し方をすれば、通訳の質が損なわれる可能性に気づいてもいなかった。被告人のうち、フリッチェはこの点に気付いており、ドイツ語話者が通訳の問題にいかに無知だったか、回顧録の中で次のように述べている。

> 黄色いランプが点滅するのを見て、ドイツの弁護人や証人はよかれと思って文の途中で話を中断し、その傍らで私がやきもきしながら嘆くことは多かった。途中で話をやめても、動詞が来るのを今か今かと待っている通訳者には何の得にもならないのだ。外国人にとって意味をなす文にするための唯一の区切りで文章を切らずに話し続けてしまった同胞を思わず身振りで止めようとすると、警護官に静かにするよう注意されることがしばしばだった。この問題によって、ドイツ語の原発言にあったさまざまな議論の重要な部分が通訳を介すと完全に抜け落ち、再び俎上に載ることは決してなかった。[33]

フリッチェのこの記述は非常に説得力があり、これが正しいと証明されれば、ドイツ語からの通訳は被告人にとって公正さを損なった可能性を示すことになる。しかし、こう結論づけるには早計だと示唆する事柄はいくつかある。まず、フリッチェは多分ドイツ語と英語間、あるいはドイツ語とロシア語間の通訳を法廷で聞いていたのだろうが、ドイツ語から他の三ヵ国語への通訳がすべて不適切だと彼が判断したとは考えられない。さらに、前述のように判事や検察官は日々の速記録で正確な翻訳を受け取っており、それらを読んでいたと仮定するなら、ドイツ語の議論の「重要な部分」を認識していたであろう。最後に、フリッチェ自身も明確に述べているように、ドイツ語からの通訳が時に失敗したとしても、それは通訳者の責任ではない。通訳を難しくする最大の原因は、全体の意味が文末の動詞を聞いて初めて明らかになるような長文の使用だと彼は承知していた。このためフリッチェは、動詞ができるだけ早く登場する短文を話すことを含めた「話者への提案」をまとめ、被告人に配布した。ゲーリングはこれを心に刻み、主尋問および反対尋問の際、大いに活用した。

　他の被告人たちも、最初はよかったが緊張のあまり注意点を忘れてしまった。一番ひどいのはザウケルだった。尋問、特に反対尋問中の緊張感から、自らの弁護のために主張した内容の半分以上は訳出されなかった。ただ単に通訳が不可能だったのだ。(34)

この記述が示している通り、ザウケルが行なったような発言は通訳できないことにフリッチェは気付いており、通訳者を非難することはなかった。良い通訳は、通訳者と同様、話者に負うところが大きいことを認識していたのである。

公正な通訳を行なおうとするうえで、通訳者が注意しなければならないドイツ語の特徴は他にもあった。ドイツ語話者が文章を"Ja《ヤー》"で始める癖だ。"Ja《ヤー》"は通常「はい(yes)」と訳されるが、話者が時間をかけて答えを考えるときに間を埋めるものとして使われることもあった。

ドイツ人は文を"Ja《ヤー》"で始める傾向があり、文字通り訳すと有罪を認めることになりかねなかった。「自分の行為が犯罪だと認識していましたか」と検察官が聞き証人が"Ja《ヤー》"と答えても、それは「はい(yes)」の意味ではなく間を埋めるものとして、より正確には「あの…(well...)」という意味の"Ja《ヤー》"だった。(35)

ウイベラルは特にこの問題を憂慮しており、首席通訳者になると早速、"Ja《ヤー》"という単語を聞いてもすぐには「はい」と訳さず待つよう他の通訳者に指示した。通訳者は「はい」と訳す前に、証人が意図したのが肯定だという絶対の確信を持ち、自らの訳出がもたらす結果を十分に意識する必要があった。

ドイツ語から英語への翻訳文書ではまったく異なるのだが、法廷ではこれが正しい訳出だった。さもなければ不当に人を絞首刑にしてしまうことになるのだ。一度「はい」という単語が記録に残ってしまえば、それから被告人は逃れられないからだ。(36)

ドイツ語からの通訳が困難だった最後の理由は、ナチ独特の用語の曖昧さにある。文字通り訳せば「罪のない」意味になる用語や表現の中に、ナチが犯罪行為を指すのに使っていた言葉があることは知られている。たとえば、"endlösung《エントレーズング》"は文字通り訳せば「最終的な解決」という意味だが、これがユダヤ人殲滅を意味する婉曲語であったことはわかっている。「登録する」を意味する“erfassen《エアファッセン》”に至ってはさらに明白で、「身体的に捕まえる」を表す可能性もある。(37) このような場合、複数の訳語のうちひとつを選ぶ責任は通訳者にあり、その判断が証言に影響を与えるのは避けられなかった。ゲーリングは反対尋問の際、通訳によって自らの発言に何らかのニュアンスが加わったと一度ならず不満を述べた。その結果、通訳者が、自らの訳出の正確性について法廷で行なわれる議論を通訳する状況に陥ることも時にあった。

通訳者の性格・声と審理へのその影響

主尋問・反対尋問の際、またドイツ語からの訳出において、通訳が審理に影響を与えたことはこれまで説明してきた。もうひとつ審理に影響した要素として、通訳者の性格と声がある。声の抑揚やその他の言語外特徴によって、証言にニュアンスが加わったり消されたりする可能性があったのだ。時に通訳者の性格や個性が正確な訳出を阻むこともあり、以下に述べるように別の通訳者に交替させられることもあった。

ニュルンベルク裁判の通訳者たちは開廷当初から、通訳者の性格や声が証人や被告人の証言を損なうことがあってはならないとの認識を持っていた。聞き手が通訳者の存在を感じることなく、通訳者の声を原発言者の声と思うようでなければならなかったが、(38) それは容易なことではなかった。抑揚や独特な話し方で原発言の印象に色をつける者もおり、通訳者の性格や声が裁判中の証言に影響したこともあった。語気が弱く、リラックスして話す者もいれば、早口で感情を込めた話し方をする者もいた。たとえば、マーゴ・ボートリンはニュルンベルク裁判で感情豊かに通訳したことで有名になった。表情や声色で演技し、笑顔を浮かべたりしかめ面をしたりしながら通訳したのだ。(39) その一方、「逆に簡潔な訳出をする通訳者もおり、長文を可能な限り短く訳したため、何が抜けているのかと聞き手がいぶかる」(40) こともあった。パイン氏という証人の尋問中、訳出が短かったために裁判長から叱責を受けた通訳者もおり、その様子は笑いを誘う裁判中のエピソードのひとつとなっている。

あるとき判事はいたく機嫌を損ね、全員の前で通訳者を叱責した。「いいですか、私が言ったことのすべてをそのまま通訳して下さい。わかりましたか」。すると通訳者はうなずき、判事が審理を進めるために私をさして“Yes, Mr. Pine?（それではパインさん）”と言うと、通訳者は“Pine”という名前すらドイツ語に訳し、“Ja, Herr Tannenbaum?（それではモミの木さん）”と言った。(41)

フランスのデュボスト検事を始めとする将軍が力強く男性的な話し方をした時、「でっぷりして声は低く」、「年老いつつある祭司長のように『お上品に』気取ったアクセントで話す」(42) 通訳者が通訳することがあった。「鳥のような小さな声をした」(43) 若い女性の通訳者が雄々しい将軍の発言を通訳するのも、証言の持つ力を損なうことになった。「ある時、貴族のエルヴィン・ラホウゼンの発言を、ろくに教育を受けていないドイツ系アメリカ人の通訳者が通訳した。バーケットが『あの通訳は何語だったのかね』と聞くとステアは『ブルックリン語です』と答えた」(44) こともあった。

通訳者、特に女性通訳者の性格が審理に影響を与えることもあった。軽蔑的な言葉を使って訳出するのを拒んだ場合だ。ナチの証人が、強制収容所の状況を「人道的」とし、図書館、プール、売春宿まで も備わっていたと語ったときのことだ。独英通訳を担当していた若い米国人の女性通訳者が「売春宿」という単語を訳出できず、あるいは訳出しようとせず、口を閉ざしてしまった。ローレンス裁判長が介入し「強制収容所に何があったのですか」と聞くと、男性モニターの声が「売春宿です、裁判長！」と答え、これを聞いた法廷はみな大笑いだった[45]。またあるときは、「強制収容所の看守の一人で、けだもののような人物が証言台に立ち、想像し得る限り最も下品で侮蔑的な言葉を使った[46]」ことがあった。通訳者は女性だったが、このような言葉を使うのを拒み、たとえば「くたばってしまえと思いながら小便をかけてやる（auf《アウフ》 die《ディー》 Juden《ユーデン》 pissen《ピッセン》）という気持ちでユダヤ人を扱わねばならなかった」というところを「ユダヤ人を無視しなければならなかった」と柔らかい表現に変えて訳出した。いずれの場合も通訳者は、証言が裁判にもたらす影響を減じたとして降板させられた。通訳者は、自分の性格を訳出に影響させてはならないのだ。ステアは、後者の通訳者に次のように話した。

「いいかね、あなたは法廷に仕える人間で、判事はあの男性の証言を判断するため、あなたの通訳に頼っているのです。自分の考えに合わなくても、あの男性の発言を正確かつ完全に通訳するのがあなたの責任です」と私は言った[47]。

上記に述べたことから、通訳と通訳をめぐる問題は、なんらかのかたちで被告人に不利益をもたらしたように見えるかもしれない。しかし被告人は、言葉をめぐる状況を自らに有利になるよう利用することもできたのだ。前述のように、証言台に上がり極度に緊張したまま発言を行なったため、その一部が通訳されなかった被告人もいる。しかし、より巧みに状況を利用した被告人もいた。その筆頭がヘルマン・ゲーリングである。

被告人と通訳

ニュルンベルク裁判の通訳をめぐる状況は、法廷関係者にとって真新しく不慣れなものだった。自らに有利になるようその状況を操作することなどできまいと誰もが考えたが、それもゲーリングが証言台に上がるまでのことだった。ゲーリングは、言語の問題と、裁判が四ヵ国語で行なわれることに対し法廷が抱く懸念を巧みに利用した。同時通訳の可能性を十分に認識したうえで、通訳がゲーリング自身に与える影響を賞賛も批判もしたのだ。皮肉なことに、最終的には通訳システムがゲーリングに復讐を果たしたと言えるだろう。

反対尋問の際、ゲーリングは時間を稼いで答弁を考え、検察団を苛立たせる戦略を取った。この手法は非常にうまくいった。米国の首席検察官ジャクソンに対しては特に効力を発揮し、ジャクソンは、ゲーリングへの反対尋問の初日に失敗し面目を失った。ゲーリングは、文書からの長い引用を含むジャクソンの複雑な質問に、忍耐強く耳を傾けた。その後、同時通訳がわかりにくいあるいは不適切だと理由をつけ、ジャクソンに質問を繰り返すか別の言葉で言い直すように丁寧な言葉で要請することが少なくとも一〇回以上あった。ジャクソンの質問を通訳し直すよう求めることも度々あったばかりか、ドイツ語に通訳された質問は不明確だったがそれでも自分には答えられたと述べ、軽蔑をあらわにすることも

あった。(48)

ゲーリングはまた、通訳システムの大きな弱点のひとつをいち早く見抜き、利用した。それは前述した逆翻訳の問題で、ドイツ語の原本を検察官のために英語に翻訳した後、それを法廷で被告人のためにドイツ語に訳し直すというものだ。もちろん二度目の訳で出てきたドイツ語は原本とは少し異なってしまう。ゲーリングが逆翻訳に基づいて自分の言葉を確認するようなことを法廷が求めるべきでないと指摘すると、ゲーリングにはドイツ語の原本が渡されるようになった。しかし、英独通訳者には同じ原本が渡されていなかったため、解決にはほど遠かった。このためゲーリングは、自分に不利になるような通訳がなされていると非難した。

その引用の通訳は、手元の原本にあるのと同じではありませんでした。あなたの引用をドイツ語に通訳している通訳者は、この文書には用いられていない強い表現をたくさん使っています。(49)

ゲーリングはまた、ジャクソンがドイツ語にまったく通じていない一方で自分は英語とドイツ語を話すという事実をうまく利用した。ゲーリングがドイツ語文書の英訳の誤りを指摘したことは一度ではなかった。たとえば「翻訳のミス」として有名になった事件の中で、ジャクソンは、一九三五年初めにラインラントを敵から解放し自国の占領下に置こうという意志がドイツにあったことを裏付ける証拠になると目論んだ重要な証拠書類を、自ら取り下げねばならない事態が生じた。原本には「ライン川の（障害物などの）除去（clearing of the Rhine）」を意味する"Freimachung《フライマッフング》 des《デス》 Rheins《ラインス》"とあるが、英訳文書では

「ライン川の解放（liberation of the Rhine）」となっている。これだけでは誤訳ではないが、ジャクソンなのか彼のスタッフなのか、「ライン川」を「ラインラント」と誤解したのだ。一目瞭然のこの誤解をゲーリングの鋭い眼は見逃さなかった[50]。ドイツにラインラントを解放する意志があったことの証明として、ジャクソンがこの文書を勝ち誇って提示すると、ゲーリングは判事がなぜ間違っているのか冷徹に講釈し、自らの翻訳能力をひけらかした。

ゲーリングはまた、別の文書からの引用があった際、ジャクソンや通訳者が“endlösung《エントレーズング》（最終解決）”を“gesamtlösung《ゲザムトレーズング》（全面的な解決）”と誤解していると指摘した[51]。文書の原本を渡されていたゲーリングは、「正しい」訳語を披露した。

ゲーリングは、渡されたドイツ語の原本と同時通訳との間に多くの違いがあることに気付いた。彼は、ドイツ語の文書を自ら英訳することを巧みにも申し出たばかりか、訳文について説明を披露することができた（その訳文は有罪を示すような原文の性質を変えるものだった）。このようにして、避難と強制退去を意味する「全面的な解決（第一パラグラフ）」と、それより好ましい言い方である「最終解決」との違いをぼかすことに成功したのだ[52]。

ゲーリングはまた、ドイツ語の“niederschlagen《ニーダーシュラーゲン》”という単語についても同じ手を使った。ジャクソンは、ゲーリングが刑事手続きを「差し止めた」あるいは「無効にした」と非難したが、ゲーリングは“niederschlagen《ニーダーシュラーゲン》”の正しい訳は刑事手続きを「延期する」で、それは法的行為だと主張した[53]。訳出に原発言にない意味が加わり、ゲーリングに不利になるよう偏った通訳が行なわれているとゲーリングは繰り返し主張した。

詭弁を巧みに用いる作戦の一環として、ゲーリングは裁判参加者の言語的な弱点を突いたのだ。皮肉なことに、格好の標的となった最大の被害者は、通訳システム導入を先頭に立って推進した一人であるジャクソンだった。ゲーリングは反対尋問の後、独房で自らの手の内を明かした。

ゲーリングは、反対尋問における自らの詭弁作戦にご満悦だった。「あのジャクソンを出し抜いてやった！　あの文書を私よりうまく扱える弁護人などいない」と勝ち誇ったように言った。(54)

通訳と通訳装置に不安感を抱いていた判事たちはゲーリングの作戦にのせられることになった。しかし、ゲーリングに通訳・翻訳の専門家という振る舞いを許すのではなく、法廷通訳者・翻訳者を十分に活用すべきだったのだ。(55)ゲーリングにとって大事だったのは、通訳・翻訳というよりも、死刑宣告を受ける前に連合国に一矢報いてやりたいという最後の報復だったのである。全世界が注目する中、連合国を嘲笑し、彼らがお膳立てした法廷という舞台で繰り広げられる見せ物に対する軽蔑の意を表そうとした。そのためならば法廷の弱点はすべて利用して自分にとって有利に働かせる心積もりだったのだ。

ゲーリングが残した発言記録の多くが伝えているように、彼は開廷当初から、通訳が裁判に与える影響に気付いていた。(56)本書の冒頭に記されている「もちろん弁護人は必要だ。だがもっと重要なのは良い通訳者を付けることだ」という言葉は、ゲーリングが円滑なコミュニケーションを重視していたことの表れだ。以下の二つの引用（ゲーリングの同じ発言を引用した可能性がある）では、ゲーリングが自分の生死に通訳が与える甚大な影響について次のように述べている。

ゲーリングが同時通訳者に向かって「君たちは私の寿命を数年短くしている」と言ったと翻訳者のシュテファン・F・ホルン博士が記録している。(57)
開廷後ヘルマン・ゲーリングが「このシステムは非常に効率的だが、私の寿命を短くもするだろう」と言ったとのことだ。(58)

ゲーリングは、通訳によって寿命が縮まるという発言で二つのことを意味していたと考えられる。まず、同時通訳の効率性を見抜いていた可能性がある。同時通訳により裁判は四年ではなく一年で終わり、（開廷時から自ら確信していた）死刑判決が三年早く言い渡されることになった。また、通訳者や翻訳者が彼の証言を他言語に訳す際、死刑宣告がより確実になるような訳し方をしていたと、ゲーリングは言おうとしたのかもしれない。たとえば、“erfassen《エアファッセン》”を「登録する（register）」または「身体的に捕まえる（seize）」のいずれかに訳すという選択を与えられたら、通訳者や翻訳者は、ゲーリングがより有罪になりやすい訳語を選んだだろうということだ。

ゲーリングを始めとする被告人はまた、裁判に対する自らの考えを表明するために同時通訳システムを利用した。たとえばゲーリングとヘスは、ソ連のルデンコ検事が冒頭陳述を行なっている間、ヘッドフォンを外した。この行動によって、陳述は聞く価値のないものだと示したかったのだ。ゲーリングはまた、ドイツ人の証人ダーレルスの反対尋問の際も、ヘッドフォンのコードを引っ張ることで憤怒を表した。コードを引きはがさないよう、護衛官がコードをゲーリングの手からもぎ取らねばならなかったほどだ。[59] また、被告人の多くは、強制収容所での生活状況に関する証拠が提示された際、残虐行為について聞くに堪えない、あるいは関心がないとでもいうようにヘッドフォンを外した。

　前述のように、ゲーリングは同時通訳システムの弱点を突くことで連合国への報復を試みていた。皮肉なことに、審判の日にゲーリングに「報復」[60]したのはその同時通訳というシステムだった。ゲーリングは判決を聞く最初の被告人で、一人で入廷した。傍聴者の視線が彼に集まった。ローレンス裁判長が話し始めると、ゲーリングは「通訳が聞こえない」ことを身振りで示した。

> 沈黙が彼を包み、押しつぶした。ゲーリングは身動きできず、思考をめぐらすこともかなわず、沈黙の海に溺れ、なす術もなく、蔑まれ、絶望感にひたっていた。周囲が自分を嘲笑していることを知っているろう者のように。（中略）同時通訳装置が、ゲーリングに報復する絶好の瞬間をとらえた。裁判長は「ゲーリングには自らの死刑宣告が聞こえないだろう」とマイクに向かって大声で叫ぶこともできた。[61] 別の状況においては、馬鹿げた、取るに足らない些細な出来事のように見えたかもしれない。しかしその場では恐怖があたりを満たし、心臓が凍るような瞬間だった。ついにゲーリングが、通訳が聞こえるようになったことを身振りで示した。ローレンスは再び判決文を読み上げた。通訳者の最後の言葉を耳にする間、ゲーリングは直立不動のままだった。"Tode《トーデ》 durch《ドゥルヒ》 den《デン》 Strang《シュトラング》."「絞首刑」という言葉だ。[62]

結論として、確かに通訳は審理に影響を与えたと言える。主尋問および反対尋問の進め方が変わり、弁護団、被告人、検察団、判事団の間の情報がふるいにかけられ、話し手と聞き手のコミュニケーションに第三者が介在することになったのだ。しかし全体的に見れば、通訳による制約は、検察団、弁護団、被告人、判事団など通訳に頼る者すべてに及んだ。また、審理の速記録は裁判関係者全員に提供されていたのだ。

同時通訳システムの長所と短所について、関係者全員がその両方を理解していたわけではなく、どちらかしか見ることができない人の方が多かった。ゲーリングが通訳システムに対してとった二面的な態度は、賞賛と不満に二分された裁判関係者の反応とよく似たものだった。

通訳に対する評価

ニュルンベルク裁判の通訳システムについては、メディアや一般の人々から大きな反響があった。報道関係者と言語の専門家は熱狂的な反応を示したが、それぞれ異なる理由によるものだった。報道関係者は同時通訳の成果に感銘を受け、弱点については気づいていなかったが、通訳者は、同時通訳には弱点があるにもかかわらず良い成果を残せたと評価していたのだ。一方、批判のほとんどは、通訳システムの全体的な評価ではなく細部にこだわった人々、つまり、通訳によって生じた些細な不都合を論じた法廷関係者によるものだった。しかし通訳システムそのものの実際の欠点について批評したのはごく少数で、全体的には、通訳は見事に機能したというのが最も広く共有された評価だった。

四ヵ国語の茶番劇にもなり得た四大国による裁判は、（開廷後一一日で）秩序に基づく法の勝利となった。[63]

同時通訳にはもちろん欠点もあり不便な状況を生みだしたが、時間の大きな節約につながった。ニュルンベルク裁判の憲章は迅速な裁判を謳っており、同時通訳の導入により裁判は迅速かつ円滑に行なわれ、法廷の作業を大幅に軽減した。公判を傍聴したジャーナリストや同裁判について著述を残した者の多くは、通訳者の質の高さと並外れた能力について述べている。同時通訳を「聖霊降臨のような奇跡」[64]と考えたのだ。言語に携わり通訳の諸問題に詳しい人々は、「争点の範囲が無制限で、政治・軍事の専門用語やナチ独特の曖昧な言い回し」[65]があったにもかかわらず、通訳が成功したことに驚いた。優秀な通訳者が通訳すれば、原発言の生き生きとした感じも声の抑揚で再現できることに人々は気付いた。ドイツ語、ロシア語に訳出した通訳者は特に賞賛を浴びた。ニュルンベルク継続裁判で死刑判決を受けた被告人の一人オーレンドルフは、通訳者に対し感謝の手紙をしたためる許可を求めた。通訳者のおかげで審理を理解し、法廷に自らの発言を理解してもらえたと感じたのだ。通訳があったからこそ公正な裁判を受けることができたと彼は考えた。[66]ジャクソンもまた、細部にではなく全体像に注意を払った一人だった。通訳が反対尋問に与えた影響には苦言を呈したが、通訳があったからこそ裁判が可能になったことを理解していた。

本裁判の成功と円滑な運営は、通訳システムとそれを機能させるために集められた質の高い通訳者によるところが大きい。[67]

通訳システムに対する批判的なコメントは、通訳そのもの、あるいは通訳者に向けられた。被告人のハンス・フリッチェは通訳者の仕事を絶賛していたが、同時通訳の本質に触れると同時に欠点も強調した。言語間の特性の違いから翻訳・通訳とは難しいものだと理解していたため、通訳者が瞬間的に訳出をするなど不可能に近いと彼は考えていたのだ。同時通訳者には訳出を止めて考えることが許されず、発言の深意を汲み取る十分な時間もない。フリッチェはこれを非常に危険だと考え、この欠点は開廷直後から表面化していたが裁判が進むにつれますます明らかになったと見ていた(68)。

フリッチェによるこの否定的な評価のほかにも、さまざまな批判があった。通訳者が元の発言より一文だけ遅れるのは良いにしても、遅れはつまり形式の面でも内容の面でも正確性が失われることを意味する、とドイツ弁護団の一人が不満を述べた。基本的に、通訳者には発言のニュアンスまで注意を向け、再現する余裕はない。そのため裁判中の発言の機微が失われてしまうというのだ(69)。同時通訳では避けられないこの欠陥に気付いた者は他にもおり、通訳が完璧に正確なことはあり得ず、意味が一部失われることもあると批判した。そして通訳者自身も、同時通訳では決して完璧な訳出はできないと考えていた。つまり、原発言を個々の詳細にいたるまで正確に訳出するのは不可能だと考えたのである。

批判が、通訳システムにではなく通訳者に向けられることもあった。被告人、あるいは弁護団や検察団から、通訳の正確性について異議が唱えられることがあったのだ。「わけがわからない(70)」、あるいは「不適切(71)」として通訳を酷評するジャーナリストもいた。通訳者が言葉の選択や抑揚によって通訳に何かを足していると非難されることもあれば、女性通訳者が将軍の発言を通訳する場合など、声の問題で批判されることもあった。ニュルンベルク裁判の通訳者ジョージ・バシルチコフも述べているが、通訳の質が悪いと判断されたソ連の通訳者のように、言語能力が足りずに批判を受ける者もいた(72)。ドイツ語へ通訳する米国人通訳者は流暢さや語彙に欠けるため、その通訳を聞くドイツ語話者には不利だと言われた(73)。

同時通訳を最も酷評したのは、間違いなく英国のバーケット副判事だった。知人によると、バーケットの話す英国英語は稀にみる純粋さと厳密さを有していたという。"argumentation（立証）"，"orientation（オリエンテーション）"，"motivation（動機）"，"finalize（最終化する）"などの米国英語の使用を、被告人が問われているのと同じ「人道に対する罪」としてバーケットは非難した。回顧録の中で通訳者に対し厳しい意見を述べている。質が低いと自身がみなす言葉の使い方に対し、バーケットがどれだけ非寛容的だったか、また通訳者の訳出および裁判そのものに対しいかに大きな不満を感じていたか、以下の引用が示している。

まったく不毛な反対尋問と、英語を地に落とす通訳とが組み合わさるとなれば、判事の惨めさもほぼ救いようがない(74)。

四月二三日。通訳者は通常、ドイツ語・英語双方のおおよその知識を持っているかもしれないが、一般的に言って言葉の意味というものをまったく知らない(75)。

質問そのものを理解することは極めて困難だが、史上最悪の通訳者の訳出により、通訳を介すと質問はもはや理解不能となる。（中略）苛立ちを感じると言わざるを得ない。審理全体が深刻かつ堪え難い時間の浪費になるばかりか、無教養な通訳を聞かされるのはまさに精神的拷問である。(76)しかし通訳者は別人種である。批判に対し神経質で自尊心が強く、その言動は不可解かつ奇妙だ。手を触れれば破裂せんばかりの虚栄心の塊で、言葉で表せないほど自己中心的だ。概して、日のもとに姿をさらしたがらない薄汚れた輩だ。(77)(後略)

同時通訳に向けられた批判の中には、極端すぎてほとんど馬鹿げているものもあった。判決が下された後、ザウケルの弁護人が、有罪判決は「ある文書の一つの誤訳のみに基づくものだ(78)」と異議を唱えた。しかし、一点の文書だけを基に判決を下された被告人などいないのは明白だった。多数の誤訳があり、それが被告人の有罪判決につながったと主張する文書もある。その文書を仔細に検討すると、通訳の問題に対する関心ではなくナチ戦犯のイメージを回復させたいとの思いに基づく、作者の修正主義的な姿勢がうかがえる。(79)

結論として、フリッチェが行なったような同時通訳の真の弱点に対する指摘には確かに妥当性があるが、ニュルンベルク裁判では実行可能な他の代替策がなかったので、そうした指摘は無意味だった。同様に、通訳システムについての知識を持たなかった人による批判も無意味だ。皮肉なことだが、逆翻訳にみられるような通訳の弱点について的を射た批判を行なったのは、弱点を正すよりも利用することに関心があったゲーリングだった。

註

（1）ホースキーからジャクソン判事への電信（第七〇九九号、一九四五年八月二二日付）。

（2）審理中の原発言をすべて録音した音声ディスクは、ワシントンの国立公文書館に収蔵されている。

（3）ウイベラルから著者への手紙（一九九六年五月二一日）。

（4）ブレークからジャクソン判事への電信（第七一〇〇号、一九四五年八月二二日付）。ニュルンベルク裁判を撮影した公式映像フィルムは、現在ロンドンの帝国戦争博物館に保管されている。

（5）Ann and John Tusa, *The Nuremberg Trial* (London: Macmillan, 1983): 248.

（6）International Military Tribunal, *Trial of the Major War Criminals before the International Military Tribunal, Nuremberg, 14 November 1945-1 October 1946.* 5 (Nuremberg, 1947): 24.

（7）International Military Tribunal, *Trial of the Major War Criminals before the International Military Tribunal, Nuremberg, 14 November 1945-1 October 1946.* 5 (Nuremberg, 1947): 25.

（8）Ann and John Tusa, *The Nuremberg Trial* (London: Macmillan, 1983): 421.

（9）Hilary Gaskin, ed., *Eyewitnesses at Nuremberg* (London: Arms, 1990): 47.

（10）Alfred G. Steer, "Interesting Times: Memoir of Service in U.S. Navy, 1941–1947" (ts. 1992): 266–269.

（11）Robert W. Cooper, *The Nuremberg Trial* (Harmondsworth: Penguin, 1947): 148.

（12）Alfred G. Steer, "Interesting Times: Memoir of Service in U.S. Navy, 1941-1947" (ts. 1992): 266.

（13）Hans Fritzsche, *The Sword in the Scales: As Told to Hildegard Springer.* Trans. by D. Pyke and H. Fraenkel (London: Wingate, 1953): 83.

（14）Hans Fritzsche, *The Sword in the Scales: As Told to Hildegard Springer.* Trans. by D. Pyke and H. Fraenkel (London: Wingate, 1953): 83.

（15）Siegfried Ramler, "Origins and Challenges of Simultaneous Interpretation: The Nuremberg Trial Experience." *Languages at Crossroads,* American Translators Association. Ed. by Deanna L. Hammond (Medford: Learned Information, 1988): 439.

（16）Hilary Gaskin, ed., *Eyewitnesses at Nuremberg* (London: Arms, 1990): 47.

（17）International Military Tribunal, Seventeenth Organizational Meeting (ts. Oct. 29, 1945): 10.

（18） Ann and John Tusa, *The Nuremberg Trial* (London: Macmillan, 1983): 446.
（19） Léon Dostert, "The Instantaneous Multi-Lingual Interpreting System in the International Military Tribunal" (ts. n.d.): 4.
（20） David Maxwell-Fyfe Kilmuir, *Political Adventure: The Memoirs of the Earl of Kilmuir* (London: Weidenfeld, 1964): 97.
（21） "Information Concerning Interpreters" (ts. Spring 1946): 3.
（22） Gerhard E. Gründler and Arnim von Manikowsky, *Nuremberg ou la justice des vainqueurs.* Trans. by Herbert Lugert (Paris: Laffont, 1969): 134.
（23） Ann and John Tusa, *The Nuremberg Trial* (London: Macmillan, 1983): 266.
（24） Eugene C. Gerhardt, *America's Advocate: Robert H. Jackson* (Indianapolis: Bobbs, 1958): 397.
（25） David Maxwell-Fyfe Kilmuir, *Political Adventure: The Memoirs of the Earl of Kilmuir* (London: Weidenfeld, 1964): 97.
（26） Hilary Gaskin, ed., *Eyewitnesses at Nuremberg* (London: Arms, 1990): 87.
（27） International Military Tribunal, *Trial of the Major War Criminals before the International Military Tribunal, Nuremberg, 14 November 1945–1 October 1946.* 4 (Nuremberg, 1947): 489–490.
（28） International Military Tribunal, *Trial of the Major War Criminals before the International Military Tribunal, Nuremberg, 14 November 1945–1 October 1946.* 9 (Nuremberg, 1947): 448, 504, 546, 505.
（29） International Military Tribunal, *Trial of the Major War Criminals before the International Military Tribunal, Nuremberg, 14 November 1945–1 October 1946.* 10 (Nuremberg, 1947): 547.
（30） たとえば、"I think he went to England after the war（彼は戦後英国に行ったと思う）" という文章はドイツ語では "Ich glaube, daß er nach dem Krieg nach England *gefahren ist*" となり、"I never talked to him during the trial（私は裁判中、彼とは決して話さなかった）" という文章は "Ich habe mit ihm während des Prozesses niemals *gesprochen*" となる。強調のため動詞が文末に置かれることもあり、たとえば「英語では "I deny the knowledge of the existence of the death camps.（死の収容所の存在を知っていたことを否定する）" となるはずの文章も、実際に通訳者の耳に入ってきたのは "Of the existence of the death camps all knowledge I deny." という文章だった」のである（Joseph E. Persico, *Nuremberg: Infamy on Trial* [New York: Viking-Penguin, 1994]: 112.）。
（31） 英語の "I haven't talked to him since the beginning of the war（彼とは開戦以来話していない）" という文章は、ドイツ語では "Ich habe mit ihm seit Anfang des Krieges *nicht* gesprochen" となる。

（32）　Siegfried Ramler, "Origins and Challenges of Simultaneous Interpretation: The Nuremberg Trial Experience." *Languages at Crossroads*, American Translators Association. Ed. by Deanna L. Hammond (Medford: Learned Information, 1988): 438.

（33）　Hans Fritzsche, *The Sword in the Scales: As Told to Hildegard Springer.* Trans. by D. Pyke and H. Fraenkel (London: Wingate, 1953): 82.

（34）　Hans Fritzsche, *The Sword in the Scales: As Told to Hildegard Springer.* Trans. by D. Pyke and H. Fraenkel (London: Wingate, 1953): 83.

（35）　Joseph E. Persico, *Nuremberg: Infamy on Trial* (New York: Viking-Penguin, 1994): 263.

（36）　Hilary Gaskin, ed., *Eyewitnesses at Nuremberg* (London: Arms, 1990): 47.

（37）　Siegfried Ramler, "Origins and Challenges of Simultaneous Interpretation: The Nuremberg Trial Experience." *Languages at Crossroads*, American Translators Association. Ed. by Deanna L. Hammond (Medford: Learned Information, 1988): 439.

（38）　Siegfried Ramler, "Origins and Challenges of Simultaneous Interpretation: The Nuremberg Trial Experience." *Languages at Crossroads*, American Translators Association. Ed. by Deanna L. Hammond (Medford: Learned Information, 1988): 439.

（39）　Francis Biddle, *In Brief Authority* (Garden City: Doubleday, 1962): 398.

（40）　Siegfried Ramler, "Origins and Challenges of Simultaneous Interpretation: The Nuremberg Trial Experience." *Languages at Crossroads*, American Translators Association. Ed. by Deanna L. Hammond (Medford: Learned Information, 1988): 439.

（41）　Mr. Pine in Hilary Gaskin, ed., *Eyewitnesses at Nuremberg* (London: Arms, 1990): 92–93.

（42）　Montgomery H. Hyde, *Lord Justice: The Life and Times of Lord Birkett of Ulverston* (New York: Random, 1964): 521.

（43）　Joseph E. Persico, *Nuremberg: Infamy on Trial* (New York: Viking-Penguin, 1994): 263.

（44）　Joseph E. Persico, *Nuremberg: Infamy on Trial* (New York: Viking-Penguin, 1994): 263. バーケットは英国の副判事で、英語の純粋主義者だった。ステアはモニター、エルヴィン・ラホウゼンは証人として法廷で証言を行なうよう召喚されたドイツの貴族である。

（45）　エリザベス・ヘイワードのインタビュー（AIIC, *Nurnberg*, Geneva, 1992, videocassette）。細部は異なるが、同じエピソードをツサもビドルの回顧録である *In Brief Authority* から引用している。SS（ナチス親衛隊）のモルゲン判事が証言台に立ち、ブーヘンヴァルト強制収容所の様子を説明しながら、眺めがよく芝生や花壇もあり、大規模な図書館、定期的な郵便サービス、映画館、立派な運動場や売春宿も備わっていると収容所の便益を挙げたときのことだ。

「法廷は皆大笑いだった。ビドルによるとローレンスはこのとき居眠りをしていたのではないかと思われるが、証人が何と言ったのか質問した。ビドルの正面に設置されていたマイクが腹部があたってオンになった状態で、ビドルとローレンスが『売春宿だよ、ジェフリー、売春宿』『何だって?』『娼館、売春宿、淫売屋だよ』と話しているのが聞こえると、法廷の笑い声は一層大きくなった」とある (Ann and John Tusa, *The Nuremberg Trial* [London: Macmillan, 1983]: 434.)。

(46) Hilary Gaskin, ed., *Eyewitnesses at Nuremberg* (London: Arms, 1990): 41.

(47) Hilary Gaskin, ed., *Eyewitnesses at Nuremberg* (London: Arms, 1990): 41.

(48) International Military Tribunal, *Trial of the Major War Criminals before the International Military Tribunal, Nuremberg, 14 November 1945–1 October 1946.* 9 (Nuremberg, 1947): 419–420.

(49) International Military Tribunal, *Trial of the Major War Criminals before the International Military Tribunal, Nuremberg, 14 November 1945–1 October 1946.* 9 (Nuremberg, 1947): 419, 420.

(50) International Military Tribunal, *Trial of the Major War Criminals before the International Military Tribunal, Nuremberg, 14 November 1945–1 October 1946.* 9 (Nuremberg, 1947): 506–507. この文書には裏がありそうなことは指摘しておく必要がある。一見罪のなさそうな指令が列記されている中、"Freimachung des Rheins" にのみ引用符が付されているのだ。

(51) International Military Tribunal, *Trial of the Major War Criminals before the International Military Tribunal, Nuremberg, 14 November 1945–1 October 1946.* 9 (Nuremberg, 1947): 519–520.

(52) Werner Bross, *Gespräche mit Hermann Göring während der Nürnberger Prozesse* (Flensburg: Wolff, 1950): 235–236. 原文はドイツ語で、英訳は著者による。

(53) International Military *Tribunal, Trial of the Major War Criminals before the International Military Tribunal, Nuremberg, 14 November 1945–1 October 1946.* 9 (Nuremberg, 1947): 524.

(54) Werner Bross, *Gespräche mit Hermann Göring während der Nürnberger Prozesse* (Flensburg: Wolff, 1950): 236. 原文はドイツ語で、英訳は著者による。

(55) David and Margareta Bowen, "The Nuremberg Trials: Communication through Translation." *Meta* 30,1 (1985): 77.

(56) "Germany: The Defendants." *Time* (Oct. 29,1945): 38.

(57) David and Margareta Bowen, "The Nuremberg Trials: Communication through Translation." *Meta* 30,1 (1985): 77.

（58）Siegfried Ramler, "Origins and Challenges of Simultaneous Interpretation: The Nuremberg Trial Experience." *Languages at Crossroads*, American Translators Association. Ed. by Deanna L. Hammond (Medford: Learned Information, 1988): 438.

（59）Ann and John Tusa, *The Nuremberg Trial* (London: Macmillan, 1983): 266. ダーレルスは弁護側証人として召喚されたが、反対尋問の答弁が非常に悪かったため、結局は弁護側に不利な証言となった。

（60）Didier Lazard, *Le procès de Nuremberg: récit d'un témoin* (Paris: Éditions de la Nouvelle France, 1947): 57.

（61）Didier Lazard, *Le procès de Nuremberg: récit d'un témoin* (Paris: Éditions de la Nouvelle France, 1947): 56-57.

（62）Ann and John Tusa, *The Nuremberg Trial* (London: Macmillan, 1983): 471.

（63）"The Chalice of Nürnberg." *Time* (Nov. 23,1945): 4.

（64）Ann and John Tusa, *The Nuremberg Trial* (London: Macmillan, 1983): 219.

（65）Robert W. Cooper, *The Nuremberg Trial* (Harmondsworth: Penguin, 1947): 149.

（66）Hilary Gaskin, ed., *Eyewitnesses at Nuremberg* (London: Arms, 1990): 117.

（67）C.L. Sulzberger, "Jackson Stresses Allies' Unity." *The New York Times* (March 10, 1946): 5.

（68）Hans Fritzsche, *The Sword in the Scales: As Told to Hildegard Springer.* Trans. by D. Pyke and H. Fraenkel (London: Wingate, 1953): 81.

（69）Gerhard E. Gründler and Arnim von Manikowsky, *Nuremberg ou la justice des vainqueurs.* Trans. by Herbert Lugert (Paris: Laffont, 1969): 134.

（70）"British Case at Nuremberg." *The Times* (Dec. 3,1945): 4.

（71）"British Case at Nuremberg." *The Times* (Dec. 3,1945): 4.

（72）Ann and John Tusa, *The Nuremberg Trial* (London: Macmillan, 1983): 219.

（73）Ann and John Tusa, *The Nuremberg Trial* (London: Macmillan, 1983): 219. 一方で、クーパーは特にドイツ語への通訳が非常に優れていたと述べ（Robert W. Cooper, *The Nuremberg Trial* [Harmondsworth: Penguin, 1947]: 150）、ウイベラルはロシア語の通訳者は完璧だったと語っている（Hilary Gaskin, ed., *Eyewitnesses at Nuremberg* [London: Arms, 1990]: 70.）。

（74）Montgomery H. Hyde, *Lord Justice: The Life and Times of Lord Birkett of Ulverston* (New York: Random, 1964): 517.

（75）Montgomery H. Hyde, *Lord Justice: The Life and Times of Lord Birkett of Ulverston* (New York: Random, 1964): 515.

(76) Montgomery H. Hyde, *Lord Justice: The Life and Times of Lord Birkett of Ulverston* (New York: Random, 1964): 520.

(77) Montgomery H. Hyde, *Lord Justice: The Life and Times of Lord Birkett of Ulverston* (New York: Random, 1964): 521.

(78) Ann and John Tusa, *The Nuremberg Trial* (London: Macmillan, 1983): 479.

(79) Richard E. Harwood, *Nuremberg and Other War Crimes Trials: A New Look* (Southam: Historical Review Press, 1978).

第四章　法廷外での生活

言うまでもないことだが、通訳者のニュルンベルク体験は、法廷で果たした役割や業務にとどまらなかった。通訳者がどのような経験をしたのか、その全体像を明らかにするために、本章では通訳者のニュルンベルクにおける滞在や法廷外の生活のより人間的な部分を探ってみる。時間や給与をどのように使ったのか、どのような場所に暮らしたのか、通訳者同士、またその他の法廷関係者とどのような関係を築いたのかについて考察していく。

通訳者の給与

米国の豊かさは連合国の中で群を抜いていた。米国が支払う給与は高額だったが、不公平な分配も見られた。一方、フランス、ソ連、英国の支払う給与は米国ほど高額でなく、抱える人員も米国ほど多くはなかったが、戦争により経済が崩壊していたことを考えれば驚くことではない。このため、米国が言語関連業務にかかる費用のほとんどを負担することになり、ニュルンベルク継続裁判の組織づくりにも大きな影響を与えることになった。

開廷前から、各国代表団はニュルンベルクの占領国である米国が翻訳局の設置と費用負担を行なうことで合意していた(1)。各国がそれぞれの国の言語に訳出する通訳者を確保し、ドイツ語へ訳出する通訳者の提供は米国と英国が共同で担当することとなった。通訳者は、雇い主となった代表団から給与の支払いを受けた。雇い主の代表団と通訳者が担当するデスクとは対応しており、たとえば、フランス代表団はフランス語デスク担当の通訳者に、ソ連代表団はロシア語デスク担当の通訳者に給与を支払った。

米国の人員の給与については、米国首席法律顧問事務局が、裁判で求められる優秀な人材は高額な報酬に値するとの認識を当初から持っていた。通訳システムが機能し裁判そのものが成功を収めるのは通訳者次第だと理解していたため、通訳者の給与を安くおさえることは望まなかったのだ。しかし給与の支払いに関し問題が生じた。ジャクソン首席検察官の特別補佐官であるチャールズ・ホースキーは、通訳者の給与を戦争省の海外部門が支払うこと、それが不可能なら、特別資金というかたちで大統領拠出金の中から支払うことを提案した(2)。

しかし両案ともうまくいかなかったため、米国の給与部は混乱に陥った。給与に関する基準がなかったからだ。ほとんどの場合、米国の人員に対する給与は、それ以前の職から得ていた給与を続けるかたちで支払われたが、これは公平なやり方ではなかった。命令には次のようにある。

採用された国務省あるいはその他の政府機関の職員は、一時的な職務として参加することができ、その際は引き続き現在の雇用主から給与の支払いを受けるものとする(3)。

この命令に基づけば、米国陸軍の最下級である上等兵として雇われた通訳者は、月給約八五ドルを受け取ることになるが、隣で同じ仕事をする通訳者が法務省の最も優秀な法律専門家であれば、その通訳者は公務員に支給される給与の最高額である年給一万ドルを受け取ることになった(4)。後に、通訳者を留めておくためには十分な給与を支払う必要があることに翻訳局が気付いてからは、給与額は引き上げられた。この措置は、当時の翻訳局長だったアルフレッド・ステアが一九四六年に行なった提案に基づくもので、「同時多言語通訳システム」と題した文書の中でステアは、通訳者にCAF9号級から11号級の給与を与えることを提案している。CAF（事務、行政、財務サービス）とは公務員の等級を分類する方法で、現在は使われていない。ステアの提案後、当時としては比較的高額なCAF11号級の給与を通訳者は通常得るようになった。ちなみに、最下級のCAF1号級で年給は五〇〇～六四〇ドル、2号級で約二〇〇ドルの増額、最高級の15号級で年給は約一万二〇〇〇ドルだった。比較のために挙げると、「一九四〇年代後半から一九五〇年代前半の通訳料金は、通訳者のチームが『大人数』の場合は一日二五ドル、少人数の場合は三六～四〇ドルだった」ということだ(5)。

ニュルンベルク裁判で働いた通訳者の雇用状況を記した検索カードの一部から、一九四五年当時、ほとんどの通訳者の給与は三〇〇〇～四五〇〇ドルで、例外はジョージ・（ユーリ・）フレブーニコフの一二〇〇ドルとハーコン・シュヴァリエの六二三〇ドルだったことがわかる。ジークフリート・ラムラーは、CAF11の階級を与えられ、年間約三〇〇〇ドルの給与を得ていたことを記憶している(6)。フレデリック・トレイデルは、自身も含めた複数の通訳者が、採用当時はCWS（本土賃金支払表）9号級だったが数ヵ月後に11号級に昇格したことを記憶している。つまり、グランド・ホテルのような上級な場所

に滞在できるようになったということだ。(7)

米国の通訳者と法廷人員の給与は占領地特別ドルで支払われたが、これは裁判所内に設置されたPXなどの売店で米国製品を購入する際にしか使えなかった。(8) PXでは、ドイツ市場では入手できない米国製品の購入が可能だった。それにもかかわらず、歯磨き粉など品不足になる製品もあった。金曜になると、米国に雇用されていなくても、通訳者は、チョコレートやストッキング、(9) 石けんやたばこ、時にカミソリの刃など、(10) 他では入手できないPX製品の供給を米国から受けた。

米国首席法律顧問事務局は当初から、他の代表団は自らの人材を提供できないだろうと考えていたが、まずは、この件が実際に米国に影響を及ぼすことはないようにみえた。自国の言語を扱う人材を提供しない国があっても、困るのはその国だけだと考えたのである。(11) しかし、法廷速記者や通訳者が一人でも足りない、あるいは能力不足であると、通訳システム全体の機能にブレーキがかかり、機能不全となる危険性さえ生じることがわかった。そのため、米国が他国の欠員を補うことになった。英語以外の言語を扱う人材の追加採用を行なうことも多く、結局、言語関連業務の費用のほとんどを米国が負担することになった。米国によれば、英国もフランスも資金を出し渋っており、このため英国代表団の抱える人員は米国代表団に比べ少なかった。たとえば、英語デスクの通訳者のうち英国人は四〇%で、残りは米国人だった。(12)

別の例を挙げると、フランス代表団の抱える人材に支払われる給与が非常に低いため、雇用がなかなか長続きしないことを米国は知るに至った。そこでフランスとの合意に基づき、米国はまず、人材をフランス代表団に「貸与」した。つまり、フランス語への訳出を行なう人材の採用は米国が、給与の支払いはフランスが行なうようにしたのである。その後、この解決策は撤回され、フランス語へ訳出する通訳者のほとんどは米国から直接給与の支払いを受けるようになった。たとえば、ジョージ・フレブーニコフやマリー＝フランス・スカンクは、フランス代表団のために通訳業務に従事したが、給与の支払いは米国から受けていた。ニュルンベルクにおける通訳者の生活の良し悪しは、どの国から給与を受け取るかにかかっていたので、フレブーニコフやスカンクがこのようなかたちで給与を受け取っていたのはかなり幸運だったと言える。[13] フランス外務省が支払う給与ははるかに低額だった。通訳者、翻訳者、法廷速記者、校閲者の情報を記載する翻訳局の名簿によると、フランス・フランで支払われる給与額は最低額の八〇〇〇フランから最高額の三万フランまで幅があり、ほとんどの人員の給与は二万六〇〇〇フランだった。[14]

英国、ソ連が支払っていた給与については詳細な情報がない。ニュルンベルク裁判における給与額を記した「翻訳局員最新名簿」にはソ連代表団が雇用した人材の情報はない（ソ連代表団は翻訳局に属さなかった）。また、英国代表団の人員の給与に関する情報の記載もない。

給与と言語関連業務の費用をどの国が支払うかという問題は、ニュルンベルク継続裁判の組織づくりに非常に重要な影響を与えることになった。一九四六年、翻訳局長のアルフレッド・ステアは、翻訳局の運営費用を連合国四ヵ国がどう分担したかを示す文書を作成するよう要請された。「翻訳局の業務に関する連合国代表団の貢献」と題した文書の中でステアは、フランスとソ連は両国が採用すべき人材の約八〇％を採用したのに対し、英国は採用すべき人材の二〇％しか採用しなかったと報告した。欠員を埋めたのは米国で、さらに翻訳局全体が支払う給与の七〇％も米国が負担したことがわかった。

ニュルンベルク裁判の閉廷後、米政府は、同裁判で裁かれたナチ戦犯よりも階級の低いナチ戦犯に対する裁判を、国際法廷として行なうべきかどうか検討した。ステアの報告書を手にしたトルーマンは、四ヵ国による四ヵ国語を用いた裁判はこれ以上行なわないという決断を下した。ニュルンベルク裁判で米国が言語関連業務だけで支払った費用を考えれば、継続裁判にかかる費用の大半も米国が負担することになるだろうと判断したためである。[15] そこで各連合国がとらえたナチを、それぞれの占領地で個々に裁くことが決定された。実際、継続裁判を開いたのは米国だけで、米国人の判事のみで編成された法廷で、英語とドイツ語だけを用いて裁判が行なわれた。

住居と食事

住居と食事も米国が用意したが、数々の問題が生じた。まず、軍人、法廷関係者とその家族、報道陣など、ニュルンベルクに新たに到着した大量の人々をどこに住まわせ食事を支給するかという問題に米国は直面した。戦争で破壊されたニュルンベルクには、爆撃を逃れた建物は数軒しか残っておらず、交通・輸送も困難な状況だった。米国は、鉄道の駅の近くに位置するグランド・ホテルを接収したが、以前はニュルンベルクで最も高級だったこのホテルも戦時中に爆撃を受けていた。棟のひとつに爆弾が落ち、壁に生じた穴は布で覆われていたほどだ。このグランド・ホテルとライヒスポスト・ホテルが、米国首席法律顧問事務局の人員の滞在先となった。さらに米国陸軍が、戦後も崩壊せず残ったドイツ人の住居の多くを接収した。食事については、ドイツ市場で手に入る食料がなかったため、米国本土から輸入しなければならなかった。

一九四五年一〇月二九日のＩＭＴ会合で、米国首席法律顧問事務局のギルが、各国の通訳者の滞在場所は米国が責任を持つと説明した。通訳者はまずグランド・ホテルに滞在することになった。修復が終わって暖房設備が整い、浴室で温水が使える状態だった。その後、通訳者はニュルンベルク郊外に移されることになり、フュルトの近くに滞在した者もいた。フランス人通訳者のほとんどはツィルンドルフの郊外に移ったが、敷地の入り口に警備員がおり、外界とは遮断されていた。四人で一軒の家に住むことになっており、二人部屋を四人で共有することもあった。ドステール大佐はビューローシュトラーセ14にある庭付きの瀟洒な住居に、副官のジョアキム・ヴォン・ザストロー、ピーター・ウイベラルとその妻エルナ、アルフレッド・ステア、シグマンド・ロスなどと暮らしていた。住居のほとんどは住みやすく手入れも行き届いていたが、元の所有者が追い出された家に暮らすのは居心地が悪く不当であると考える通訳者もいた。(16) 法廷へ行き来する際には、通訳者は自動車の相乗りをしたり、(17) 朝は無料バスを、夜は無料タクシーを利用したりして移動した。

掃除や食事の準備をする家政婦が付いている住居がほとんどだったが、裁判所内で米国が運営する食堂や、法廷関係者が唯一利用できるレストランとバーのあるグランド・ホテルで食事をする者が多かった。法廷で出る昼食は、食事に対する期待を満足させてくれるようなものではなく、大抵がボローニャ・サンドイッチだった。「平日は、法廷関係者全員の昼食を食堂が準備した。警備員だけは例外で、詰所が用意する昼食をとった。昼食代は文民三マルク（三〇セント）、将校一マルク、各国の下士官兵と傍聴者は無料だった」という。(18) グランド・ホテルでの食事のほうがましで、スパムや粉末卵といった米国から輸入された食べ物が出された。ドイツ人に占領地ドルを渡すことは許可されていなかったため、米国人はたばこをチップとして置いた。

ステアと、彼と生活を共にしていた他の将校は、防空壕に暮らす人々を秘密裏に「養育」し、禁じられていたにもかかわらず冬を越すための食料と住居を提供した。[19] 壊滅したニュルンベルクには苦しむ人があふれ、当然ながら通訳者は人を襲う悲劇に無関心ではなかったのである。

自由時間

ニュルンベルク裁判の関係者は、意外にもニュルンベルクで楽しみを見つけることができた。法廷の重苦しい雰囲気や市中の人々のひどい苦しみを考えれば、楽しい時間を過ごしたいなどと思う者は当時いなかっただろうと考えてしまいかねない。しかし、裁判関係者はニュルンベルクで夜は娯楽に興じ、若い軍人や弁護士は女性の速記者や通訳者と一緒に過ごす時間を楽しんだ。当時二〇歳だったマリー＝フランス・スカンクはさまざまな楽しい経験をしたことを覚えているが、それは法廷の重苦しい雰囲気から逃れるという切実な必要にかられてのことで、激しい勢いで羽をのばしたという。[20]
「グランド」と呼ばれていたグランド・ホテルが、裁判関係者が夜間集まることのできる唯一の場所だった。「安全と娯楽を提供する陸の孤島」だったのである。[21] 各国の代表団が集まってくつろいだり、カード遊びに興じたりバーで酒を飲んだりした。毎晩、「やせ細って厚化粧し、飢えで半分死にそうな、もうそれほど若くもないドイツ人女性」[22]がダンスを披露したり、「曲芸師や手品師が舞台で出し物」[23]をしたりした。通訳者はまた、ミュンヘン観光やガルミッシュとベルヒテスガーデンでの週末スキーなど、さまざまな企画旅行に参加することもできた。他にも、オペラや週末の狩猟、頻繁に開催されるパーティーや公式晩餐会など、参加者の間の意思疎通を助けるために出席する行事も通訳者の楽しみだった。このような行事のひとつで、「通訳」絡みで参加者が恥をかく事件があった。ソ連のルデンコ検察官が、後にソ連の外務副大臣と国連代表を歴任したヴィシンスキーに敬意を表して開いた晩餐会でのことだ。数えきれないほど乾杯の音頭がとられ杯が重ねられた後、ヴィシンスキーが被告人全員の死刑を願って乾杯した。このとき、西側の代表団が、通訳者の訳出を待たずに杯をあけてしまったのだ。(24) ヴィシンスキーの発言内容が明らかになったとき、この事態が公正な裁判への信頼性に影響を与えるとの懸念が生じたが、結果的には、良心の呵責を感じる者がいた程度で大問題にはならなかった。しかし、ソ連のパーティーに裁判関係者が招かれることはまれだった。

ソ連代表団は、文字通り鉄条網の奥にある接収住宅に住んでいた。夜中に歌声や音楽、リボルバーの銃声が聞こえてくることからパーティーを開いている様子ではあるのだが、招待される者はいなかった。(25)

西側の通訳者は、ソ連の通訳者が隔離された状況に置かれているのを腹立たしく思っていた。ソ連の通訳者に近づくことは許されていなかったのである。ステアとウイベラルが、米国、フランス、英国の通訳者の多くについては住所を知らされていたのに、ソ連の通訳者については、数名の名前を除き詳しい情報を持つものがだれもいなかったのはこのためだ。国際会議通訳者協会（ＡＩＩＣ）も、一九九二年、ニュルンベルク裁判における通訳に関するビデオ制作のため旧ソ連の通訳者と連絡を取ろうとしたが、うまくいかなかった。

通訳者間および法廷関係者との関係

通訳者たちは法廷内外でお互いに親しい間柄になり、生涯にわたる友情が育まれた。外国語や外国文化に対する興味を共有する者が多く、二ヵ国語あるいはそれ以上の共通言語を話すことができたため、交流も容易だった。法廷との関係も良好で、被告人の中には通訳者に尊敬の念を示す者さえいた。

米国の通訳者の見方によれば、西側代表団の間では良い関係が保たれており、通訳者同士も仲がよかった。フランス代表団は非常に協力的で親しみやすく、英国代表団は資格や能力が最も高い能力を持つ通訳者を提供し、彼らは米国代表団から高い評価を受けていた。特に、異論の余地なく最良の通訳者と考えられていた英国代表団のウォルフ・フランクは、皆の賞賛の的だった。

しかし、ソ連代表団との関係は違った。ソ連代表団は隔離されていたので、西側代表団との関係は時に困難を伴った。米国人は、ソ連の人間とは仕事がしにくいと考えていた。もっとも、女性は例外で、魅力的で社交的なソ連人女性がほとんどだった。ロシア語デスクの通訳者は全員がソ連出身で、女性が多く九名中六名を占めた。西側の人間とは親しくしないようにとの厳命を受けていたようだったが、[26]同じ法廷で密接に連携しながら働くことを考えればこれはほぼ不可能だった。そこで、ソ連の通訳者は厳しい監視下に置かれていた。

ニュルンベルクでは、NKVD（内務人民委員部、秘密警察）の委員が、隠そうにも明らかにそれとわかる様子で廊下を陰気にうろつき、ソビエト社会主義共和国連邦の国民に暗い視線を投げかけていた。[27]

この秘密警察員は、西側の人間と楽しく時間を過ごしているソ連代表団のメンバーを見つけると、その名前をすべて報告した。そのため、他の代表団にとって最も親しみやすく交流もしやすかったソ連の代表団員は、突然本国に送り返されることになった。

たとえば、准将である夫をモスクワに残してきたターニャという名の才能ある可愛らしいロシア語通訳者は、若い米軍将校の気を惹いたために祖国に送り返された。「俗語的なアメリカ英語を使い、『ライフ』誌や『ニューズウィーク』誌を読み、アメリカ映画を賞賛していた。（中略）服の着こなしも踊りも完璧だった。（中略）楽しい時間を過ごしているのは明らかで、それが報告されてしまったのだ」(28)。最も優秀なロシア語通訳者の一人であるオレグ・トロヤノフスキーも、西側の同僚や法廷関係者との交流を楽しんでいた。トロヤノフスキーは元駐米ソ連大使の息子で、米国で教育を受け完璧な英語を話した。いつもは親しみやすくおしゃべりだったが、「KGBの犬」(29)が近くにくるとぎこちなくなり突然その場を立ち去ったものだ。彼も間もなくニュルンベルクを離れることになり、パリで行なわれる大臣会議で働くため当地に送られた(30)。このような監視体制のため、ロシア語の通訳者とは一対一で関係を築くのが一番だった。数名がその場にいると雰囲気が硬くなることがよくあった。ソ連の秘密警察員は、グランド・ホテルのバーで酒を飲み過ぎている者たちの名前も報告した。

通訳デスクでは、国籍にかかわらず互いに助け合い、チームワークの精神で業務に従事する通訳者が多かった。あるとき、ジョン・アルベルトが文書の翻訳を終える一〇〜一五分の間、ドリス・ド＝カイザーリンクが彼に代わって通訳することを申し出たことが記録されている。また別の場面で、ロシア語からドイツ語へ訳出する通訳者が咳き込んでしまったため、隣に座っていた、英語からドイツ語へ訳出する通訳者が、自らのヘッドフォンを英語に切り替え、咳き込んでしまった同僚が通訳を再開できるようになるまで、ロシア語の英訳を聞いてそれをドイツ語に訳出したこともあった。(31)

通訳者と法廷の関係は一般的に良好だったが、翻訳局内で一部が共有していたある感情だけは例外だった。通訳者として選ばれたのはごく少数だったうえ、他の言語関連要員と比べ労働時間が少ないように思われていたことから、通訳者に対する多少の反発が生まれたのである。通訳試験に落ちた者が、「檻の中の猿みたいにガラスの仕切りの奥に座るなんてごめんだね！」と苦々しく言い放ったことがあった。(32) 弁護人あるいは検察官が通訳システムや通訳者の訳出を批判することも時にはあったが、概して関係は良好だった。わからなかった用語や表現の確認のために、彼らが通訳デスクにくることもあった。通訳者の間ではローレンス裁判長が特に人気が高く、彼は通訳者の救世主とみなされていた。(33) ローレンスは、通訳者が直面する問題や困難に深い理解と認識を示し、話者に対し「ランプを見るように」と常に注意を喚起した。ウイベラルは、通訳者とローレンス裁判長についての笑いを誘うエピソードを記憶している。両者の友好的な関係を示すものだ。

> 今も覚えているが、ある日、ローレンス裁判長がうつらうつらしているように見えた。（中略）ドイツ語から英語へ訳出していた通訳者が声を落としたかと思うと突然大声で話したのだ。すると裁判長の頭が跳ね上がり、それを見て通訳者は互いにほほ笑み合った。(34)

被告人の中にも、通訳者と特別な関係を築いた者がいた。最初は同時通訳システムの仕組みそのものを冷笑する者もいたが(35)、実はこのシステムは効率的で、被告人が審理内容を理解できるよう、通訳者は懸命に働いていることにまもなく多くが気付いた。英語とフランス語に堪能なアルベルト・シュペーアは通訳システムに魅了され、その仕組みに関心を示した最初の人物だった。モニターと通訳者を務めたウイベラルは、シュペーアを通訳者のアシスタントと呼んだ。シュペーアは通訳者に向く人と向かない人を区別することができたからである。通訳部長のステアが新たに採用された通訳者をデスクに送ると、シュペーアがヘッドフォンのチャンネルを合わせてその通訳者の訳出を数分聞いた。それからモニターに顔を向けて、合格なら頭を縦に、不合格なら頭を横に振って自らの判断を伝えた。驚くべきことに、シュペーアの判断は毎回正しかった(36)。ブルックリン育ちのヒャルマール・シャハトも英語に堪能で、シュペーアと共に通訳者のお気に入りだった。難しいドイツ語の単語や表現に通訳者が詰まると、どちらかが紙に訳語を書き付け、被告人席に座っている被告人の間を手渡しさせ、ガラスの仕切りの下から通訳者が紙を受け取れるようにしたりした(37)。両者とも、自分たちのためによい通訳が行なわれることが重要であると認識しており、できるだけ通訳者を助けようとしたのである。

他の被告人も通訳者との協力が自分のためになることを理解していた。アルフレート・ヨードルは、手元に文書があると通訳者がより効率よく訳出できることに気付いたため、ステアに連絡をとり、最終弁論を記述した文書をあらかじめ渡し、事前に翻訳してもらう許可を求めた。こうしてヨードルは、通訳者の仕事を楽にしただけでなく、自らの発言に対し最良の訳出をしてもらえるようにしたのである(38)。

中でも、通訳者に最大の敬意を払ったのはフリッチェで(39)、通常ガラスの仕切りの隣に座って通訳者の仕事ぶりを観察できるようにしていた。回顧録の中にも、通訳システムに関して長い記述を残しており、通訳者の奮闘や骨折りについて自身の見解を記している。前章で触れた通り、通訳者が仕事をしやすいよう「話者への提案」と題したリストをまとめることとすらした。

通訳者と一部の被告人との友好な関係について、また言語に関する問題をめぐって彼らが直面した複雑な状況について知れば知るほど驚嘆してしまう。法廷で被告人を人間として扱い、その助けや提案を受け入れたのはおそらく通訳者だけだった。シュペーアも回顧録に次のように記している。

しかし法廷で私たちが直面したのは、敵対的な表情と氷のように冷淡な教義ばかりだった。唯一の例外が通訳者席だった。そこには、親しみを込めてうなずいてくれる人がいるかもしれないと思うことができた。(40)

通訳デスクの正面ガラスの仕切りを越えて育まれた関係は、必ずしも憂慮すべきものではなかった。通訳者は、被告人を糾弾したり判決を下したりするために存在したのではなかった。それは通訳者の役目ではなかった。異なる言語を話す人たちのコミュニケーションを成立させるという特定のサービスを提供していただけだ。そのためには、被告人も含めた話者との協力ややり取りが欠かせなかったのである。被告人の一部と友好的な関係を築く一方で、ナチ党員として彼らが行なった残虐行為を耳にするのは、通訳者にとってあまりに差異のあることだったに違いない。自分たちが意思を通わせることのできる「一二人の堕ちた男たち(41)」を、検察団が呼ぶようなナチの主要戦争犯罪人とみなすのはおそらく難しかっただろう。しかし、被告人は裁判の過程にあるのであり、有罪と立証されるまでは無実だった。実際、最も通訳者に協力的だったフリッチェとシャハトの二名は、最終的には無罪の判決を受け、釈放されたのだった。

註

（1）ニュルンベルクは米軍占領地域にあったため、米国がニュルンベルク裁判の主催国となった。
（2）Charles A. Horsey, "Memorandum for Mr. Justice Jackson" (ts, Sept. 5, 1945).
（3）ロバート・J・ギルから米国首席顧問事務局のジョン・W・グリッグスに宛てた「通訳・翻訳局の人材について」と題した書簡（一九四五年九月二六日付）。
（4）アルフレッド・G・ステアから著者への手紙（一九九五年二月一四日）。
（5）フレデリック・C・トレイデルから著者への手紙（一九九六年五月二日）。
（6）ジークフリート・ラムラーから著者への手紙（一九九五年二月一日）。
（7）フレデリック・C・トレイデルから著者への手紙（一九九六年五月二日）。
（8）PX（Post Exchange）は米軍駐屯地内の売店である。
（9）エリザベス・ヘイワードのインタビュー（AIIC, *Nurnberg*, Geneva 1992, videocassette）。
（10）Ann and John Tusa, *The Nuremberg Trial* (London: Macmillan, 1983): 124.
（11）International Military Tribunal, Seventeenth Organizational Meeting (ts. Oct. 29, 1945).
（12）Hilary Gaskin, ed., *Eyewitnesses at Nuremberg* (London: Arms, 1990): 69.
（13）ジョージ・フレブーニコフのインタビュー（AIIC, *Nurnberg*, Geneva 1992, videocassette）。
（14）「翻訳局員最新名簿」に拠る。この名簿には作成日が記されていないが、ステアによると一九四六年春の作成と思われる。

(15) Alfred G. Steer, "Interesting Times: Memoir of Service in U.S. Navy, 1941–1947" (ts. 1992): 290.
(16) Alfred G. Steer, "Interesting Times: Memoir of Service in U.S. Navy, 1941–1947" (ts. 1992): 235.
(17) *The Nuremberg Trial.* Photographs by Charles A. Alexander (ts. n.d.): page 1 of the captions.
(18) *The Nuremberg Trial.* Photographs by Charles A. Alexander (ts. n.d.): page 5 of the captions.
(19) アルフレッド・G・ステアから著者への手紙（一九九五年四月二二日）。
(20) マリー＝フランス・スカンクのインタビュー（AIIC, *Nurnberg,* Geneva 1992, videocassette）。
(21) Ann and John Tusa, *The Nuremberg Trial* (London: Macmillan, 1983): 228.
(22) Francis Biddle, *In Brief Authority* (Garden City: Doubleday, 1962): 377.
(23) Francis Biddle, *In Brief Authority* (Garden City: Doubleday, 1962): 377.
(24) Montgomery H. Hyde, *Lord Justice: The Life and Times of Lord Birkett of Ulverston* (New York: Random, 1964): 501.
(25) Ann and John Tusa, *The Nuremberg Trial* (London: Macmillan, 1983): 231.
(26) アルフレッド・G・ステアから著者への手紙（一九九五年一一月一四日）。
(27) Francis Biddle, *In Brief Authority* (Garden City: Doubleday, 1962): 377.
(28) Francis Biddle, *In Brief Authority* (Garden City: Doubleday, 1962): 377.
(29) E. Peter Uiberall, "Court Interpreting at the Nuremberg Trial" (ts. April 11, 1995): 2.
(30) Francis Biddle, *In Brief Authority* (Garden City: Doubleday, 1962): 377.
(31) "Information Concerning Interpreters" (ts. Spring 1946: 3).
(32) E. Peter Uiberall, "Court Interpreting at the Nuremberg Trial" (ts. April 11, 1995): 2.
(33) Hilary Gaskin, ed., *Eyewitnesses at Nuremberg* (London: Arms, 1990): 85.
(34) Hilary Gaskin, ed., *Eyewitnesses at Nuremberg* (London: Arms, 1990): 85.
(35) Alfred G. Steer, "Interesting Times: Memoir of Service in U.S. Navy, 1941–1947" (ts. 1992): 248.
(36) Alfred G. Steer, "Interesting Times: Memoir of Service in U.S. Navy, 1941–1947" (ts. 1992): 248.
(37) Hilary Gaskin, ed., *Eyewitnesses at Nuremberg* (London: Arms, 1990): 84.
(38) Alfred G. Steer, "Interesting Times: Memoir of Service in U.S. Navy, 1941–1947" (ts. 1992): 250.
(39) Hans Fritzsche, *The Sword in the Scales: As Told to Hildegard Springer.* Trans. by D. Pyke and H. Fraenkel (London:

Wingate, 1953): 81.

(40) Albert Speer, *Inside the Third Reich: Memoirs by Albert Speer.* Trans. by Richard and Clara Winston (London: Macmillan, 1970): 608.

(41) Robert H. Jackson, *The Case against Nazi War Criminals: Opening Statement for the United States of America by Robert H. Jackson and Other Documents* (New York: Knopf, 1946).

第五章　通訳者のプロフィール

ニュルンベルク裁判の通訳者は概して、学歴の高い教養人だった。出身国が異なるだけでなく、大学教授から弁護士、医療従事者、大学院生、ラジオのアナウンサー、軍将校、プロの通訳者に至るまで、学歴や職歴の面でも多彩な顔ぶれで、「個性を十分に発揮しながら、法廷参加者が最も耳を傾け、姿を目にする存在である通訳者を務めた」のである。(1)ほとんどが一時的に通訳を職業としていただけで、ニュルンベルク裁判の結審後は以前の職に戻った。(2)本章では、同裁判に参加した通訳者の非常に多様な人物像が、生い立ちおよび裁判前後の職業や経験の違いを反映していることを示していく。その中で、通訳者の出自、言語、学校教育をはじめとする教育的背景、ニュルンベルク裁判での採用と訓練、閉廷後の職業に関する考察を試みる。しかし、すべての通訳者がここで取り上げられるわけではない。ほとんどが米国の通訳者に関する記述だが、それは本章の主な情報源が米国人であることに由来する。フランス人や亡命ロシア人の通訳者に関する情報は一部含まれているが、英国やソ連の通訳者のほとんどについては情報がない。最初に、翻訳局長を務めたレオン・ドステールを取り上げ、その後はアルファベット順に通訳者を紹介する。

レオン・ドステール

レオン・ドステールは、ニュルンベルク裁判において翻訳局長と初代首席通訳者を務めた。同裁判に同時通訳を導入しようと考えたのはドステールである。一九〇四年フランスで生まれ、幼い頃ドイツ語と英語を学んだ。(3) 第一次世界大戦中、自分の住む町がドイツ軍に占領されると、占領中はドイツ軍のため、米軍による解放後は米軍のために通訳を行なった。一九二一年渡米。カリフォルニアからワシントンに移り、ジョージタウン大学で外交問題研究の学士号と修士号を取得する。ジョージタウン大学ではフランス語を教え、博士号を取得した後、一九三九年にはフランス語教授および学部長を務めるようになった。また、国務省からの要請でヨーロッパのさまざまな国際会議で通訳を担当した。一九四一年に米国籍を取得すると間もなく、ヨーロッパ戦線に向かう米国陸軍に配属され、一九四四年、ドワイト・アイゼンハワー大将のフランス語通訳者を務めた。一九四五年、陸軍大佐だったドステールはニュルンベルク裁判における同時通訳システムの導入を指揮し、一九四六年には同じシステムを国際連合に導入するよう要請を受けた。一九四九年、ウォルシュ牧師と共にジョージタウン大学に外国語・言語学研究所を創設し、一九五九年まで責任者を務める。ドステールの下、同研究所は語学実習ラボの使用で先駆的な役割を果たし、英語の語学センターを世界各地に設立した。一九五三年にＩＢＭと連携し機械翻訳の実験を始めると、このプロジェクトは米国内外で急速に拡大した。一九六〇年には、視覚障害者が言語を習得し教授できるようになるための訓練プログラムを開始する。一九七一年九月、会議のため滞在していたブカレストで逝去。

ドステールは、一般的には同時通訳をニュルンベルク裁判および国際連合に導入した人物として知られている。同裁判では仏英通訳を担当し、しばしばモニター業務にも従事した。厳しく気難しい上司であると見られており、言語能力面で高い基準を設定し、脇目もふらず仕事に集中することを通訳者に要求した。ニュルンベルク裁判で高水準の通訳が提供されたのは、ドステールの尽力に負うところが大きい。しかし、誰からも好かれる人物というわけではなかった。副官のアルフレッド・ステアは、ドステールとは一緒に仕事がしにくく、良い考えが浮かぶと実行は部下に押し付けると考えていた(4)。彼を批判する人間からは「小さなナポレオン」と呼ばれていたが、ドステールの功績を考えればその呼び名も当然だろうとピーター・ウイベラルは考えている(5)。ドステールはまた、いつでも部下をかばおうとする一面もあった。米国のジャクソン検察官がある日、重要文書に誤訳があったと主張し(6)、ドステールに不満を訴えると、翻訳は原文の意味を変えてはいないとドステールは部下を擁護した。総じて、ドステールは頭脳明晰で優れた能力を持ち、周囲を鼓舞することのできる指導者だと考えられていた。通訳という職業は彼に多くを負っている。

ドステールの著書や出版物には以下のものがある。

"The Instantaneous Multi-Lingual Interpreting System in the International Military Tribunal." Ts. n.d. Box 15. Francis Biddle Papers. Syracuse University.

France and the War. New York: Oxford University Press, 1942.

"People Speaking to People." University of Chicago Roundtable Transcripts of Radio Program 821. Jan. 3.1954. Chicago: University of Chicago, 1954.

Ed. *Research in Machine Translation.* University of Georgetown Monograph Series on Language and Linguistics 10. Report of the 8th Annual Roundtable Meeting on Linguistics and Language Studies. Washington, D.C.: The Institute of Language and Linguistics, Georgetown University. 1957.

ジョン・アルベルト

ジョン・アルベルトはニュルンベルク裁判でドイツ語デスクに所属した。ウィーンで弁護士をしていたが、第二次世界大戦前、ナチによる人種差別政策のため職を追われ米国に移民した(7)。カイテルをはじめとするナチの被告人の公判前尋問手続における通訳(8)、また、法廷では英独通訳を担当したが、開廷後数週間で法廷を去った。同裁判には米国戦時情報局から派遣されており、ニュルンベルクを離れるとニューヨークに戻り米国情報庁に勤めた。(9)

ボリス・ボゴスロフスキー(10)

ロシアから移民し米国籍を取得したボリス・ボゴスロフスキーは、ニュルンベルク裁判で短期間通訳を担当した。同裁判に参加する前は、自らがボストン近郊に立ち上げたロシア語学校で教鞭をとっていた。開廷後の一週間はグランド・ホテルでウイベラルと同室だった。高学歴の言語学者で、最初は通訳者として採用され、一九四五年一〇月三一日に任務を開始。その際の基本給は三六四〇ドルだったが、後に三九七〇ドルまで引き上げられた。(11)しかし、同時通訳の緊張感に長くは耐えられなかった。五〇歳を超える高齢だったこと、ロシアを離れて月日が経っており、ロシア語の最新の語彙に馴染みがなかったこともその理由だろう。その後は翻訳者としてニュルンベルク裁判での業務を継続した。(12)

マーゴ・ボートリン・ブラント

ウィスコンシン州ミルウォーキー出身のマーゴ・ボートリンは、ミネアポリスの高校を卒業後すぐニュルンベルク入りし、(13)裁判では独英通訳を担当した。「知らないのは彼女だけ」だった「情熱的な干し草の山」(14)というあだ名がついたのは、情熱的な通訳をしたことによる。ブース内では、笑顔を浮かべたりしかめ面をしたりしながら「大胆な身振り手振りで声に劇的な抑揚をつけて」(15)発言を強調するような通訳をしたため賞賛の的となり、法廷参加者を楽しませた。「干し草の山」というあだ名は、ヘッドフォンの金属バンドをしっかり装着するため、豊かな金髪をまとめるのにボートリン自身が編み出した複雑な髪型から来ている。干し草が積み上がってできた山のように盛り上がった髪型で、「通訳中のボートリンの姿は参加者の視線を浴びた」という。(16) 翻訳局の名簿から、CAF11号級の給与を得ていたことがわかる。米国のビドル判事の回顧録にも登場する。

ダンス・パーティーで会った彼女は少し緊張していたようで、「はい、判事」「いいえ、判事」「本当ですか、判事」と繰り返すばかりだった。マニキュアを塗った小指をほとんど直角にピンと立ててグラスを持つ仕草は非常に優雅だった。緊張を和らげるには会話よりいいだろうと思い、ダンスに誘った。チークダンスでもボートリンは礼儀正しさを崩さなかったが、少なくとも立ち位置は対等だった。(17)

トーマス・ブラウン

米国人のトーマス・ブラウンは、ニュルンベルク裁判で独英通訳を担当した。ニューヨークで大学講師として働いており、同裁判には文民として勤務した。それ以前は、米国戦時情報局のためにドイツ向けプロパガンダ放送を行なったこともあった。(18) 一九四五年一〇月一七日に通訳者として採用され、基本給は四三〇〇ドルだった。グランド・ホテルに滞在し、ドステールの下で通訳業務に従事した。一九四六年四月一七日に契約期限が切れた。その後、通訳者として働くことはなく、教職に戻った。現在はメリーランド州在住。

ハーコン・モーリス・シュヴァリエ

ハーコン・シュヴァリエは、ニュルンベルク裁判初期に仏英通訳を担当し、時に英仏通訳を行なうこともあった。(19) 豊富な通訳経験をもつ数少ない通訳者の一人で、フランス、米国の二重国籍を有していた。一九二九年、カリフォルニア大学バークレー校でロマンス言語の博士号を取得し、同校でフランス語教師として勤務した。初めて通訳を行なったのは、一九四四年にフィラデルフィアで開催されたＩＬＯ会合だった。一九四五年、サンフランシスコのフランス領事館を通して、同年四月から六月まで開催される予定の国際連合第一回会議で逐次通訳を務めるよう、フランス政府から要請を受けた。六月二六日に同会議が終了すると、ワシントンの戦争省から連絡を受け、ニュルンベルク裁判で通訳者を務めるよう要請される。九月初めにワシントンで戦争省から任務を受け大佐の階級を与えられると、その後間もなく、生活していたカリフォルニアを離れてニュルンベルクに飛び、一〇月二〇日に現地入りして通訳者として採用された。基本給は六二三〇ドルだった。ニュルンベルクではドステールの下で通訳に従事。住まいはガルテンシュタイグ1番地にあり、ニュルンベルク裁判中は通訳だけでなく、エグベール少佐やマッキントッシュ大尉と共に法律用語集の編纂も行なった。後に、一緒にニュルンベルク入りした同僚のデイビッド・マッキーと共に同地を離れ[20]、一九四六年五月カリフォルニアに戻った。その後、国連への同時通訳の導入を支援するため、レイク・サクセスでドステールと合流する。国連の逐次通訳者の重鎮が同時通訳の導入に激しく抵抗していた中、国連での同時通訳の成功に貢献できるよう、ニュルンベルク裁判での自らの経験をもってドステールを支えなければならないと考えたのである。シュヴァリエはまた、多くの著書や訳書を残している。*Oppenheimer: The Story of a Friendship*（オッペンハイマー　友情の物語）と題した著書に記しているよう、親しい友人であるＪ・ロバート・オッペンハイマーの仕事に対しスパイ行為を働いたとして、ＦＢＩやＣＩＡに嫌疑をかけられたこともある。数年前に他界した[21]。

シュヴァリエの出版物には以下のものがある。

"Anatole France." Ph.D. thesis. University of California at Berkeley, Dec. 12, 1929.

André Malraux and "Man's Fate" [La Condition Humaine]. New York: Smith, 1934.
For Us, the Living. New York: Knopf, 1948.
The Ironic Temper: Anatole France and His Time. New York: Oxford University Press. 1932.
The Last Voyage of the Schooner Rosamond. London: Deutsch, 1970.
The Man Who Would Be God. New York: Putnam, 1959.
Oppenheimer: The Story of a Friendship. New York: Braziller, 1965.
Trans. *The Bells of Basel.* By Louis Aragon. New York: Harcourt, 1936. Trans. of *Les Cloches de Bâle.*
Trans. *Hidden Faces.* By Salvador Dali. New York: Dial Press, 1944. Trans. of *Rostos Ocultos.*
Trans. *Hiquily.* By Alain Jouffroy. Paris: Fall, 1962.
Trans. *Residential Quarter.* By Louis Aragon. New York: Harcourt, 1938. Trans. of *Les beaux quartiers.*
Trans. *The Secret Life of Salvador Dali.* By Salvador Dali. New York: Dial, 1942.

エディス・コリヴァー（旧姓サイモン）

米国に帰化したエディス・サイモンは、まず公判前尋問手続で独英、英独の逐次通訳を担当し、次に裁判の初期段階で同時通訳に従事した。その後、調査アナリストとして、訴追されたナチ組織に所属する女性党員の尋問を行なう[22]。新聞でニュルンベルク裁判のことを知り、米国戦争省（現国防総省）に応募。まずワシントンでミッキー・マーカス大佐の面接を受け、試験を経て一九四五年一〇月一九日、ドステール大佐により採用される。一九四五年サンフランシスコで開催された国際連合第一回会議でも、スペイン語・フランス語・英語の翻訳者としてドステールの下で働いた経験がすでにあった。ニュルンベルクでは、通訳・尋問部に所属する通訳者として基本給二九八〇ドルを得ていた。このときの上司はアルフレッド・ブースである[23]。そこで同時通訳、特に法廷で使われることになる軍事、政府用語に関する訓練を受けた。滞在先はビューローシュトラーセ59番地で、ひっそりとした住居に三人の同僚と生活していた。閉廷後も、同じくニュルンベルク裁判の通訳者だったジークフリート・ラムラーと生涯にわたる親交を結ぶ。現在はカリフォルニア州在住。

ウォルフ・ヒュー・フランク

ウォルフ・フランクは、異論の余地なくニュルンベルク裁判における最も優秀な通訳者だった。父親はユダヤ人で、BMWの工場長をしていた。ドイツに生まれ、一九三〇年代後半に英国に亡命した。「バイエルン出身のハンサムな若者」(24)だったフランクは、英国陸軍の将校としてニュルンベルクに派遣され、「無難な言語関係の任務など受けず、奇襲部隊に志願」(25)し、多くの勲章に輝いた。上流階級のアクセントで英語を話し、ドイツ語と英語を自由自在に切り替えることができた。ヒトラーの通訳者だったパウル・オットー・シュミットにしかできなかったことである(26)。ニュルンベルクでは、カイテルをはじめとする被告人の公判前尋問手続で通訳を担当した(27)。その後ピーター・ウイベラルによりニュルンベルク裁判の通訳者に選ばれ、母語はドイツ語だったにもかかわらず、ドイツ語から英語へ訳出する通訳者として採用された。時に英語からドイツ語へ訳出することもあった。

彼のドイツ語と英語の能力は、多くの母語話者に比べ際立って優れていた。声や立ち居振る舞い、語彙のニュアンス、担当した話者の特徴を伝える能力に至るまで、すべてにおいて卓越していた(28)。

フランクは、優れた通訳に対する見返りとして、被告人の最終陳述の英語への訳出や、被告人に対する裁判長の判決言渡しのドイツ語への訳出など、法廷における決定的な瞬間の通訳を一部担当することを願い出た。

ニュルンベルク継続裁判では、翻訳局から名称を変えた言語部通訳局で、一九四六年から一年間局長を務めた。文民として戻った英国で一九八八年逝去。享年七五歳だった。(29)

エリザベス・ヘイワード

フランス国籍のエリザベス・ヘイワードは、ニュルンベルク裁判で英仏通訳を担当した。(30) その前はパリのフランス通信社で働き、同社が流すためのニュースを外国放送から拾う仕事をしていた。フランス国民は皆来るべき裁判のことを認識していた。メディアを賑やかせていたからだ。ニュルンベルク裁判が既に中盤にさしかかっていた頃、通訳者に欠員が出たため、一足先に採用されていたヘイワードの同僚が彼女の名前を挙げた。パリで面接を受け、飛行機でニュルンベルクに入ったヘイワードは、到着したその日に法廷に向かい傍聴席に着くと、目と耳に入ってきた同時通訳に驚愕した。同時通訳にこれまで触れたことがなく、通訳者が発言と同時に訳出することなど不可能だと考えたのである。それにもかかわらず、ヘイワードは通訳訓練をまったく受けないまま、翌日には法廷で同時通訳の世界に飛び込まねばならなかった、不慣れなテクニックと用語という最初の壁を乗り越えた後、同時通訳は実は可能で、自分にもできることに気付いた。閉廷後しばらくフリーランス通訳者として活躍した後、国連本部で通訳者として採用され、一九八一年一二月に退職するまで通訳に従事した。退職後もフリーランス通訳者として時折国連で通訳を行なう。(31) AIICによるインタビューで、ニュルンベルク裁判における同時通訳者としての経験を語っている。現在はニューヨーク在住。

シュテファン・ホルン

シュテファン・ホルンは、ジュネーブ大学で通訳を専攻し、ウィーン大学で政治経済の博士号を取得した。(32) ジュネーブ大学では逐次通訳の訓練を受け、ニュルンベルク裁判における通訳業務に応募すると、米国陸軍将校による試験に合格した。ニュルンベルクでは主裁判の一部および継続裁判の「判事裁判（Justice Case）」で英独通訳を担当し、首席通訳者となる。閉廷後は、一九四九年にワシントンのジョージタウン大学でレオン・ドステールに合流し、(33) ドステールの創設した外国語・言語学研究所の通訳・翻訳科で学科長を務めた。米国籍を得てメリーランド州に暮らし、一九九六年八月九日、九六歳で他界。(34) 出版物には以下のものがある。

Glossary of Financial Terms in English/American, French, Spanish, German. Amsterdam : Elsevier, 1965.

アルマンド・ヤコーボヴィッチ

アルマンド・ヤコーボヴィッチはニュルンベルク裁判に通訳者として参加した。ジュネーブ大学で最初に創設された通訳者養成プログラムを卒業したプロの通訳者で、家族と共に強制収容所に入れられたが、戦時中、奇跡的に脱出に成功した。法廷では同時通訳に従事したものの、数ヵ月後に通訳を断念して翻訳部に戻った。(35)

パトリシア・ジョーダン(36)

パトリシア・ジョーダンはニュルンベルク裁判の閉廷前の四ヵ月間、法廷内通訳に従事した。第二次大戦が勃発する直前までベルリンに暮らし、英国人の両親のもと二言語話者として育てられる。一時滞在先のロンドンで、大半の時間を大英図書館で過ごすという生活をした後、父親を追ってスイスに移り、ローザンヌで学校教育を終えた。その頃までにはフランス語も流暢に話すようになっており、ジュネーブ大学で英語、フランス語、ドイツ語の翻訳・会議通訳を学び、六ヵ月で学位を得る。その後すぐ、ニュルンベルク裁判でモニターを務め、新しい人材を求めて大学を回っていたピーター・ウイベラル少尉とジョアキム・ヴォン・ザストロー少尉から同時通訳の試験を受けた。通訳者候補のジョーダンにはまったく未知の通訳技術だったが、一年間の契約を得るとすぐ、二一歳でニュルンベルクに発った。現地では、同じくジュネーブ大学から採用されたフレデリック・トレイデル、シュテファン・ホルンなど五名の同窓生と合流した。ニュルンベルクにおける翻訳局の名簿には、CWS（大陸賃金表）9号級の英国人として記載されている。

ジョーダンの滞在先はグランド・ホテルだった。また、給与の三分の一を受け取り、残りの三分の二はローザンヌの銀行口座に送金されるようにしていたことを記憶している。審理に慣れるよう、法廷での最初の一週間を傍聴にあてた後、昼休憩中に行なわれた試験に合格し、翌日から英語ブースに入ってフランス語から英語への通訳を担当した。同僚には、ヴァージニア・フォン・ショーン（ドイツ語から英語）やジンカ・パシュコフ（ロシア語から英語）がいた。

ニュルンベルク裁判の結審後、ジョーダンは同継続裁判のドイツ語ブースで通訳を続けるはずだった。しかし、国連教育科学文化機関（UNESCO）の首席通訳者が、パリに新設された同組織で働く仏英通訳者を探してニュルンベルクを訪れると、ジョーダンは契約が切れるのを待って、ジーン・メイヤー、エリザベス・ヘイワード、マリー＝ローズ・ウォーラーと共にニュルンベルクを離れ、パリへ向かった。

ベルギー人の科学者と結婚すると、夫とアフリカへ移り、複数の国際機関で通訳業務に従事する。ヨーロッパへ戻ってからも通訳者として仕事を続けた。ニュルンベルク裁判で共に仕事をした元同僚と一緒にブースに入ることも頻繁にあり、その多くとは生涯にわたる友情を築いた。ジョーダンは通訳を心から楽しみ決してやめることはなく、ブリュッセル在住の今も通訳業務に従事している。

クラウス・ド゠カイザーリンク
ドリス・ド゠カイザーリンク

フランス語からドイツ語への通訳を担当したクラウス・ド゠カイザーリンクは、夫婦でニュルンベルク裁判に参加した唯一の通訳者だ。裁判に参加する前は、企業弁護士としてフランス、ドイツ、米国で仕事をしていた(37)。妻のドリスは主にロシア語からドイツ語への通訳を担当し、ロシア語から英語への通訳も行なったと思われる。二人は、「ドステール大佐が米国政府機関からおそらく『貸与』されるかたちでニュルンベルクに連れてきた経験豊富な会議通訳者の最初の一団に属しており、そのためニュルンベルクに長くは留まらなかった。少なくとも三ヵ国語を話した」ということである(38)。

ジョージ・（ユーリ・）フレブーニコフ

白系ロシア人のジョージ・フレブーニコフは、ロシア語から英語、ロシア語からフランス語、英語からフランス語への通訳を担当する通訳者としてニュルンベルク裁判に参加した。一九二三年に自由都市ダンツィヒで生まれ、ロシア語、ドイツ語、英語、フランス語を話した。一九四五年はパリ在住で、パリ経営大学校を卒業したばかりの二二歳だった。同年一二月、フランス外務省の外交官からフレブーニコフの下宿先に、ニュルンベルク裁判の通訳者を探しているという連絡があった。フレブーニコフは、同じく亡命ロシア人でロシア語、英語、フランス語を話す友人二人とパリのマジェスティック・ホテルで語学試験を受けることにした。英語とロシア語の文書を母語のフランス語に翻訳する試験で三人とも合格し、翌日にはニュルンベルク行きの電車に乗った。翌日遅くニュルンベルクに到着すると、人のいない法廷に連れて行かれ、ドステールから、フランス語、ロシア語、英語の文書を英語かフランス語に同時通訳するよう指示された。同時通訳など聞いたこともなかった三人は、そのようなことが可能なのか疑ったが、挑戦してみたところこの試験にも合格し、翌日にはブースに入り通訳業務に従事するようになった。フレブーニコフは米国代表団に雇われ、基本給一二〇〇ドルと陸軍大佐の階級を与えられた。さらにロシア系難民の認定を受け、ジョアキム・ヴォン・ザストローの下で働いた。業務開始は一九四六年一月一日で、契約満了は同年八月一〇日だった。

契約満了三日後の八月一三日にニュルンベルクを発ってパリへ向かうと、一六日には米国へ旅立った。ドステールを追って国連に向かうためで、ロソフ、ヴァシルチコフと共に、国連の逐次通訳者の「重鎮」に、同時通訳は機能するということを証明しなければならなかった(39)。国連で通訳者として採用され、冷戦時代には、洗練された、かつ教養を感じさせる訳出を行なうとして、最初はフランス語への、後には英語への通訳で有名になった。一九八三年に退職するまで国連の通訳局長を務め、退職後もフリーランス通訳者として一九九六年まで通訳業務に従事した。ニュルンベルク裁判で初めて通訳を行なってから五〇年にわたり通訳を続けたことになる(40)。一九九六年一一月、誕生日のその日にニューヨークで逝去。

C・D・マッキントッシュ

マッキントッシュはスコットランド軍の大尉で、ニュルンベルク裁判で通訳を務めた。ハーコン・シュヴァリエやエグベール少佐がまとめた法律用語集の編集を担当した一人である。仏英通訳を担当したが、ドイツ語に関してもフランス語と同等の知識を有していた。

ジーン・メイヤー

フランス陸軍将校のジーン・メイヤーは、陸軍司令官として軍人の立場でニュルンベルク裁判に参加し、英語からフランス語、フランス語から英語、ドイツ語からフランス語への通訳を担当した。(41) 言語関連業務担当者の中で、ナチの秘密警察による不快な経験を個人的に味わった一人だ。(42) フランス語デスクの首席通訳者を務めた。(43)

ジークフリート・ラムラー

ジークフリート・ラムラーはニュルンベルク裁判と同継続裁判で通訳を担当し、一九四八～四九年は通訳局長を務めた。一九二四年ウィーンで生まれ、(44) 中等教育はロンドンで、高等教育はパリ大学で受け、ハワイ大学で修士号を取得した。戦時中はロンドンで複数の仕事をしており、政府機関で翻訳にも携わっていた。一九四四年、米国空軍第9指令部隊のドイツ進軍を支える語学連絡将校として採用され、裁判の準備が進むニュルンベルク近郊の都市に駐屯することになった。裁判に向けた人材の採用にあたっていたニュルンベルクの米国首席顧問事務局に連絡したところ、通訳・翻訳者として裁判に参加することを要請された。開廷前にニュルンベルク入りすると公判前尋問手続の通訳を担当することになったが、ラムラー自身は、ニュルンベルクにおける経験の中でもこの通訳が最も興味深いものだったと考えている。ゲーリングの公判前尋問手続だけでなく、フォン・リッベントロップ、カイテル、フランク、シュトライヒャーの尋問でも逐次通訳を担当した。(45) ドステールが同時通訳試験を開始すると、ラムラーも試験を受け独英通訳者として採用された。ニュルンベルク裁判の開廷期間中を通して独英通訳を担当し、モニターを務めることもあった。一九四六年半ばに同裁判が結審すると、一九四九年まで継続裁判でも通訳業務に従事し、通訳局の最後の局長となった。局員名簿には、英国国籍でレベル9の給与を与えられていたこと、後にCAF11号級（年給約三〇〇〇ドル）に昇格したことが記載されている。

ニュルンベルク裁判および同継続裁判が結審すると、ラムラーはホノルルのプナホウ・スクールの外国語部長となり、他にもさまざまな役職に就いた。さらに、ハワイ・フランス語協会、ハワイ・海外教育基金など、ハワイでさまざまな団体を創設したり、会長を務めたりした。ハワイ大学でドイツ語、フランス語、政治学の講師を務めるとともに、一九九五年に退職するまでプナホウ・スクールのウォー国際センターのセンター長を務めた。現在はホノルルのイースト・ウェスト・センターで上級フェローとして活躍し、環太平洋地域教育者会議の国際諮問委員会で委員長を務める。(46) ハワイ在住。

ラムラーの出版物には以下のものがある。

"Origins and Challenges of Simultaneous Interpretation: The Nuremberg Trial Experience." American Translators Association. *Language at Crossroads*. Ed. by Deanna Lindberg Hammond. Medford: Learned Information, 1988. 437-440.

エドゥアール・ロディティ

米国の著述家・学者であるエドゥアール・ロディティは、ニュルンベルク裁判で仏英通訳を担当した。翻訳局の中で、(47) 通訳経験が豊富にあり、IBM製の装置を以前に使ったことがあるのはシュヴァリエとロディティだけで、常に軍服を着て法廷に出席した。(48) 美術品の収集家・美術史家でもあり、ニュルンベルク裁判の結審後はパリに戻った。翻訳局員名簿には、米国代表団に雇われP-5級の給与を得ていたことが記載されている。(49)

ジェーニャ・(エフゲニア・) ロソフ

ジェーニャ・ロソフは、ポーランド系フランス人で、ロシア語からフランス語への訳出を担当する通訳者として採用された。英語も話せたため、時に英語からフランス語への訳出を行なうこともあった。[50] 開廷前はパリの新聞社に勤めており、地下組織の一員だった。ラーフェンスブリュック強制収容所(「通訳者に関する情報」ではブーヘンヴァルト強制収容所となっている)の生存者としてニュルンベルク裁判に参加した。[51] マリー＝フランス・スカンクは、「これまで出会った中で最良の通訳者」としてロソフを記憶しており、ガラスの仕切りの反対側に座っている、まさにそのナチの犯罪人の手にかかって苦しい経験をしたにもかかわらず、法廷ですばらしい通訳をしたことに賞賛の念を抱いている。[52] 文民としてのロソフの仕事は大学教授だった。ニュルンベルク裁判では基本給一万五〇〇〇フランを与えられ、ドステールの下で通訳に従事した。滞在先はツィルンドルフ地区のフェストナーシュトラーセ3番地だった。「燃えるような赤い髪をしたポーランド系」[53]のロソフは、常にゲーリングの注意を引いていた。

「フランス語デスクの最良の通訳者の一人」[54]であったロソフは、ジョージ・フレブーニコフやジョージ・ヴァシルチコフと共に一九四五年八月一〇日にパリへ向けて出発し、さらに、国際連合で同時通訳業務に従事するためニューヨークへと旅立った。

シグマンド・ロス

シグマンド・ロスは、通訳部長を含め、ニュルンベルク裁判でさまざまな役職に就いた。数々の勲章に輝いた米国陸軍大尉で、ニュルンベルク入りしたときには陸軍に入って五年近くが経っていた。ドイツ語、セルボ・クロアチア語だけでなくフランス語も少し話し、ロシア語も理解できた。翻訳局に東欧言語を理解する人材が不足していたため、一九四五年一一月九日、ドステールとステアにより採用された。ロスはまず翻訳部門の部長補佐となり、さらに速記部および校閲部の管理部長になった(人員数はそれぞれ約四五人と一〇〇人)。印刷部でも大きな貢献を果たし、ニュルンベルク裁判が中盤にさしかかる頃には印刷部長となった。同裁判の閉廷後も一年以上ニュルンベルクに残り印刷業務を続けたのである。(55)閉廷後、審理の速記録や関連文書が四三巻にも及ぶ文献にまとめられ、四ヵ国語で出版されたのはロスの功績によるところが大きい。ニューヨーク出身のロスは、ニュルンベルクではフォルストハウスシュトラーセ36番地に住み、月々の基本給は一七五ドルだった。一九八五年死去。享年七四歳だった。

イグナツ・シロフスキー

ロシア語から英語への通訳を担当した通訳者の一人、イグナツ・シロフスキーは、帝政ロシア時代の元軍将校だった。(56)米国籍を持つシロフスキーは、文民としてニュルンベルク裁判に参加した。一九四五年一〇月三〇日、通訳者として採用され、年給は三六四〇ドル、滞在先はウーラントシュトラーセ17番地6号室だった。

ある日、モニターを務めていたアルフレッド・ステアのところに、英語に訳出する通訳者の中に強いアクセントのある者がいるため、通訳を聞いていると疲れてしまうという判事の声が届いた。ステアは、強いアクセントのある通訳者を音声ラボに集め、改善のため、どう同僚の助けを得たらよいかを教えた。集められた通訳者の中にシロフスキー大佐もおり、後にステアに対し、ひどくなまりのある英語で"You know, Commanderr, that iss the first time I ever hearr I speak with haccent (大佐、なまりがあるなんて言われたのはあれが初

めてでしたよ)」と言ったという。(57)

ユージーン・セレブレニコフ

米国籍を持つユージーン・セレブレニコフは、ロシア語から英語に訳出するプロの逐次通訳者だった。戦時中は、アラスカからシベリアに飛行機を輸送する目的でアラスカに駐屯していたロシア人のために連絡将校の役割を果たす。(58)ニュルンベルクへは、ハーコン・シュヴァリエ、デイビッド・マッキーと共にカリフォルニアから出発。一九四五年一〇月二二日、CAF10号級の文民として採用され、年給三九二〇ドルを与えられる。ジョアキム・ヴォン・ザストローの下で通訳業務に従事し、滞在先はレールリングスハイム・ホテルだった。同時通訳に満足できなかったためニュルンベルクに長くは留まらず、(59)一九四六年七月一日同地を離れてベルリンに向かった。

マリー＝フランス・スカンク（旧姓ロゼ）

パリ出身のフランス人であるマリー＝フランス・スカンクは、一九四四年に通訳専攻でジュネーブ大学を卒業し、逐次会議通訳については多少の経験があった。ベルリンのフランス進駐軍のために通訳業務に従事し、ニュルンベルク裁判では、後に通訳部の下で米国、英国の通訳者チームと合併されることになるフランス語デスクに採用された。一九四六年一月にニュルンベルク入りした際は二〇歳で、同時通訳の経験はなかった。最初の二ヵ月は訓練プログラムをこなし、文書の翻訳と模擬裁判における言語関連の特別訓練を行なうよう指示された。さらに、傍聴席に座り頭の中で審理を通訳することで自分でも訓練を重ねた。一九四六年三月から通訳席に入ることになり、フランス語、英語、ポーランド語の三ヵ国語話者ではあったが、英語からフランス語への訳出を担当することになった。給与は米国代表団から支給され、その額は以前にフランスの政府機関から支給された給与に比べ多かった。パリに戻る前、*L'Interprète*（通訳）という学術誌に寄稿し、ジュネーブ大学の通訳学科に同時通訳訓練を導入するよう主張した。その後すぐ、実際に同校で同時通訳の訓練が始まった。(60) 六ヵ月間裁判に携わった後、別の契約を得たためニュルンベルクを離れた。通訳業務には継続的に従事し、後に国際会議通訳者協会（ＡＩＩＣ）の会長となる。一九九二年八月ブリュッセルのＡＩＩＣ総会に招かれ、ニュルンベルク裁判での経験について生き生きと語った。(61) 現在はパリ在住。出版物には"Tout a commencé à Nuremberg." *Parallèles* 11 (1989): 5–8. がある。

ハリー・スペルバー

ハリー・スペルバーは、ニュルンベルク裁判で英独通訳者として採用された。米国陸軍の大尉で、ニューヨークからニュルンベルクに入るまで三年半、軍に所属していた。裁判に参加する前はスポーツの試合を米国からドイツへ報道するレポーターをしており、「米国からの反ナチ的報道に対するゲッベルスの個人的な反発を招いたという名誉」(62) に輝く人物でもあった。軍事用語の独英辞典の編纂を行なった経験もあり、ニュルンベルク裁判ではドステールの下で通訳に従事した。一九四五年一一月一六日に業務を開始し、グランド・ホテルに滞在した。ニュルンベルクを離れたのは一九四六年七月八日である。

アルフレッド・ギルバート・ステア・ジュニア

アルフレッド・ステアは翻訳局の副局長を務め、ドステールが一九四六年四月にレイク・サクセスへ出発すると局長となった。一九一三年米国で生まれ、一九三八年にデューク大学で修士号を、一九五四年にペンシルヴァニア大学で博士号を取得した。[63] 一九三五〜三六年、ヒトラーの統治下にあったドイツで交換留学生として学んだ。ステアの学者としての主な関心と研究の対象は、多くの著作の主題が示すよう、ヨハン・ヴォルフガング・フォン・ゲーテとその時代である。「才能あふれる言語学者」[64] であるステアは、最初は講師として、後に教授として多くの大学で言語を教え、一九六七年から引退まで、ジョージア大学のゲルマン語・スラヴ語学部で学部長を務めた。一九四一〜四七年は米国海軍に属し、最終的には大佐の階級を与えられた。「戦時中は太平洋で小型戦艦の指揮を取り[65]」、太平洋で率いた戦艦の一隻が日本軍の神風特攻隊に攻撃されたこともある。[66] 海軍所属中に、ニュルンベルク裁判に参加する言語関連業務担当者としてドステールに採用されたが、同裁判での業務は「約四年ぶりの陸での任務[67]」だった。ニュルンベルクでは通訳者試験は受けなかったが、一九四五年から一年間、事務作業担当者として貴重な役割を果たした。海軍での軍務を終えると、前職である研究職と教職に戻り、南大西洋地区近現代語文学協会などの語学協会で会長を務めると同時に、ジョージア大学の留学プログラムや言語学プログラムなどでも責任者を務めた。現在はジョージア州在住。

「行動の人であり学者でもあるという、異なる側面を融合させたエネルギー溢れる人物[68]」だったステアは、翻訳局では複数の任務を任された。まず担当したのは通訳者の採用で、ヨーロッパ各地にまで出向いて人材の発掘にあたった。その後の業務は通訳候補者の選抜で、能力のない人材をふるいにかける作業も行なった。翻訳局長になってからは、大量の文書の翻訳を迫る弁護団に対応するだけでなく、翻訳局の資金、人材、時間不足を訴える仕事もしなければならなかった。裁判が終盤にさしかかり事前に判決文の翻訳を行なうよう依頼されると、警備上の理由から、翻訳期間中ずっと部屋に籠ることに同意する翻訳者を集めて特別チームを編成し、作業にあたった。

ステアの著書や出版物には以下のものがある。

"Interesting Times: Memoir of Service in U.S. Navy, 1941-1947." Ts. 1992.
"Participation of Allied Delegations in the Work of the Translating Division." ts. July 30, 1946.
Goethe's Elective Affinities: The Robe of Nessus. Heidelberg: Winteruniversitätsverlag, 1950.
Goethe's Science in the Structure of the Wanderjahre. Athens: University of Georgia Press, 1979.
Goethe's Social Philosophy as Revealed in Campagne in Frankreich *and* Belagerung von Mainz. Chapel Hill: University of North Carolina Press, 1955.
Reading in Military Germany. With William W. Pusey, eds. Lexington: Edwards, 1942.

イナ・テルバーグ

翻訳局の局員名簿に米国籍として記載のあるイナ・テルバーグは、ニュルンベルク裁判でロシア語から英語への通訳を担当し、日本語も少し話すなど、九ヵ国語を操ることで有名になった。同裁判に参加する前は女子大の教員だった。裁判での任務を終えてからは、自身がニューヨークに持つ出版社から、ロシアに関する参考図書や露英辞書などを複数出版した。出版物には以下のものがある。

Russian-English Geographical Encyclopedia. New York: Telberg, 1960.
Russian-English Glossary of Psychiatric Terms. New York: Telberg, 1964.
Soviet-English Dictionary of Legal Terms and Concepts. New York: Telberg, 1961.
Who's Who in Soviet Science and Technology. New York: Telberg, 1960.
Who's Who in Soviet Social Science, Humanities, Arts and Government. New York: Telberg, 1961.

フレデリック・トレイデル

フランス人のフレデリック・トレイデルは、ドイツ語およびフランス語から英語へ訳出する通訳者としてニュルンベルク裁判に参加した(69)。化学工学を勉強し、母親から英語を、父親からフランス語とドイツ語を学んだ。第二次世界大戦の終結前、ジュネーブ大学の通訳学科で短期集中講座を受講し、約七ヵ月で会議通訳の学位を得た。その数日後、ドステールの副官の一人であるジョアキム・ヴォン・ザストローによる試験を受け採用された。給与は当初CWS9号級だったが、数ヵ月後に11号級に引き上げられた。ニュルンベルクでは、同僚のウォルフ・フランクと親しくなった。

ニュルンベルクを離れると、同地に駐屯していた米国陸軍言語部の部長だったトム・ホッジスと共に米国マーシャル・プラン実施局に入局し、一九五三年まで勤務。その後、通訳を再開し、西欧同盟、ヨーロッパ生産性本部、世界在郷軍人連盟で首席通訳者を務めると同時に、経済協力開発機構（OECD）、国際民間航空機関（ICAO）、食料農業機関（FAO）、国連児童基金（UNICEF）や複数の非政府機関で通訳を担当した。一九六二年には国際会議通訳者協会（AIIC）の会長となり、一九五八年から一九六四年までパリのソルボンヌ大学通訳学科で教鞭を取った。一九六三年、国際チェーンストア協会の会長に任命され、一九八三年に会長職を退くと理事に就任した。近年では仏米姉妹都市協会の会長を三年間務めた。現在はパリ在住。

オレグ・トロヤノフスキー

ビドル判事の回顧録に最も優秀なロシア語通訳者との記述がある(70)オレグ・トロヤノフスキーは、ニュルンベルク裁判で判事付き通訳を担当し、ロシア語、フランス語、流暢な英語だけでなく、おそらくドイツ語も話した。初代駐米ソ連大使の息子として生まれ、教育は米国で受けた。ニュルンベルク裁判に参加する前はソ連政府に通訳者として雇われ、一九四五年八月にロンドンで開かれた首席検察官会合などにも出席した。ソ連の代表団と共にニュルンベルク入りし、同代表団の厳しい監視下に置かれていた。

トロヤノフスキーは、米国の慣用句やユーモアの感覚、考え方を身につけ、親しみやすくおおらかで、まるで米国の若者のようだった。皆に好かれていた。それでおそらく、米国に感化されたかもしれないと思われたのだろう。ある晩、三、四名で部屋の隅のソファに座って笑ったりうわさ話に興じたりしていると、彼がいきなり立ち上がり、急な約束でも思い出したかのように部屋を出て行く様を目にしたことを覚えている。近づいてきたＮＫＶＤ（内務人民委員部、秘密警察）の委員がほんの数秒立ち止まってしかめ面をしたときのことだ。トロヤノフスキーがパリで開かれる大臣会議に向けてニュルンベルクを後にしたのはそれから間もなくのことだった。(71)

その後トロヤノフスキーは、ニキータ・フルシチョフの対米通訳者を務め、最終的には国際連合のソ連大使となった。(72)

アーネスト・ピーター・ウイベラル

ピーター・ウイベラルは、ニュルンベルク裁判に最も長く関わった通訳者の一人だ。一九四五年の開廷時からモニターおよび通訳者として法廷に参加し、その後の継続裁判でも首席通訳者となり一九四八年までニュルンベルクに留まった。一九一一年にウィーンで生まれたユダヤ人で、親戚には米国で暮らす者もいた。(73)ウィーンで文献学を学び、一九三三年から一年間、カーネギー財団教育実習生として全米各地の国際関係クラブでオーストリアの現状について講演をして回った。

ヒトラーが一九三八年にオーストリアを占拠すると、ウイベラルは妻のエルナと共に米国ビザを取得してオーストリアを後にした。米国では、ニューヨークで倉庫番として、コネチカットとニュージャージーでは農業労働者として三年働いた。一九四四年に米国籍を得て米国陸軍に配属されると、一九四五年に少佐となった。戦後は米国に駐屯していたが、一方、陸軍婦人部隊に配属された妻のエルナはドイツのフランクフルト近郊に駐屯し、ニュルンベルク裁判に向けた資料収集にあたっていた。ニュルンベルクでは、米国代表団がドイツ語を話す米国人を探しており、エルナが夫の母語はドイツ語だと話すと、同代表団はウイベラルをペンタゴンに出頭させた。そこでドステール大佐と面会したウイベラルは、一九四五年一〇月二四日、ニュルンベルクに送られた。最初は翻訳者および翻訳局の局員担当責任者を務め、開廷後はモニター、さらに一九四六年二月には独英通訳者となった。ニュルンベルク継続裁判では、言語部に新しく着任した言語部長の補佐官を務め、その後の「判事裁判」では法廷通訳者および首席通訳者となり、さらには一九四八年に言語部長代理および通訳局長を務めるようになった。着任中、言語部に所属する三〇〇名の業務を段階的に満了させる役割を担った。一九四八年、陸軍に復帰し、その後一八年間在籍した。一九五一年から一九五四年までオーストリアの米軍司令部付き通訳者として通訳業務に従事し、ベトナムのサイゴン米軍司令部でも数ヵ月間通訳を担当した。陸軍退役後は、ワシントンの米空軍本部で翻訳局長を八年間務めた。

同じく通訳者のフレデリック・トレイデルは、「良き友人であり同僚」としてウイベラルのことを記憶している。(74)「どのような状況にあっても信頼できる確実な仕事をし、業務を楽しんでいた。（中略）ユーモアのセンスもあった」(75)という。ソ連の女性通訳者にも明らかに人気があり、「ソ連代表団との連携が、不可能とは言わないまでも最も難しい(76)」状況の中で、同代表団との有益なつながりを得る一助となった。

ウイベラルの著作には以下のものがある。

"Court Interpreting at the Nuremberg Trial." Ts. April 11, 1995.
"Simultaneous Interpreters at the Nuremberg Trial." Ts. July 25, 1995.

ベンジャミン・ワルド

ベンジャミン・ワルドはオレグ・トロヤノフスキーと同じく判事付き通訳者で、英語、ドイツ語、フランス語、ロシア語を話した。ロシア語から英語へ訳出する通訳者のサポートに入ることもあった。ニュルンベルクでの給与はＣＡＦ９号級。マサチューセッツ州ボストン出身の米国人である。(77)

ジョージ・ヴァシルチコフ

ジョージ・ヴァシルチコフは、ロシア語から英語、ロシア語からフランス語への訳出を行なう通訳者としてニュルンベルク裁判の翻訳局に採用された。リトアニアに住んでいたこともあったが、裁判に参加する前はパリ在住だった。一九四六年一月三～四日に採用手続きが行なわれ、ニュルンベルクではドステールの下で通訳作業に従事し、グランド・ホテルに滞在した。通常の会話では吃音が出るのに通訳の際には口ごもることがなかったため、裁判中に有名になった。一九四六年八月一二日ニュルンベルクを離れてパリへ飛び、同月一六日には国連での勤務を開始するため、ニューヨークへ発った。近年、ロシアからの亡命者としてナチ統治下のドイツに暮らし、彼が「ミッシー」と呼んだ姉のマリーの日記である『ベルリン・ダイアリー　ナチ政権下　一九四〇―四五』を出版した。

その他の通訳者

マルガレーテ・エイブラハム＝ワグナー　英語からドイツ語への通訳者。

ウルスラ・クロウリー＝プレスコット　ドイツ語から英語への通訳者。

レオ・カッツ　英語からドイツ語への通訳者。カッツは、レーダーやフランクの公判前尋問手続でも通訳を担当した。(78)翻訳局の局員名簿にはCAF6号級の米国人と記載されている。

ハンス・ラム　英語からドイツ語への通訳者。翻訳局の局員名簿にはCAF10号級の米国人と記載されている。

エルガ・ルンド　ドイツ語から英語への通訳者。

デイビッド・マッキー　フランス語から英語への通訳者。

エレン・パシュコフ　フランス国籍。フランス語から英語への通訳者。(79)

ハンナ・シラー＝ヴァルテンベルク　ドイツ語から英語への通訳者。

ジェラルド・シュワブ　翻訳局の局員名簿にはCAF5号級の米国人と記載されている。

トルストイ中尉　ロシア語からフランス語への通訳者。

フェルディナンド・ワグナー　英語からドイツ語への通訳者。(80)

マリー＝ローズ・ウォーラー　ニュルンベルク裁判で数ヵ月間通訳に従事した後、フランスに帰国。(81)

マメードフ氏、クラコフスカヤ女史、ソロヴィエヴァ女史、ニンナ・オルロワ女史（ソ連のニキチェンコ判事の秘書兼通訳者）　ソ連代表団の通訳者。少なくとも三ヵ国語を話し、ロシア語以外のすべての法廷使用言語からロシア語への訳出を行なった。(82)

註

（1） Telford Taylor, *Anatomy of the Nuremberg Trials: A Personal Memoir* (New York: Knopf, 1992): 228.
（2） Marie-France Skuncke, Conference (AIIC, *Nurnberg,* Geneva 1992, videocassette).
（3） 主な出典は Ross R. McDonald によるレオン・ドステールの伝記 "Léon Dostert." Papers in *Linguistics in Honor of Léon Dostert.* Ed. by William M. Austin (The Hague: Mouton, 1967). である。
（4） Joseph E. Persico, *Nuremberg: Infamy on Trial* (New York: Viking-Penguin, 1994): 262.
（5） E・ピーター・ウイベラルから著者への手紙（一九九五年七月二八日）。
（6） 「誤訳」事件は第三章「通訳の信頼性と裁判への影響」を参照。
（7） "Information Concerning Interpreters" (ts. Spring 1946): 2.
（8） U.S. Office of Chief of Counsel for the Prosecution of Axis Criminality. *Nazi Conspiracy and Aggression* 2 (Washington, D.C.: Government Printing Office, 1948): 1381, 1521 and 1621.
（9） E・ピーター・ウイベラルから著者への手紙（一九九五年七月八日）。
（10） 名前の綴りは出典により異なる。キリル文字からの音訳が異なるためで、ロシア人名にはよくあることである。
（11） International Military Tribunal, "Personnel Index Card" (ms. and ts., Nuremberg, 1945-1946).
（12） E・ピーター・ウイベラルから著者への手紙（一九九五年二月二五日）。
（13） Francis Biddle, *In Brief Authority* (Garden City: Doubleday, 1962): 398
（14） Telford Taylor, *Anatomy of the Nuremberg Trials: A Personal Memoir* (New York: Knopf, 1992): 229.
（15） Telford Taylor, *Anatomy of the Nuremberg Trials: A Personal Memoir* (New York: Knopf, 1992): 229.
（16） Francis Biddle, *In Brief Authority* (Garden City: Doubleday, 1962): 398
（17） Francis Biddle, *In Brief Authority* (Garden City: Doubleday, 1962): 398 本訳書のカバー写真に写っているのがマーゴ・ボートリンである。
（18） "Information Concerning Interpreters" (ts. Spring 1946): 2.
（19） Haakon M. Chevalier, *Oppenheimer: The Story of a Friendship* (New York: Braziller, 1965): 84. ハーコン・シュヴァリエに関する情報は主にこの文献を参照した。

(20) E・ピーター・ウイベラルから著者への手紙（一九九五年二月二五日）。
(21) AIICから著者への手紙（一九九五年二月一七日）。
(22) エディス・コリヴァーから著者への手紙（一九九五年四月一七日）。
(23) International Military Tribunal, "Personnel Index Card" (ms. and ts., Nuremberg, 1945-1946). アルフレッド・ブースは、公判前尋問手続でハンス・フランクやエーリヒ・レーダーなどの通訳を務めた (U.S. Office Chief of Counsel for the Prosecution of Axis Criminality, *Nazi Conspiracy and Aggression* 2 [Washington, D.C.: Government Printing Office, 1948]: 1397, 1438.)。
(24) Telford Taylor, *Anatomy of the Nuremberg Trials: A Personal Memoir* (New York: Knopf, 1992): 229.
(25) Joseph E. Persico, *Nuremberg: Infamy on Trial* (New York: Viking-Penguin, 1994): 269.
(26) Joseph E. Persico, *Nuremberg: Infamy on Trial* (New York: Viking-Penguin, 1994): 263. パウル・オットー・シュミットについては *Hitler's Interpreter*, ed. by R.H.C. Steed (London: Heinemann, 1950). を参照。
(27) U.S. Office of Chief of Counsel for the Prosecution of Axis Criminality, *Nazi Conspiracy and Aggression* 2 (Washington, D.C.: Government Printing Office, 1948): 1311, 1316, 1641.
(28) Ann and John Tusa, *The Nuremberg Trial* (London: Macmillan, 1983): 219.
(29) E・ピーター・ウイベラルから著者への手紙（一九九五年二月二五日）。
(30) エリザベス・ヘイワードから著者への手紙（一九九五年四月一四日および同年五月一日）。
(31) AIIC (*Nurnberg*, Geneva 1992, videocassette).
(32) シュテファン・F・ホルンから著者への手紙（一九九五年八月二七日）。
(33) E・ピーター・ウイベラルから著者への手紙（一九九五年二月二五日）。
(34) ナンシー・ホルンから著者への手紙（一九九七年三月）。
(35) Marie-France Skuncke, AIIC Conference (AIIC, *Nurnberg*, Geneva 1992, videocassette).
(36) パトリシア・ジョーダンに関する記述は本人による。著者が受け取った手紙（一九九七年三月一四日）に多少の校正を加えて記載した。
(37) "Information Concerning Interpreters" (ts. Spring 1946): 2.
(38) E・ピーター・ウイベラルから著者への手紙（一九九五年七月八日）。

(39) George Khlebnikov, interview (AIIC, *Nurnberg*, Geneva 1992, videocassette).
(40) United Nations, "George Khlebnikov (1923–1996)." 2.
(41) E・ピーター・ウイベラルから著者への手紙（一九九五年二月一一日）。
(42) "Information Concerning Interpreters" (ts. Spring 1946): 3.
(43) Marie-France Skuncke, AIIC conference (AIIC, *Nurnberg*, Geneva 1992, videocassette).
(44) 履歴書および著者への手紙による（一九九五年二月一日）。
(45) U.S. Office of Chief of Counsel for the Prosecution of Axis Criminality, *Nazi Conspiracy and Aggression* 2 (Washington, D.C.: Government Printing Office, 1948): 1203, 1212, 1295, 1374–1384, 1426.
(46) ジークフリート・ラムラーから著者への手紙（一九九七年三月一一日）。
(47) Ann and John Tusa, *The Nuremberg Trial* (London: Macmillan, 1983): 218.
(48) E・ピーター・ウイベラルから著者への手紙（一九九五年二月一一日）。
(49) "Current Translating Division Personnel List" (ts. Spring 1946).
(50) Marie-France Skuncke, AIIC conference (AIIC, *Nurnberg*, Geneva 1992, videocassette).
(51) Dana A. Schmidt, "Pick Your Language." *The New York Times Magazine* 6 (Aug. 25, 1946): 24, and Francis Biddle, *In Brief Authority* (Garden City: Doubleday, 1962): 399.
(52) AIIC, *The Interpreters: A Historical Perspective*, videocassette.
(53) Dana A. Schmidt, "Pick Your Language." *The New York Times Magazine* 5 (Aug. 25 1946): 24.
(54) E・ピーター・ウイベラルから著者への手紙（一九九五年二月二五日）。
(55) Alfred G. Steer, "Interesting Times: Memoir of Service in U.S. Navy, 1941–1947" (ts. 1992): 267.
(56) Hilary Gaskin, ed., *Eyewitnesses at Nuremberg* (London: Arms, 1990): 40.
(57) Hilary Gaskin, ed., *Eyewitnesses at Nuremberg* (London: Arms, 1990): 40.
(58) "Information Concerning Interpreters" (ts. Spring 1946): 2.
(59) E・ピーター・ウイベラルから著者への手紙（一九九五年七月八日）。
(60) Marie-France Skuncke, "Tout a commencé à Nuremberg." *Parallèles* 11 (1989): 7.
(61) E・ピーター・ウイベラルから著者への手紙（一九九五年二月二五日）。

（62） Dana A. Schmidt, "Pick Your Language." *The New York Times Magazine* 6 (Aug. 25, 1946): 24, and "Information Concerning Interpreters" (ts. Spring 1946).
（63） "Steer, Alfred Gilbert, Jr." *Who's Who in America* (Chicago: Marquis Who's Who, 1991) および履歴書による。
（64） Joseph E. Persico, *Nuremberg: Infamy on Trial* (New York: Viking-Penguin, 1994): 262.
（65） "Information Concerning Interpreters" (ts. Spring 1946).
（66） E・ピーター・ウイベラルから著者への手紙（一九九五年二月二五日）。
（67） "Information Concerning Interpreters" (ts. Spring 1946): 4.
（68） Joseph E. Persico, *Nuremberg: Infamy on Trial* (New York: Viking-Penguin, 1994): 262.
（69） フレデリック・C・トレイデルに関する情報はすべて著者への手紙による（一九九五年八月二九日）。
（70） Francis Biddle, *In Brief Authority* (Garden City: Doubleday, 1962): 377.
（71） Francis Biddle, *In Brief Authority* (Garden City: Doubleday, 1962): 377.
（72） E・ピーター・ウイベラルから著者への手紙（一九九五年二月二五日）。
（73） Hilary Gaskin, ed., *Eyewitnesses at Nuremberg* (London: Arms, 1990) およびE・ピーター・ウイベラルから著者への手紙による（一九九五年二月一一日）。
（74） フレデリック・C・トレイデルから著者への手紙（一九九五年八月二九日）。
（75） アルフレッド・G・ステアから著者への手紙（一九九五年九月七日）。
（76） アルフレッド・G・ステアから著者への手紙（一九九五年九月七日）。
（77） E・ピーター・ウイベラルから著者への手紙（一九九五年四月一一日）。
（78） U.S. Office of Chief of Counsel for the Prosecution of Axis Criminality, *Nazi Conspiracy and Aggression* 2 (Washington, D.C.: Government Printing Office, 1948): 1437, 1397.
（79） ジョーダンによるとこれはジンカ・パシュコフのことで、同一人物あるいは親戚の可能性がある。
（80） これらの通訳者の名前は E. Peter Uiberall, "Simultaneous Interpreters at the Nuremberg Trial" (ts. July 25, 1995). に記載されている。
（81） フレデリック・C・トレイデルから著者への手紙（一九九七年二月五日）。
（82） E・ピーター・ウイベラルから著者への手紙（一九九五年二月二五日）。

結び

一九四六年一〇月一日、ニュルンベルク裁判は結審した。これにより、通訳者の多くは以前の仕事に復帰することになったが、ニュルンベルク継続裁判のために当地に留まった者もいた。また、同時通訳が世界に広まり、より多くの国際機関が設立される中、ニュルンベルク裁判がきっかけとなり国際舞台での新たな職業人生を歩み始めた通訳者もいた。裁判後の職業がどのようなものであれ、ニュルンベルク裁判の通訳者は、二〇世紀で最も重要な歴史的出来事のひとつに立ち会い、携わったのだ。そればかりでなく、通訳という分野に大変革をもたらし、多言語会議の運営や国際機関の創設に貢献した。誇りを感じて当然である。しかし、通訳者が抱える思いは複雑で、人によってさまざまな意見がある。

ニュルンベルクでの体験を、通訳者は今日どうとらえているのだろうか。ニュルンベルク裁判での通訳は、自らの職業人生における束の間の経験にすぎないと考える者もいる。同裁判での通訳より自分にとって重要な事柄を、生涯で多く成し遂げた人たちだ。このような通訳者は通常、裁判の詳細を多くは覚えていない。一方、ニュルンベルク裁判が職業人生の出発点となった者もいる。ここで同時通訳を習得し、その結果、フリーランス通訳者として、また国際連合などの機関で専属通訳者として働くことができたのである。他にも、長期間ニュルンベルク裁判に従事したため、あるいは個人的な信条で参加したため、裁判から大きな影響を受けた者もいる。

フレデリック・トレイデルがニュルンベルク裁判について主に記憶しているのは、同時通訳が非常に革新的で、難しいものだったことだ。また、残虐行為の全貌を目にして感覚が麻痺してしまうほどの沈鬱な雰囲気が法廷を覆っていたという(1)。ステアは、ニュルンベルクでの経験に対し複雑な思いを抱えている。一方では、重要な歴史的出来事に寄与したとの思いがあるという。ウェルギリウスとゲーテの言葉をもじって、「これにおいて私もなにがしかの役割を果たした("Et quorum et ego pars minima fui.")(2)」とニュルンベルクでの職務を語っている。同時に、戦争で破壊され、腐敗する死体が放つ悪臭がなお立ち込めるという極めて厳しい状況にあるニュルンベルクでの経験を、不快なものだったとも感じている。また、法廷で扱われた内容から、裁判での職務は「嫌な仕事で(中略)、他の多くの嫌な仕事と同様、終わらせるしかないものだった(3)」という。前代未聞の残忍な行為を日々目の当たりにし、ナチスの強制収容所で行なわれた残虐行為と悪行があばかれるのに立ち会うのは、精神的な拷問だったとも語っている。回顧録では次のように述べている。

> ある小規模なナチ収容所の死亡者記録に取り組んでいた翻訳者が発した言葉を、私は決して忘れない。自らが発している言葉の持つ重みに気付き、翻訳者の声は恐怖で震えた。「この人たちはアルファベット順に殺されたのだ(4)」

法廷を出ても、恐怖が終わるわけではなかった。通訳者は、極めて悲惨かつ厳しい状況にあるこの街で、元の所有者が追い出された後の住居に暮らしていた。十分な食料を口にできないため、街のドイツ人は飢え、動くのもやっとだった。ステアはまた、米軍高官の中で、本国に妻子を残しているにもかかわらず堕落し女性を囲っていた者たちを非難した。この非難の声はステアからだけでなく、『タイム』誌の次のような記事からもあがっている。

通訳者に依存せざるを得ない状況、愛人を囲う米軍高官と姿をくらましたナチの大物の多さ、何においても手際が悪く至らない占領政策に対し、辛辣な描写がなされるようになった。（中略）ドイツとオーストリアに対する米軍の占領統治は、「通訳者と愛人の政府」と呼ばれているのだ。(5)

街全体の荒んだ雰囲気から、できるだけ早くニュルンベルクを離れようと考える関係者は多く、裁判が行なわれた年の言語要員の離職率は一〇〇パーセントを超えた。離職を促したのは嫌悪感であり、ニュルンベルク裁判での職務と同じように有益でありながら、もっと気持ちのいい仕事ができるはずだという思いであった。ステアは繰り返し、以下のように考えたという。

来る日も来る日も、このような恐怖に一日中向き合わなくても、もっと気持ちのよいところで、もっと役に立つ仕事ができるはずだ。もう嫌だ。もう辞める。もう家に帰るんだ！(6)

しかしステアは、職務にまつわる不快な側面が多々あったにもかかわらず、通訳者がニュルンベルク裁判の壮大さに魅せられていたことは否定できないと考えている。自らが二〇世紀という一時代に大きな影響を与えた事象の一端を担ったことも認識している。ウイベラルは、ニュルンベルク裁判での仕事を誇りに感じているという(7)。被告人にとって公正な裁判を確実に行なうにあたり、通訳が鍵となる役割を果たしたと考えるからだ。ニュルンベルク裁判での功績を、これまでに達成した事柄の中で最も重要なものだとウイベラルはとらえている。彼は、同時通訳というシステムが誕生したばかりで、まだ実験段階にあった頃にニュルンベルク入りしたため、ニュルンベルク裁判における同時通訳の使用と発展に誰よりも接することができ、システムの完成にも関わった。また、裁判が結審するその日まで同時通訳に携わり続けた(8)。

ジョージ・フレブーニコフは、特に若手通訳者の間で強い熱意が感じられたことを記憶している。これまで知られていなかった新しい作業に従事している、新境地を開いているという思いが彼らの中にあった。同時通訳は可能だと世界中に示すことを誇りに思うと同時に、自らを開拓者のように感じ、強い団結心で結ばれていたのである。フレブーニコフはまた、国際連合における同時通訳の採用は大きな成功だと考えていた。代表団の間のコミュニケーションを大幅に改善したからだ(9)。

ニュルンベルクが置かれた状況は厳しくはあったが、ニュルンベルク裁判における通訳者の功績がすばらしいものだったことに疑いはない。二〇世紀の最も重要な司法の場のひとつとなったニュルンベルク裁判の運営を可能にし、迅速な進行に貢献したからだ。それだけでなく彼らは、同時通訳者という新しい職業を生み、世界中の人々に同時通訳を紹介しその指導に当たった。国際機関の設立と、世界から集まる代表団の理解を促進したのも、まさにニュルンベルク裁判で活躍した同時通訳者だったのである。

註

（1）フレデリック・C・トレイデルから著者への手紙（一九九五年八月二九日）。

（2）Alfred G. Steer, "Interesting Times: Memoir of Service in U.S. Navy, 1941-1947" (ts. 1992): 311. ステアによる英訳は "And of these things I too was a small part." である。

（3）Alfred G. Steer, "Interesting Times: Memoir of Service in U.S. Navy, 1941-1947" (ts. 1992): 231.

（4）アルフレッド・G・ステアから著者への手紙（一九九五年四月七日）。翻訳者が訳していたのは、マウトハウゼン強制収容所の公式報告のような文書だったと思われる。ナチ看守の冷笑的な態度を生々しく示す一例である同報告書には、一九四五年三月のある日、「二〇三名が一定の間隔で心臓発作によりアルファベット順に死んだ」（Ann and John Tusa, *The Nuremberg Trial* [London: Macmillan, 1983]: 167.）とある。

（5）"Germany: Interpreters and Mistresses." *Time* (Oct. 15, 1945): 30.

（6）アルフレッド・G・ステアから著者への手紙（一九九五年四月七日）。

（7）Hilary Gaskin, ed., *Eyewitnesses at Nuremberg* (London: Arms, 1990): 117.

（8）Hilary Gaskin, ed., *Eyewitnesses at Nuremberg* (London: Arms, 1990): 149.

（9）ジョージ・フレブーニコフへのインタビュー（AIIC, *Nürnberg*, Geneva 1992, videocassette）。

エピローグ　ニュルンベルク裁判後の通訳

ニュルンベルク裁判での実績をきっかけに、同時通訳はニューヨークの国連やあらゆる主要な国際会議へと普及することになった。同裁判における同時通訳の成功を支えたレオン・ドステールは、国連への同時通訳システムの導入を指揮し、装置の高度化と改良を担当したＩＢＭとの連携においても主要な役割を果たした。また、ジョージタウン大学に通訳・翻訳科を備える言語・言語学部を創設した。ドステールが同時通訳の使用と普及に注いだ情熱は、ニュルンベルク裁判の前後で変わることはなかった。

しっかり確立された同時通訳システムのもとでニュルンベルク裁判の審理が続いていた一九四六年四月一五日、ドステールはニューヨークのレイク・サクセスに招かれ、国連で同時通訳を紹介することになった。それまで国連では逐次通訳が使われていた。ニュルンベルク裁判とは異なり、国連で逐次通訳の使用がいまだ機能していたのは以下の理由からである。

憲章に規定されているにもかかわらず、作業言語として用いられているのはいまだにフランス語と英語の二ヵ国語のみで、スペイン語と中国語は使用されていなかった。よくあることだったが、ソ連代表団がロシア語で発言すると、通訳訓練をまったく受けたことのない代表団員が発言をフランス語か英語に通訳し、フランス語または英語で発言があると、今度はロシア語にウィスパリングした。(1)

スペイン語が作業言語に加わったのは、世界保健機関（WHO: World Health Organization）憲章の起草中のことだが、これはスペイン語圏の代表団の多くが、スペイン語を作業言語として使用することを主張したためである。その結果、通訳に関する問題は深刻化した。長い演説の数々を二ヵ国語に逐次通訳することで、審議の進行が大幅に遅れることになったのである。中国語とロシア語が作業言語に加わると、状況はもはや耐えられないものとなった。

一九四六年初めにロンドンで開かれた第一回国連総会において、ウクライナ代表のマヌイリスキーが、同総会と並行して行なわれているニュルンベルク裁判では同時通訳システムが用いられていることに言及した。さらに国連は、外国語に堪能な人々の集まりではなく各国を代表するのに最も適切な人々の集まりであるべきだと述べた。国連に同時通訳を導入する提案が総会で採択され、ニュルンベルク裁判で同時通訳がどのように機能しているのか調査するため、ニュルンベルクに視察団が送られた。(2)その後ドステールを招き、同じシステムを国連にも導入するよう要請したのだった。このようにして一九四六年初め、ドステールは、同時通訳は機能し得るとの確信を抱いてニュルンベルクを後にした。ニューヨークの国連で同時通訳装置の導入が完了すると、通訳者二〇名と自身を含むスタッフ四名の契約交渉を行なった。さらにマーク・プライスマンに打電し、国連での通訳業務について連絡するとともに一九四六年秋に向けて通訳者チームを結成するよう依頼した。(3)ドステールはまた、ニュルンベルク裁判の通訳者にも声をかけた。同裁判の後、カリフォルニアで教職に戻っていたシュヴァリエは、この呼びかけに応じた一人だ。一九四六年八月、ロソフ、フレブーニコフ、ヴァシルチコフがニュルンベルクから直接ニューヨーク入りした。ニュルンベルクとまったく同じように、国連でもドステールは模擬会合を開き、以前に開かれた会合の記録を読み上げることで通訳者の試験と訓練を行なった。通訳者チームの結成が終わると、国連関係者や代表団を招いて実演を行なった。当時の新聞報道によれば、この実演ではマイクのスイッチが入らない、きちんとワイヤーが接続されていないなど、ありとあらゆる問題が生じたという(4)。おそらくこのために、国連では特に初期段階で同時通訳に対する全面的な信頼が得られなかった。通訳の正確性を代表団が確認することができなかったという理由もある。そのため約一年間、発言の後に逐次通訳が入り、この逐次通訳が同時通訳されるという形式がとられた(5)。しかし、時とともにスピード面での同時通訳の優位性が代表団に認識されるようになり、同時通訳を求める声が高まった。国連でのすべての会合に同時通訳を提供すべく、同時通訳者があわただしく集められた(6)。逐次通訳をまったく用いない会議が国連で初めて開催されたのは一九四七年のことである。

一九四六年一〇月にニュルンベルク裁判が結審すると、フランス語、ロシア語、英語という有用な言語の組み合わせを持つ通訳者の多くは国連へと向かった。ニュルンベルク裁判における通訳業務は一時的なものであり、ニュルンベルク継続裁判で用いられるのはドイツ語と英語のみであることを認識していたからだ。ドイツ語は国連の作業言語でないことから、英語からドイツ語、ドイツ語から英語へ訳出する通訳者の多くがニュルンベルクに留まったのに対し、その他の言語を話す通訳者の多くは、長期的な職業への期待を胸にニューヨークへ旅立った。

ドステールは国連の逐次通訳者の重鎮が抱く反発に直面していたが、この反発を取り除く上で新たに国連に採用された通訳者が大きな助けとなった。国連の逐次通訳者は、発言を聞くと同時に訳出するなど不可能だと考えており、実際、同時通訳ができない者も多かった。同時通訳に反対する通訳者の中には、J・F・ロザン、ジャン・エルベールなどがおり、中でもニュルンベルク裁判の際も同時通訳の導入に反対したアンドレ・カミンカーの反発は強かった。(7) 彼らは同時通訳者を「電話交換手」(8)と呼んで軽蔑した。逐次通訳者と同時通訳者の対立はしばらく続いたが、エルベールとカミンカーが国連を去り、ラビノウィッチが同時通訳グループおよび逐次通訳グループ双方の首席通訳者となると(9)、新勢力である同時通訳者が、逐次通訳者の重鎮が抱く懸念には根拠がないことを示した。定期的な訓練を受ければ同時通訳は実際には可能であることを示したのである。逐次通訳者はブース内でも通訳ができることに気付き、「同通の人(simultanéistes)」の多くも逐次通訳に楽しみを見出した。国連に同時通訳が導入された直後、特に作業言語の数が増えるにつれて多数の通訳者を新たに採用する必要性が生じた。国連の通訳チームは間もなく、同時通訳に対応する非常に高度な能力を備えるようになった。

国連への同時通訳システムの導入およびIBMとの連携において、ドステールは要となる役割を果たした。IBMは今回も装置の導入を請負い、修理作業も一年間は無料で行なうことを申し出ていたが、これは当時IBMの社長だったワトソンが、「同時通訳装置の設置にあたっては、利益を得ることを目的とせず最低限の費用を請求するにとどめることで、関係者全員が装置を最大限に活用できるようにするという方針を定めた」(10)ことに起因する。同時通訳装置は、会議室や審議場など複数の部屋に設置され、五ヵ国語のチャンネルを有するヘッドフォンが約八〇〇〇席に取り付けられた。各部屋のマイク、ヘッドフォン、スピーカーをすべてワイヤー接続する必要があるため、設置には果てしない時間と労力が求められることにIBMはほどなく気づいた。設置に時間と費用がかかるだけでなく、装置が「固定」されてしまうことも問題だった。出席者が部屋の中を自由に動き回れないのである。この問題を解消するために、IBMはワイヤーをまったく使わないワイヤレス・システムを開発した。このシステムが初めて「大規模に」使われたのは「一九四七年のアトランティック・シティでの国際ラジオ会議」だった。(11)このシステムではヘッドフォンは机に固定されず、携帯可能な電池式のレシーバーを参加者が首から下げて会議に臨むことができた。これから間もなくして、国連総会にも同じレシーバーが合計二五〇〇個導入された。

同時通訳は、ニュルンベルクからニューヨーク、またあらゆる国際会議へと瞬く間に普及した。その結果、米国政府の言語関連業務担当局では、これまでの翻訳に代わり通訳が主要な業務内容となった。同局内の人材が少なかったため、通訳者は、扱える言語の双方向への通訳を担当し、さらに逐次通訳も同時通訳も行なうことを求められるようになった。他の組織ではこの方針が適用されることはなく、通訳者は通常、母語への訳出のみを、逐次通訳あるいは同時通訳いずれかで行なうだけでよかった。

ニュルンベルク裁判後に同時通訳が普及したことで同時通訳者の必要性がさらに高まり、また戦争の終結とともに人の移動がより容易になったことで、通訳候補者が多数生まれることになった。こうした事情を背景に新たな通訳者養成学校が誕生し、ジュネーブ大学の通訳・翻訳学部では同時通訳の訓練が行なわれるようになった。ニュルンベルク裁判中、通訳者の養成にあたっていたのは世界でも同校のみだった。ここで同時通訳の教授が行なわれるようになったのは、ニュルンベルク裁判の通訳者の一人であるマリー＝フランス・スカンクの提案によるもので、同時通訳の学位を取得した最初の学生二名が、一九五二年三月に同校を卒業した[12]。この年、「同時通訳」が「会議通訳・翻訳」[13]で学位を得るための必須科目となった。ニュルンベルク裁判後に創設された通訳者養成学校もあり、ジョージタウン大学にドステールが開設した通訳翻訳科もそのひとつだ。同時通訳の重要性が高まると同時に通訳研究も行なわれるようになり、言語学、心理学、言語教育などと通訳との関係も研究されるようになった[14]。

同時通訳が知られるようになったきっかけはニュルンベルク裁判だが、その後、法廷で同時通訳は使用されなくなったことは注目に値する[15]。今日、法廷で最も一般的に使われる通訳形式は逐次通訳である。逐次通訳を使えば、審理にかかる時間が増え、結果的に裁判費用は高くつくにしても、同時通訳用の高額な装置を導入せずに済むのがその理由のひとつだ。それでも、一九四九年から今日に至るまでニュルンベルク裁判と同様の性質を持つ裁判が数件開かれ、そこでもナチ戦犯が裁かれた[16]（アイヒマン裁判（一九六一年）やデムヤンユク裁判（一九八七年）など）。デムヤンユク裁判で生じた言語面での混乱をみれば、これより四二年前、初歩的な装置のみでニュルンベルク裁判の通訳者が達成した業績の偉大さがあらためて浮き彫りになる。

註

（1） Jean Herbert, "How Conference Interpretation Grew." *Language Interpretation and Communication.* Ed. by D. Gerver and Wallace H. Sinaiko (New York: Plenum,1978): 7-8.

（2）AIIC, *The Interpreters: A Historical Perspective*, videocassette. Ruth Morrisによる次の文献も参考になる。"Technology and the Worlds of Interpreting." In *Future and Communication: The Role of Scientific and Technical Communication and Translation in Technology Development and Transfer*. International Scholars Publications. Ed. by Y. Gitay and D. Porush (San Francisco: Rousenhouse,1997): 177-184.

（3）Mark Priceman, AIIC, *The Interpreters: A Historical Perspective*, videocassette.

（4）AIIC, *The Interpreters: A Historical Perspective*, videocassette.

（5）Jean Herbert, "How Conference Interpretation Grew." *Language Interpretation and Communication*. Ed. by D. Gerver and Wallace H. Sinaiko (New York: Plenum, 1978): 8.

（6）AIIC, *The Interpreters: A Historical Perspective*, videocassette.

（7）第1章「開廷前」に述べた通り。

（8）原文はフランス語で、英訳は著者による。

（9）AIIC, *The Interpreters: A Historical Perspective*, videocassette.

（10）A.C. Holt, "International Understanding: A Tribute to Mr. Thomas J. Watson" (ts. n.d.): 3-4.

（11）"Language Barriers Broken by I.B.M. Simultaneous Interpretation System." *Audio Record* (December 1951): 5.

（12）"Résultats des Examens pour l'obtention du diplôme." *L'Interprète* (March 1952): 13.

（13）"École d'Interprètes de l'Université de Genève." *L'Interprète* (1952).

（14）同時通訳が普及し会議で広く使用されるようになっても、同時通訳の仕組みを理解していない参加者が往々にして存在するのは興味深いことだ。ジャン・エルベールは次のように記憶している。「医療学会で通訳をしていたときのことだ。フランス人医師が通訳行為に非常に強い興味を抱いたようで、私と同僚の座っていたブースに近寄ると、その後ろに座った。訳出に一区切りついて私たちが沈黙すると、待ちかねたように、どうして二人で作業するのかと尋ねた。同僚が『二人で作業しなければならないのです。一人が発言を聞いて、もう一人が話すのです』と答えると、その医師は強い感銘を受けて、他の出席者にこの貴重な情報を伝えて回ったのである」(Jean Herbert, "How Conference Interpretation Grew." *Language Interpretation and Communication*. Ed. by D. Gerver and Wallace H. Sinaiko [New York: Plenum, 1978]) ということだ。

（15）Ruth Morris, "Technology and the Worlds of Interpreting." In *Future and Communication The Role of Scientific and*

Technical Communication and Translation in Technology Development and Transfer. International Scholars Publications. Ed. by Y. Gitay and D. Porush (San Francisco: Rousenhouse, 1997): 177–184.

(16) Ruth Lévy-Belowitz による "The Linguistic Logistics of the Demjanjuk Trial." *Parallèles* 11 (1989): 37–44, および Ruth Morris による "Eichmann vs. Demjanjuk: A Study of Interpreted Proceedings." *Parallèles* 11 (1989): 9–28 を参照。

付録

■**裁判関係者**
出典：John A. Appleman, *Military Tribunals and International Crimes* (Indianapolis: Bobbs, 1954).

■**訴因、判決、量刑**
出典：John and Ann Tuna, *The Nuremberg Trial* (London: Macmillan, 1983).

裁判関係者

判事団

英国　裁判長　ジェフリー・ローレンス卿
　　　副判事　ノーマン・バーケット
米国　正判事　フランシス・ビドル

フランス　副判事　ジョン・J・パーカー
　　　　　正判事　アンリ・ドヌデュー・ド＝ヴァーブル
　　　　　副判事　ロベール・ファルコ
ソ　連　正判事　I・T・ニキチェンコ少将
　　　　　副判事　A・F・ヴォルチコフ中佐

検察団

米　国

首席検察官
ロバート・H・ジャクソン判事
上級検事
ロバート・G・ストーリー大佐
トーマス・J・ドッド
検事
シドニー・S・エルダーマン
テルフォード・テイラー准将
ジョン・ハーラン・エイメン大佐

検事補

レオナード・ホイーラー・ジュニア大佐
ウィリアム・H・ボールドウィン中佐
スミス・W・ブロックハート・ジュニア中佐
ジェームズ・ブリット・ドノヴァン中佐（U.S.N.R：米国海軍予備軍）
フランク・B・ウォリス少佐
ウィリアム・F・ウォルシュ少佐
ウォーレン・F・ファー少佐
サミュエル・ハリス大尉
ドレクセル・A・スプレッチャー大尉
ホイットニー・R・ハリス少佐（U.S.N.R）
トーマス・F・ランバート・ジュニア中尉（U.S.N.R）
ヘンリー・K・アサートン中尉
ブレーディー・O・ブライソン中尉（U.S.N.R）
バーナード・D・メルツァー中尉（下級）（U.S.N.R）
ロバート・M・ケンプナー博士
ウォルター・W・ブラドノ

英国

首席検察官
ハートリー・ショークロス卿　法務長官　K.C., M.P.
次席検察官
デイビッド・マックスウェル＝ファイフ卿　P.C., K.C., M.P.
主任検察官
G・D・ロバート　P.C., O.B.E.
検事補
J・M・G・グリフィス＝ジョーンズ中佐　M.C.
H・J・フィルモア大佐　O.B.E.
F・エルウィン・ジョーンズ少佐　M.P.
J・ハーコート・バリントン少佐
（K.C.：王室顧問弁護士会、M.P.：下院議員、P.C.：枢密顧問官、O.B.E.：大英勲章第四位、M.C.：戦功十字勲章）

フランス

首席検察官
フランソワ・ド＝メントン

オーギュスト・シャンプティエ＝ド＝リブ
次席検察官
シャルル・デュボスト
エドガー・フォーレ
検事補（課長）
ピエール・ムニエ
シャルル・ジェルトフェ
デルファン・ドゥブネスト
検事補
ジャック・B・エルゾグ
アンリ・デルペッシュ
セルジュ・フェステール
コンスタン・カートル
アンリ・モヌレ

ソ　連

首席検察官
R・A・ルデンコ将軍

次席検察官

Y・V・ポクロフスキー大佐

検事補

L・R・シェーニン二級連邦検察官

M・Y・ロギンスキー二級連邦検察官

N・D・ゾーリャ三級連邦検察官

L・N・スミルノフ主任検察官

D・S・カレフ大佐

J・A・オゾル中佐

V・V・クチン将軍

弁護団

被告人

ヘルマン・ヴィルヘルム・ゲーリング

ヨアヒム・フォン・リッベントロップ

ヴィルヘルム・カイテル

弁護人

オットー・シュターマー博士

フリッツ・ザウター博士

（一九四六年一月五日まで）

マルティン・ホルン博士

（一九四六年一月五日から）

オットー・ノルテ博士

エルンスト・カルテンブルンナー
ハンス・フランク
ヴィルヘルム・フリック
アルフレート・ローゼンベルク
ユリウス・シュトライヒャー
フリッツ・ザウケル
アルフレート・ヨードル

アルトゥル・ザイス＝インクヴァルト
マルティン・ボルマン（欠席裁判）
ルドルフ・ヘス

ヴァルター・フンク
エーリヒ・レーダー
バルドゥール・フォン・シーラッハ
アルベルト・シュペーア
コンスタンティン・フォン・ノイラート

クルト・カウフマン博士
アルフレート・ザイドル博士
オットー・パネンベッカー博士
アルフレート・トーマ博士
ハンス・マルクス博士
ロベルト・ゼルヴァティウス博士
フランツ・エクスナー教授
ヘルマン・ヤールライス教授　補佐
グスタフ・シュタインバウアー教授
フリードリヒ・ベルゴルト博士
ギュンター・フォン・ロールシャイト博士
（一九四六年一月五日まで）
アルフレート・ザイドル
（一九四六年一月五日から）
フリッツ・ザウター博士
ヴァルター・ジーマース博士
フリッツ・ザウター博士
ハンス・フラクスナー博士
オットー・フライヘール・フォン・ルーディングハウゼン博士

カール・デーニッツ
ヒャルマール・シャハト
フランツ・フォン・パーペン
ハンス・フリッチェ

団体・組織

SS（ナチ親衛隊）・SD（ナチ保安諜報部）
SA（ナチ突撃隊）
ゲシュタポ（国家秘密警察）
ナチ党指導部
内閣
国防軍参謀本部および最高司令部

オットー・クランツビューラー博士
ルドルフ・ディクス博士
ヘルベルト・クラウス教授　補佐
エゴン・クブショク博士
ハインツ・フリッツ博士
アルフレート・シルフ教授　補佐

弁護人

ルートヴィヒ・バベル
ホルスト・ペレックマン
カール・ヘンゼル博士
ハンス・ガウリク博士
ゲオルク・ベーム
マルティン・レフラー博士
ルドルフ・メルケル博士
ロベルト・ゼルヴァティウス博士
エゴン・クブショク博士
ハンス・ラーテルンザー

訴因、判決、量刑

訴因1　共同謀議への参加
訴因2　平和に対する罪
訴因3　通例の戦争犯罪
訴因4　人道に対する罪

被告	訴因1	訴因2	訴因3	訴因4	判決・量刑
ヘルマン・ヴィルヘルム・ゲーリング	有罪	有罪	有罪	有罪	絞首刑
ルドルフ・ヘス	有罪	有罪	無罪	無罪	終身刑
ヨアヒム・フォン・リッベントロップ	有罪	有罪	有罪	有罪	絞首刑
ヴィルヘルム・カイテル	有罪	有罪	有罪	有罪	絞首刑
エルンスト・カルテンブルンナー	無罪	不起訴	有罪	有罪	絞首刑
アルフレート・ローゼンベルク	有罪	有罪	有罪	有罪	絞首刑
ハンス・フランク	無罪	不起訴	有罪	有罪	絞首刑
ヴィルヘルム・フリック	無罪	有罪	有罪	有罪	絞首刑
ユリウス・シュトライヒャー	無罪	不起訴	不起訴	有罪	絞首刑
ヴァルター・フンク	無罪	有罪	有罪	有罪	終身刑
ヒャルマール・シャハト	無罪	無罪	不起訴	不起訴	無罪

カール・デーニッツ	無罪	有罪	有罪	不起訴	禁固一〇年
エーリヒ・レーダー	有罪	有罪	有罪	不起訴	終身刑
バルドゥール・フォン・シーラッハ	無罪	不起訴	不起訴	有罪	禁固二〇年
フリッツ・ザウケル	無罪	無罪	有罪	有罪	絞首刑
アルフレート・ヨードル	有罪	有罪	有罪	有罪	絞首刑
マルティン・ボルマン	無罪	不起訴	有罪	有罪	絞首刑
フランツ・フォン・パーペン	無罪	無罪	不起訴	不起訴	無罪
アルトゥール・ザイス・インクヴァルト	無罪	有罪	有罪	有罪	絞首刑
アルベルト・シュペーア	無罪	無罪	有罪	有罪	禁固二〇年
コンスタンティン・フォン・ノイラート	有罪	有罪	有罪	有罪	禁固一五年
ハンス・フリッチェ	無罪	不起訴	無罪	無罪	無罪

解説　ニュルンベルク、東京、そしてハーグ

——国際戦犯法廷における通訳システムの発展

武田珂代子

オランダ・ハーグにある旧ユーゴスラビア国際刑事裁判所（International Criminal Tribunal for the former Yugoslavia, 以下ＩＣＴＹとする）の玄関ロビーに入ると、「国際刑事裁判の世界的広がり（Global Spread of International Criminal Justice）」と題するパネルの展示が目につく。これまでの国際刑事裁判の名称と設置年を示す年表、国際刑事裁判に関する主な出来事の簡単な説明、および裁判地と犯罪の場所または被告人の出身地を示す地図から成るものだ。年表は「一九四五年と一九四六年、ニュルンベルクおよび東京国際軍事裁判」で始まり、次にＩＣＴＹ、それからルワンダ、東チモールなどに関する国際刑事裁判が続く。同じ玄関ロビーで入手できるＩＣＴＹの概要書には「ニュルンベルク・東京裁判以来初の国際戦犯法廷」という言及もある。

ハーグ訪問者の注意を引くこの「ニュルンベルク・東京」とＩＣＴＹのリンクは、一般の人には認知されにくいものかもしれない。まず、五〇年近くも時間的隔たりがあり、両者の関連性が人々の意識に上りにくい可能性がある。また、ＩＣＴＹが一九九三年、国連安全保障理事会の決議に基づき設置され

た国際法廷としてある程度の「普遍性」を持つのに対し、ニュルンベルクと東京は実質的には第二次世界大戦の戦勝国が敗戦国を裁くいわゆる「勝者の裁き」だったという両者間の異質性を指摘する考え方もあるだろう。しかし、歴史家や国際法研究者の中に「ニュルンベルク・東京」が今日の国際戦犯法廷の礎となったという認識があるのは確かだ。たとえば、ICTY元判事の多谷千香子(二〇〇六年、六頁)は東京裁判とニュルンベルク裁判が「人道に反する罪」や「コマンド責任」などに関して「その後の国際法の発展に寄与した」とし、両裁判には「問題があったにせよ、その経験が、(ICTYやルワンダ国際刑事裁判所、さらに国際刑事裁判所の)設立を可能にした点を見逃してはならない」と述べている。また東京裁判の研究者である戸谷由麻(二〇〇八年、三七三頁)も、「横のつながり」を持つニュルンベルク裁判とともに、東京裁判が国際人道法の進展において歴史的先例になったと捉え、ICTY、ルワンダ、シエラレオネなどと「縦のつながり」を有するものと位置づけている。

ここで注意を喚起したいのは、「つながり」があるとされるこれらの国際法廷では、いずれも複数の言語が使用され、通訳なしにはその運営が成立し得なかったという事実である。国際法廷における多言語使用を可能にする通訳システムの歴史という側面を考えたとき、「ニュルンベルク・東京」とICTYの間に国際法の発展と同様のつながりはあるのだろうか。ニュルンベルク裁判と東京裁判で使用された通訳システムでの経験が土台となり、司法の場における通訳の進展につながったという議論は成立するのだろうか。

そうした疑問に応えるのが本稿の目的である。まず、ニュルンベルク裁判および東京裁判における通訳の特徴と歴史的意義を概括する。次に今も進行中のICTYにおける通訳の概要と、通訳者が直面する課題のいくつかを紹介する。最後に、「ニュルンベルク・東京」とＩＣＴＹの通訳システムのつながりの可能性を探り、各国の国内法廷における通訳実践とのつながりについても簡単に述べる。

1　ニュルンベルク裁判（一九四五年〜四六年）

通訳の特徴

ニュルンベルク裁判における通訳の最大の特徴は、本書で詳細に述べられている通り、四言語間で継続的に同時通訳が行なわれたことである。同裁判前にも、国際会議で同時通訳が使用されたことはあった。一九二七〜二八年にジュネーブのＩＬＯ総会で同時通訳が試験的に導入され、ソ連でも一九二八年のコミンテルンで同時通訳が始まったとされている。しかし、第二次世界大戦に向かう時代背景の中で、同時通訳を使用する国際会議はほとんどなくなり、同時通訳の仕組みや装置の改良が進むことはなかった。その同時通訳が戦後再浮上し本格的に使用されたのがニュルンベルク裁判だったということになる。ドイツ語、英語、フランス語、ロシア語の四ヵ国語間の通訳が常時必要な同裁判では、逐次通訳をしていたのでは煩雑で時間がかかり過ぎてしまうので、同時通訳の使用が必至だったと言える。こうして、ニュルンベルク裁判は、「多言語間の同時通訳が継続的に使用された初めての通訳現場」として歴史に名を残すことになった。

二番目の特徴として、各通訳者が一方向のみの訳出に専念し、またリレー通訳が原則的には行なわれない仕組みを作ったという点が挙げられる。これは、同時通訳者が双方向の訳出を行なったり、複数言語から一つの言語への訳出を担当したりする今日の実践とは異なる仕組みだ。双方向の訳出とは、たとえば国際会議の日本語ブースに配置された通訳者が、日本語から英語、および英語から日本語の双方向に通訳をするということだ。これは特にアジア言語などの通訳市場でよく観察される実践である。また、複数言語から一つの言語への訳出とは、国連やEUなどの会議で主要ヨーロッパ言語ブースによく見られ、たとえば英語ブースの通訳者各自がフランス語、スペイン語、ドイツ語など複数言語から英語への通訳を担当するという実践を指す。この場合、通訳者は外国語から母語への訳出のみを行なう。英語ブースには英語の母語話者が配置され、英語への訳出のみを行なうという具合だ。ニュルンベルク裁判においては、通訳者が自分の母語方向への訳出のみを担当するという仕組みは確立していなかった。語彙や表現力の豊かな母語への訳出の方が好ましいのか、聴解力が完全な母語からの訳出の方が好ましいのか意見が分かれたという点は非常に興味深く、現在も続く「通訳の方向性」に関する議論で参照できるデータだ。

第三に、通訳の正確性を達成するために、モニターを配置するとともに、毎日、審理後に通訳速記録を原発言の録音記録と照合して通訳者自身が誤訳の訂正やスタイルの修正をするという仕組みが存在したことを指摘すべきだ。これは、誤訳があってはならない「世紀の裁判」で、未知の装置を用いて高難度の通訳を行うという大きな試練に立ち向かった関係者が考案し得た最善の誤訳対策だったのだろう。今日、米国の企業訴訟などでオフィシャル通訳をチェックする別の通訳者が雇われることがあるが、ニュルンベルク裁判におけるモニターのように誤訳のチェックだけでなく技術面のモニタリングや書類の手配まで行なう人員を設置する事例を見つけるのは難しい。また、原発言や通訳を一語一句そのまま記録した速記録に、弁護人や検察官の承認を得ないまま通訳者が修正を入れるというやり方も今では受け入れられないだろう。米国で行なわれているように、もとの通訳の速記録と修正案を当事者が点検・承認して初めて修正訳が正式な記録になるというのが一般的なアプローチと考えられる。

最後に、ニュルンベルク裁判で通訳に従事した人たちのほとんどは正式な通訳訓練を受けたことがなく、模擬裁判を通した試行錯誤的訓練や実際の審理の中で同時通訳の技術を身につけたという点に触れておきたい。採用試験の過程や法廷での業務経験の中で、語学力が高いからといって同時通訳ができるわけではない、また同時通訳には高レベルの集中力と瞬発力、またストレスに耐えられる精神面での強さが必要とされるという認識が生まれたことは銘記すべきだ。何百人という候補者の中から採用され実際に通訳業務を続けられたのはほんの一握りの人たちだったという事実は、同時通訳という作業が訓練を受けていない者にとっていかに難しく、特別な能力や資質を要するものかを示している。

通訳史における意義

職業としての通訳および通訳教育の歴史において、ニュルンベルク裁判は最も重要な出来事の一つとして、以下のような意義を持つと考えられる。まずニュルンベルク裁判は、特別な装置や仕組みを通して、発言を聞きながらほぼ同時に訳出するという同時通訳を多言語間で一斉に行なうことが可能だということを世に知らしめた世界初の現場である。未知の装置を使ってほとんど未経験の作業に果敢に挑み、同裁判の円滑な運営を可能にした通訳者たちの業績は「通訳史における快挙」と言っても過言ではない。

また、そうした同時通訳システムが実行可能だというだけでなく、会議の時間効率を上げるものだという認識が高まり、同時通訳の国際的普及につながったという意味で、ニュルンベルク裁判における通訳の功績は大きい。同裁判で同時通訳の導入および通訳者の採用・訓練の責任者だったレオン・ドステールが、国連での同時通訳導入を請われたことは、同裁判と同時通訳の発展との強いつながりを裏付けるものだ。今では、多言語使用の会議において同時通訳は日常的に使われるようになった。

加えて、ニュルンベルク裁判の準備および審理中、同時通訳が特別なスキルを要するものだという認識が深まり、同時通訳者を養成する専門訓練の必要性が叫ばれるようになったことも指摘すべきだ。第一次世界大戦後に誕生したさまざまな国際機関における通訳ニーズに応えるためにジュネーブ、マンハイム、ウィーンなどの大学が一九三〇年代から一九四〇年代にかけて通訳者養成プログラムをすでに立ち上げていたが、ニュルンベルク裁判に続き国連で同時通訳が導入されると、同時通訳者の養成に拍車がかかり、大学院レベルでの通訳者養成プログラムの拡大につながった。それにともない、効果的な通訳教育を目指す研究、さらに同時通訳という「離れ業」のプロセスに対する興味から通訳の認知的側面を探求する研究が行われるようになった。

最後に、ニュルンベルク裁判が、会議通訳という職業でその後見られた「民主化」や「女性化」の先駆的出来事だったという見方を提示したい。ベルサイユ体制下で活躍した初期の会議通訳者たちは、外交官や政府高官と同じように会議場の演台で長いスピーチを弁舌豊かに訳出し、人々の驚嘆と尊敬を引きつけるスター的存在だった。彼らは高学歴の大学教授や外交畑の出身で、国際機関の職員や外交官と同じような扱いを受けた（Baigorri-Jalón, 2004; Bergerot 伊藤、二〇〇五年）。そうした「逐次通訳の黄金期」（Bergerot 伊藤、前掲）を経験した通訳者にとって、ニュルンベルク裁判で始まった本格的な同時通訳は、「人の目に触れないブースの中に追いやられてオウムのように通訳をする」ことであり、同時通訳の国連への導入に対して彼らは激しく抵抗した（Baigorri-Jalón, ibid.）。また、ニュルンベルク裁判の通訳者探しが難航し、欧米の各地で求人網を広げたことで、それまで国際関係の表舞台とはほとんど無縁だった女性を含む多様な人材がニュルンベルクに集まったことも銘記すべきだ。その中には、ロシア革命、ナチによるユダヤ人迫害、第二次大戦の戦禍などを逃れて移動を余儀なくされる中で複数言語を習得した通訳者もいた。その後同時通訳の普及や同時通訳者養成が本格化し、初期の「プリマドンナ」的通訳者の雰囲気は徐々になくなり、語学学習と正式な通訳者養成プログラムを経たような通訳者が増え、また女性の比率も急増した（Baigorri-Jalón, ibid.）。こうした会議通訳の「民主化」や「女性化」の出発点となったのがニュルンベルク裁判だという見方もできるだろう。

2　東京裁判（一九四六年〜四八年）

通訳の特徴

ニュルンベルク裁判と同時期に行なわれた東京裁判（正式名は極東国際軍事裁判）は第二次世界大戦中の日本政府・軍部指導者を戦争犯罪人として裁く国際裁判として一九四六年五月に開廷し、一九四八年一一月に閉廷した。日本語と英語間の通訳が継続的に提供されたほか、必要に応じて、フランス語、ロシア語、中国語、オランダ語、ドイツ語、モンゴル語の通訳者が登場し、英語やロシア語を軸語としたリレー通訳も行われた。東京裁判における通訳の最大の特徴は、日本人が通訳を担当し、日系米人がモニターとして通訳をチェックし、白人米軍士官が言語裁定官として通訳・翻訳上の争点について裁定するという三層構造が存在したことだ。東京裁判を実質的に準備・運営した連合国軍最高総司令官総司令部（ＧＨＱ）は米国籍者、できれば米軍士官を通訳者として起用することを望んだが人材が見つからず、外務省職員を含む日本人を採用せざるを得なかった。しかし、日本人通訳者の「中立性」を懸念し、また敗戦国の国民に通訳を依存している構図を嫌い、通訳者を監督する体制を設置したと考えられる。モニターは日系二世で、全員日本で教育を受けたことがある「帰米」だった。白人米軍士官が言語裁定官を務めたのは、日本人被告に対して同情的と疑われたかもしれない帰米二世のモニターを監視し、また、米軍が裁判を取り仕切っているという印象を与える意味もあったと考えられる。

第二の特徴として、東京裁判ではニュルンベルクで使用されたものと同種の同時通訳装置が設置されたものの、実際には逐次通訳が行なわれたことが挙げられる（発言者が文書を読み上げ、あらかじめその翻訳が用意されていた場合のみ、その翻訳の「同時読み上げ」方式の通訳があった）。通訳者の中には日英・英日の双方向を担当する者もいれば、どちらか一方向のみの通訳を行う者もいた。逐次通訳が採用されたのは、言語的な特徴上、日英間の同時通訳は不可能と判断されたためで、その他、正式な通訳訓練を受けた通訳者がいなかったこと、逐次通訳の方が通訳の正確性を確認しやすいこと、また、通訳体制そのものの準備が遅れていたことも関係しているだろう。装置の設置、通訳者の訓練、リハーサルなど同時通訳実施の準備が開廷前に完了していたニュルンベルクと異なり、東京裁判では裁判中に試行錯誤を繰り返しながら通訳作業の手続きが確立されるという状況があった。通訳ブースが設置されたのは開廷一ヵ月後のことだ。初期段階でさまざまな通訳の問題が生じ、通訳手続きについての議論に審理の多くの時間が割かれた。開廷後四ヵ月も経過して東京裁判の書記局がニュルンベルク裁判所に連絡し、同地の通訳システムについて極めて基本的な質問を投げかけている（詳細は武田（二〇〇八年、一四—二二頁）を参照）。東京裁判における通訳システムの準備不足を如実に示すエピソードだ。通訳に関する審理中の議論をたどると、通訳者および通訳のユーザー（判事団、検察団、弁護人、証人）が互いの期待、問題、制約を伝え合い、学習し、折り合いをつけながら、実行可能な通訳手続きが編み出された過程が観察できる。こうした状況では、開廷前に同時通訳の準備や訓練を行う余裕など到底なかったはずだ。

第三に、東京裁判では、誤訳が審理中に訂正される、あるいは法廷外で審議されその結果が法廷で後日発表されるという誤訳訂正システムが存在した。前述のように、このシステムは日本人通訳者の「不誠実な」行為に対する抑止や権威を示すための監視体制の一部だと考えられるが、同システムが実際に誤訳訂正の機能を果たし、より正確な通訳の達成に寄与したことは速記録を見れば確認できる。逐次通訳が使用されたので、ブース内で通訳者の隣に座るモニターが通訳に問題があると判断したとき、その場で訂正を入れることが可能だったし、通訳の問題が言語裁定部に委ねられ、裁定官がその審議結果を報告して正式な記録になるということもあった。

最後に、東京裁判で働いた通訳者の中で、後に通訳を生業とした者は実質的にいなかったという点を挙げておきたい。通訳者の半数は外務省職員で、裁判後に通訳に従事したとしてもそれは省職員としての任務の一部として行われたもので、その他の通訳者も報道関係など通訳外の分野で活躍したのだった。また、彼らが東京裁判における通訳経験談を積極的に語ることもほとんどなかった。つまり、東京裁判における通訳者が日本における会議通訳の確立に関与するようなことはなく、「ニュルンベルク裁判－国連通訳」的な展開が東京裁判では見られなかったということだ。

通訳史における意義

東京裁判は以下の三つの理由から、日本の通訳史において重要かつ画期的な出来事であった。まず、東京裁判は日本語と英語が継続的に使用されただけでなく、その他さまざまな言語が用いられた国際法廷で、そこで行われた通訳は、比較的大勢の参加者が存在し、正式な手続きに従った議事進行のもと、通訳自体もその手続きに組み込まれた形で実施される「会議型」通訳だった。会議通訳でよく実践されるリレー通訳が行われ、長期にわたりブース内で専任の通訳者が継続的に通訳に従事した点を鑑みれば、東京裁判は日本における会議通訳の先駆的出来事だったと言える。

次に、通訳作業の状況や訳出の内容が一般の耳目に届いたという点でも、東京裁判はそれまでにない通訳現場だったといえる。裁判関係者だけでなく、法廷記者や傍聴者が法廷内に集い、通訳作業を観察し通訳を実際に聞くという体験を共有した。日々の審理に関する報道の中で通訳について言及されることもあり、一般国民も通訳の存在を認識できるような状況があった。また、訳出が全て記録され、今日でも英語と日本語の速記録を照らして通訳内容を知ることができるという点も銘記すべきだ。訳出記録は完全な形ではないものの、日本においてこれほど大量に記録が残っている通訳は東京裁判の前にはなかっただろう。

最後に、同時通訳装置が日本で初めて使用されたのが東京裁判だったと言える。ニュルンベルクのように実際に同時通訳が行われたわけではなかったが、同種の装置を設置し、二年半に及んだ裁判期間中にイヤホンを通して通訳を聞くという仕組みに対する認知度が日本でも高まったのではないかと考えられる。また、東京裁判では、「翻訳の同時読み上げ式」通訳が実行されたことで、原発言とその訳出が異なるチャンネルを通して同時に流されるという「仕組みとしての同時通訳」が日本で初めて実行されたことになる。以上のように、東京裁判における通訳は「日本初」的特徴を持ち合わせる重要な事象だったが、歴史に埋もれて忘れ去られてしまったかのような扱いを受けたのは、東京裁判で通訳に携わった人々がその後プロの通訳者として日本における会議通訳の確立に関与しなかったことが大きな要因だといえよう。ニュルンベルク裁判における通訳者がその後国連などの同時通訳者として活躍したのとは対照的だ。

ニュルンベルクでの経験が直接国連への同時通訳導入に適用されたのと異なり、東京裁判における通訳実践がその後日本国内外における法廷通訳の仕組み作りなどで参照され、生かされることはなかった。しかし、東京裁判における通訳の社会的・政治的側面は、今日的課題、特に戦争や紛争における通訳者の役割と関連性のあるものであり、近年注目されるようになった軍事通訳者（military interpreters）の研究（Takeda (2009), Inghilleri (2012) など）で参照すべきものと考える。いつの世にも、諜報、戦闘、和平交渉、占領、戦犯裁判などで、継承言語能力を用いながら自らの文化的ルーツと対峙する通訳者（たとえば戦時中の日系二世通訳者）はいる。文化的帰属と政治的帰属が合致しない通訳者が置かれた位置の二元性やあいまいさ、またこれらの通訳者たちが経験するかもしれない心理的葛藤や信用の問題などは、政治的局面における通訳の普遍的な問題の一つだろう。現在進行中の戦争や紛争における通訳者の問題に対する理解を深める上で、東京裁判における日本人通訳者、日系二世モニターの事例を参照することは意義深いと考える。

3　ICTY（旧ユーゴスラビア国際刑事裁判所）（一九九三年から現在）

ICTYは一九九一年以後の旧ユーゴスラビア領域内で起こった民族浄化や性暴力などの戦争犯罪を裁くために一九九三年の国連安保理の決議に基づいて設置された時限的法廷で、一九九六年に最初の公判が開かれた。これまで一六一名が訴追され、そのうち一二名に対する第一審公判が二〇一三年六月現在も続いている。ICTYにおける通訳について以下に紹介する情報は、主にICTYの公式資料、ICTYに関するその他の文献、および筆者が二〇一二年八月に同法廷の傍聴席及び通訳ブース内で行なった観察、さらに通訳サービス部門の責任者、各通訳ブースの主任、その他の通訳者に行ったインタビューをもとにしたものである。いまだ継続中の公判に対する影響や通訳者の安全に対する配慮から、本稿においては通訳者の名前を特定することは差し控える。

通訳の概要

国連の常設司法機関である国際司法裁判所と同様、ICTYの公用語は英語とフランス語である。その公用語に被告人の言語であるBCS（ボスニア語・クロアチア語・セルビア語）を加えた三言語間の同時通訳がICTYでは常時提供されている。その他、これまでアルバニア語やマセドニア語の通訳が入ることもあった。通訳者は、法廷外でも関係者の会合、インタビュー、現地調査などで逐次通訳をすることがある。裁判所内には三つの法廷があり、それぞれ四つの通訳ブースが設置されている。英語、フランス語、BCSのブースが常時使われ、第四のブースは練習用あるいはアルバニア語やマセドニア語の通訳が必要な場合に使用される。英語・フランス語・BCSブースはそれぞれ英語・フランス語・BCSへの通訳を担当する。英語・フランス語の母語話者でBCSからの通訳ができる人材が不足しているため、英語やフランス語を母語話者並みに運用できるBCS母語話者が英語・フランス語ブースを担当することが多い。

二〇一二年八月現在、ICTYにおける通訳者の数は二九名で、内訳は英語ブース八名、フランス語ブース一二名、BCSブース九名で、男性通訳者は九名となっている。通訳ニーズのピーク時にはフリーランスを含め四〇名近い通訳者がいた。現在、ICTYの通訳者は全員、国連の専門職職員として裁判所書記局内の言語サービス部門に所属している（彼らは「法廷通訳者」「司法通訳者」ではなく「会議通訳者」と呼ばれている）。通訳者は二〜四名チームで各ブースを担当し、約三〇分ごとに通訳を交替する。九時から二時までと二時から七時までのシフト勤務で、二〇一二年八月時点では一時に三〜四件の公判をカバーしていた。週一日は資料を読むなど準備勉強に充てる。

現在ICTYで働く通訳者のほとんどは旧ユーゴスラビア出身者で、ソ連、米国、カナダ、フランスなどでの留学経験がある。大学・大学院で通訳訓練を受けた通訳者がほとんどだが、正式な訓練を受けていなくてもICTYで翻訳の仕事や現地調査の言語アシスタントから始め、練習用ブースでマイクをオフにして実際の審理を通訳するなどの練習を経てブース内通訳者になった者もいる。いずれにしても、ICTYの実技試験に合格して、現在に至っている。フランス政府の援助でパリ第三大学通訳翻訳高等学院（ESIT）がベオグラードで行なったBCS通訳者養成やEU加盟の準備として欧州委員会が旧ユーゴスラビア各地で提供した通訳訓練の恩恵を受けた通訳者も少なくない。

ＩＣＴＹでは二つの方法で誤訳の訂正が行われている。まず、英語への通訳の場合、審理中に通訳者自らがリアルタイムの速記録を見ながら誤訳を訂正することがある。これは英語での発言（原発言および英語への通訳）の速記録がリアルタイムでコンピューターのモニターに写し出されるシステムを利用するものである。通訳者はブース内にあるモニターを見ながら、自分の通訳を確認でき、誤訳や記録の誤りに気がつけば、それを法廷に知らせて訂正することができる。ニュルンベルクや東京と異なり、通訳者がリアルタイムで自分の通訳をモニタリングしていることになる。もう一つの誤訳訂正システムは、審理後、速記録中の誤訳に気づいた弁護側が通訳の正確性の検証を請求するやり方だ。言語サービス部門がその申立てを検討し、訂正または不訂正の結果を伝える。それに対し弁護側に不服があれば、裁判長が最終的な判断を下すシステムになっている。

通訳の難しさ

ニュルンベルクや東京の通訳者がそうであったように、ＩＣＴＹの通訳者は世界が汗目する歴史的な国際戦犯法廷で通訳をするという重責を抱えながら業務を続けている。その中で、さまざまな困難に直面し、対応・克服に努めてきた。まず、自らの通訳が世界中の不特定多数の人々に晒されるという緊張感が挙げられる。ＩＣＴＹでは手続きの透明性を達成するために、一般の傍聴が許されているだけでなく、審理の様子が三〇分遅れでインターネットを介して中継され、録画の一部も公開されている。速記録（英語とフランス語）にも自由にアクセスできる。自分の通訳が証拠として記録に残り、通訳音声が世界中の人々によって何度も再生される可能性を知った上で業務に取り組む通訳者が感じる重圧の大きさは想像に難くない。

世界中の多くの人が通訳者の声にアクセスできる一方、ブース内の通訳者の姿は外から見えないようになっている。通訳ブースから法廷内は見えるが、法廷内や傍聴席から通訳ブースの中は見えないようなガラス窓が使われているのだ。公判の初期段階で、まだ戦争が続いている中、現地にいる家族や親戚の安全のために通訳者の顔が見えないようにするという配慮からガラス窓が設置された。この処置は、セルビアの元指導者ミロシェヴィッチの公判中、被告人を捉えた新聞の報道写真の後ろにブース内の通訳者の顔が写ってしまい問題になったことに端を発している。

また、通訳者のほとんどが旧ユーゴスラビア出身者だということで、自国の元政府・軍部指導者が犯した残虐な戦争犯罪について通訳する中で、彼らのことを恥じて苦悩した通訳者がいたという。レイプの被害者や大量虐殺の目撃者の証言を通訳することから生じる精神的ストレスもあるようで、通訳者を含む裁判所職員を対象としたカウンセラーがＩＣＴＹには常駐している。

訳出そのものに関する問題としては、旧ユーゴスラビアにおける司法制度とＩＣＴＹが主に依拠している英米法との違いから、法律上の概念や用語を英語・フランス語・ＢＣＳ間で訳すことの困難さが当初の大きな課題だったようだ。また、会議通訳の訓練を受け実践してきた通訳者は、通訳が記録され証拠として扱われる法廷において、会議通訳で求められるような分かりやすさを犠牲にしても、原発言に沿って一語一句を訳すための「調整」をしなければならなかったという。その他、発言のスピードが早すぎる、証人が読み上げ原稿を通訳者に渡さないなどの問題が今でもあり、発言者はその度に裁判長から注意を受けることになる。これは、ＩＣＴＹの存在そのものを否定する被告人が抗議の意味で非協力的な態度をとった場合に起こるようだ。また、判事による高度な法律解釈論から公の場で話すことに不慣れな村人の証言まで、多様なディスコースやレジスターに対応することも通訳者にとって大きな課題になっている。

4 「ニュルンベルク・東京」とICTY、今後の展望

以上の議論をふまえ、国際戦犯法廷における通訳システムの発展という意味で、「ニュルンベルク・東京」とICTYの間につながりがあるかを考えてみたい。まず、国際人道法の進展上あったとされるニュルンベルク裁判と東京裁判との「横のつながり」は、通訳システムの側面ではほとんど見られない事象だということを指摘しておく必要がある。確かに、両裁判においては同種の同時通訳装置が用いられたが、上記のように全く異なる通訳システムが各裁判所で考案され、通訳に関する情報の共有もわずかだった。そこで、ICTYにおける通訳システムとの関係においては、ニュルンベルクと東京を離して考察すべきだと考える。

まず、ニュルンベルク裁判は国連への同時通訳導入をもたらしたという点で、国連が設置し国連と同じように同時通訳を用いるICTYと同裁判の間には時間を隔てたつながりがあると言ってもよいだろう。ICTYが通訳者の雇用に際し、国際会議通訳者協会（AIIC）と国連との間で合意された会議通訳者の労働条件に準拠していることや、AIICのネットワークを通して求人を行うことがあることを鑑みれば、ICTYにおける通訳は、法廷通訳というよりは会議通訳という枠組みの中から生まれたものと考えるべきだろう。ニュルンベルク裁判が、同時通訳の普及ひいては会議通訳の進展の原点にな

ったという点に照らすと、ニュルンベルクとICTYの関係性も浮かび上がる。しかし、通訳者の配置や担当言語の方向、訓練、誤訳訂正の仕組みなど通訳システムの詳細においては、両者の間に共通するものはない。ICTYでは、法廷通訳としてのニュルンベルクの事例を参照したというよりは、その後発展した同時通訳が五〇年間で蓄積した実績や技術の進化に基づいて通訳の仕組みが構築されたと考えるべきだろう。

一方、東京裁判における通訳は長い間、人知れず歴史に埋もれた事象だった。特に同裁判の通訳の詳細が日本の外で知られることは最近までなかったので（武田、二〇〇八年）、東京裁判における通訳の仕組みや経験からICTYが取り入れたものがあったとは思えない。しかし、母国の元指導者を裁く審理で働くことについてICTYの通訳者が抱える心理的複雑さや葛藤は、東京裁判における通訳者の状況にも通じるものかもしれない。こうした構図は今後もさまざまな国際戦犯法廷で起こりうることであり、紛争における通訳の研究では、通訳者の位置やアイデンティティーの問題に関し東京裁判とICTYの両方を参照することが望まれる。

総じて、ICTYは質の高い通訳を担保するための通訳者の採用、労働条件、誤訳対応の仕組みが整った模範的な法廷通訳体制と言えるだろう。国連の専門職として通訳者が雇われ、整備された労働環境のもとで業務に取り組み、誤訳訂正の手続きも機能しているようだ。一九九九年にはICTY通訳・翻訳者倫理規定も定められている。二〇年近く存続するICTYでは法廷での手続きや通訳システムがしっかりと確立されており、多くの経験が蓄積されてきた。そのため、ICTYでの実践が国際法廷の運営における基準と見なされるようになり、二〇〇三年設置の国際刑事裁判所などでICTYでの実績を持つ判事や通訳者が積極的に雇用されている状況があるという。また、各地の国際法廷の通訳責任者が定期的に非公式な会合を開き、通訳に関する情報交換を行っている。ＩＣＴＹが共有できる情報は量的にも質的にも高レベルで、国際法廷における通訳システムの進展で主導的役割を果たしているのではないかと察する。

ＩＣＴＹの通訳者たちは「法廷通訳者」ではなく、「会議通訳者」と呼ばれている。逐次通訳が主流の国内法廷と異なり、ＩＣＴＹでは会議の現場と同様にブースを用いた同時通訳が実施されていること、また採用される通訳者が主に会議通訳出身であることがその理由として挙げられる。しかし、これらの通訳者が行なう業務は法廷内手続きの通訳にほかならず、訳出へのアプローチにしても会議通訳ではなく法廷通訳での実践に沿うものである。それを端的に示すものが、ＩＣＴＹの通訳者倫理規定である。会議通訳者の団体として有名なＡＩＩＣの倫理規定では「正確性」や「中立性」への言及が全くないが(AIIC, n.d.)、対照的にＩＣＴＹの倫理規定ではそれらの項目が明確に打ち出されている。通訳者は「発言者の言葉を最高レベルの忠実性と正確性、完全なる中立性を持って」伝えなければならず、「下品または侮蔑的な言い方、侮辱、また聞き手の理解を助けるかもしれない話者の声のトーンや感情のような非言語要素を含め、メッセージ全体を伝えなければならない」とし、「脚色、省略、編集」は許されず、発言者が言い間違えても「そのまま正確に訳さなければならない」としている(United Nations, 1999, Article 10)(筆者による訳)。これは各国の国内法廷が掲げる法廷通訳者倫理規定における「正確性」の定義と極めて近いものである。つまり、ＩＣＴＹでは、通訳者の背景や労働条件の枠組みとしては会議通訳と強いつながりがあるものの、実際の通訳方法としては、現在各地の国内法廷で推奨されている実践とほぼ同じものを目指していると言える。そうであれば、ＩＣＴＹと各地の国内法廷との「横のつながり」を意識した研究や実践がもっと促されてもよいのではないだろうか。進行中の裁判という難しさはあるかもしれないが、ＩＣＴＹでの実践がより広く共有され、日本を含む国内法廷における通訳の仕組みづくりにも活用されることを願っている。

参考文献

AIIC. (n.d.). *Code of Professional Ethics.* http://aiic.net/page/54/code-of-professional-ethics/lang/1. 二〇一三年六月四日。

Baigorri-Jalón, J. (2004). *Interpreters at the United Nations: A History.* Salamanca: Ediciones de la Universidad de Salamanca.

Bergerot 伊藤宏美（二〇〇五）「西欧会議通訳小史」『通訳研究』第5号 pp. 255-260.

Inghilleri, M. (2012). *Interpreting justice: Ethics, politics and language.* London & New York: Routledge.

多谷千香子（二〇〇六）『戦争犯罪と法』岩波書店。

武田珂代子（二〇〇八）『東京裁判における通訳』みすず書房。

Takeda, K. (2009). War and interpreters. *Across Languages and Cultures,* 10(1), 49-62.

戸谷由麻（二〇〇八）『東京裁判――第二次大戦後の法と正義の追求』みすず書房。

United Nations. (1999). *The Code of Ethics for Interpreters and Translators Employed by the International Criminal Tribunal for the Former Yugoslavia.* http://www.icty.org/x/file/Legal%20Library/Miscellaneous/it144_codeofethicsinterpreters_en.pdf. 二〇一三年六月四日。

訳者あとがき

本書『ニュルンベルク裁判の通訳』はフランチェスカ・ガイバ（Francesca Gaiba）著 *The Origins of Simultaneous Interpretation: The Nuremberg Trial* の日本語訳である。原書はガイバがイタリア・ボローニャ大学（会議通訳専攻）で執筆した卒業論文を下敷きにしたもので、一九九八年オタワ大学出版局から刊行された。現在、ガイバは米国イリノイ大学シカゴ校の人種・公共政策研究所の研究担当副所長を務めている。

ニュルンベルク裁判における通訳は、同時通訳というほとんど未知の技術を多言語で実施して成功させ、同時通訳が国際的に普及する突破口になったという点で通訳史における金字塔的出来事と言える。それにもかかわらず、ニュルンベルク裁判の通訳を主題とした研究は半世紀近く存在しなかった。本書によって同裁判の通訳の全体像が初めて明らかになり、特に同時通訳採用のいきさつ、通訳者の選抜と訓練、訳出上の問題とその対処法、また国連への同時通訳導入との関係など、通訳研究にとって極めて興味深く重要な側面に光が当てられたという点は意義深い。

原書の刊行後、ニュルンベルク裁判の通訳者が回顧録を刊行したり、インタビューに応じたり、講演をしたりすることで追加的情報がいくらか入手可能になった（Less, 2005; Sonnenfeldt, 2006 など）。日本においても、本書に登場する通訳者ジークフリート・ラムラー氏による講演会が二〇〇六年日本通訳学会の主催で開かれ、その講演記録を含む『ニュルンベルク裁判と同時通訳』（松縄、二〇〇七年）が出版されている。しかし、ニュルンベルク裁判の通訳に焦点をおいた学術書という意味では、刊行後一五年たった今も本書が唯一の文献と見なされ、通訳史研究で多くの人が参照する正典のような役割を果たしている。本書の最大の強みは、ガイバの語学力（英語・フランス語・ドイツ語・イタリア語の運用能力）を生かした幅広い文献調査とニュルンベルク裁判で実際に通訳をした人々との通信を基に提供される情報量の豊かさである。速記録、関係書類、映像記録などを複数言語で参照しただけでなく、時代の生き証人である通訳者たちから当時の様子や裁判に対する私見を引き出したことの功績は大きいだろう。歴史に名を残したナチ指導者や司法関係者の発言やふるまいが生々しく伝わる本書は、通訳研究者のみならず、ドイツ史や戦後史の研究者、また国際司法の関係者にとっても、貴重な資料になるものと考える。

一方、本書はニュルンベルク裁判の通訳について「だれが、何を、いつ、どこで、どうした」という情報は詳細に述べているが、「なぜ」について十分な議論がなされていないという課題もある。たとえば、通訳者が複数言語の運用能力を習得した背景や、女性の通訳者が少なからず採用された理由や意義について、歴史・文化・社会・政治的コンテクストに照らした、あるいは何らかの理論的枠組みに基づく分析も可能だっただろう。さらに、同時期に日本で始まった東京裁判でニュルンベルクと同じＩＢＭ製の同時通訳装置が使われ、ニュルンベルクから東京の裁判運営担当者に通訳システムの情報提供があった（武田、二〇〇八年）ことにも触れれば、より包括的な時代背景や同時通訳装置の世界的普及を示せたかもしれない。今後、通訳史や司法通訳の研究でこれらの課題にも注意が払われることを願っている。

本書の翻訳は、米国・モントレー国際大学（ＭＩＩＳ）翻訳通訳言語教育大学院（ＧＳＴＩＬＥ）日本語翻訳通訳科で会議通訳の修士号を取得し現在企業内通訳者として活躍中の津崎由佳子氏による翻訳を下敷きにした。第一章と第三章は津崎氏が翻訳修士論文としてＭＩＩＳ在学中に翻訳したものが土台になっている。当時、指導にあたったのはＧＳＴＩＬＥ日本語翻訳通訳科主任のラッセル秀子氏、非常勤講師の山本陽子氏、そして訳者の武田珂代子である。ただし、本書のいかなる部分であろうと、翻訳に関する最終的な責任は訳者の武田珂代子にある。翻訳作業中には、ドイツ語およびフランス語に関して立教大学異文化コミュニケーション学部の浜崎桂子氏と小倉和子氏に有益な助言をいただいたことを感謝している。最後に日本における翻訳通訳学の進展に多大な貢献をし続けるみすず書房の編集長 守田省吾氏と本書の担当編集者 島原裕司氏に心からお礼を申し上げたい。

参考文献

Less, P. (2005). Speaking with a History Maker: Interpreters at the Nuremberg Trials. A presentation at the ATA Conference in Seattle in November 2005.

松縄順子（監修）（二〇〇七）『ニュルンベルク裁判と同時通訳』エンタイトル出版。

Sonnenfeldt, R. W. (2006). *Witness to Nuremberg*. New York: Arcade Publishing.

武田珂代子（二〇〇八）『東京裁判における通訳』みすず書房。

二〇一三年八月

武田珂代子

フランチェスカ・ガイバ
ニュルンベルク裁判の通訳
武田珂代子訳

2013年10月15日　印刷
2013年10月25日　発行

発行所 株式会社 みすず書房
〒113-0033 東京都文京区本郷5丁目32-21
電話 03-3814-0131(営業) 03-3815-9181(編集)
http://www.msz.co.jp

本文組版 キャップス
本文印刷所 理想社
扉・表紙・カバー印刷所 リヒトプランニング
製本所 青木製本所

ISBN 978-4-622-07776-3
[ニュルンベルクさいばんのつうやく]

著者略歴

(Francesca Gaiba)

イタリア・ボローニャ大学で英語・ドイツ語・フランス語・イタリア語の会議通訳を専攻し，1996年に卒業．ニュルンベルク裁判の通訳に関する研究で1997年，A・スキアーヴィ財団賞を受賞．その後，米国・シラキュース大学で国際関係論の修士号，文化人類学の博士号を取得．現在は米国・イリノイ大学シカゴ校の人種・公共政策研究所の研究副所長として主にジェンダー・セクシュアリティ研究などに取り組む．

訳者略歴

武田珂代子〈たけだ・かよこ〉 熊本市生まれ．専門は通訳学，翻訳学．米国・モントレー国際大学（MIIS）翻訳通訳大学院日本語科主任を経て，2011年より立教大学異文化コミュニケーション学部・研究科教授．MIISで翻訳・通訳修士号，ロビラ・イ・ビルジリ大学（スペイン）で翻訳通訳・異文化間研究博士号を取得．著書に『東京裁判における通訳』（2008年，みすず書房），訳書に『翻訳理論の探求』（A・ピム著，2010年，みすず書房）などがある．

人名索引

ア 行

カ 行

サ 行

タ 行

ナ 行

ハ 行

マ 行

ヤ 行

ラ 行

ワ 行

事項索引

参考文献

未刊行資料

デポジトリー

Bancroft Library, University of California at Berkeley.

Chevalier, Haakon Maurice. Collected Reprints. 1931-1932.

Gill, Virginia Tracy Hunter. Virginia Tracy Hunter Gill Papers [ca. 1945-1947]. Ms. MSS 83/108 Z. Portfolio.

National Archives, College Park, Maryland. National Archives Collection of World War Two Crimes Records, 1940-1948. 238.4 Photographs and lantern slides taken for the IMT at the U.S. Military Tribunals at Nürnberg, Germany. NT, NTA.

The Nuremberg Trial. Photographs by Charles W. Alexander. 238 NTA.

National Archives, Washington, D.C. Jackson Papers. Record Group 238. Entry 51, box 39, folder "Translators." National Archives Collection of World War Two War Crimes Records, Records of the U.S. Counsel for the Prosecution of Axis Criminality, Main Office Files, 1945-1946.

Anderson to William E. Jackson. Letter, ts. Aug. 8, 1945.

Blake to Justice Jackson. Telegram 7100, ts. Aug. 22, 1945.

Byrnes to Jackson. Telegram 7341, ts. Aug. 27, 1945.

Calvocoressi, Peter to Justice Jackson. Letter, ts. Oct. 12, 1945.

Gill for Jackson. Telegram 1128, ts. Sept. 22, 1945.

Gill, Robert J. to John W. Griggs, U.S. Office of Chief of Counsel, Washington D.C. "Re: Personnel for Interpreting and Translating Division." Letter, ts. Sept. 26, 1945.

Gill to Office CC Nurnberg Ensign Jackson. Telegram 1412267, ts. n.d.

Horsky, Charles A. "Memorandum for Mr. Justice Jackson." Ts. Sept. 5, 1945.

Horsky to William Jackson. Telegram 6966, ts. Aug. 17, 1945.

Horsky to Justice Jackson. Telegram 7099, ts. Aug. 22, 1945.

International Business Machine Corporation. "That All Men May Understand." Ts. n.d.

"Interpreters." Ms. n.d.

Léon Dostert to R.J. Gill. Ts. Mar. 20, 1946.

"Record of Telephone Conference," ts. Oct. 1, 1945.

"Record of Telephone Conference," ts. Oct. 2, 1945.

U.S.FET Main AG 251720 to U.S. Chief of Counsel Nuremburg [sic]. Telegram S-25136, ts.

W. Jackson to the Secretary of State Byrnes. "Memorandum for Secretary Byrnes." Oct. 1, 1945. State Department Central Decimal files 1945-9. File No. 740.00116 EW Prosecution/10-145.

War Department to Office of Chief of Counsel, Nurnberg. Telegram 1322147, ts. Sept. 17, 1945.

Public Records Office, London. Foreign Office Documents. FO371 series.

Chief Prosecutors. Note of Meeting. Ts. FO371.51036. Aug. 31, 1945.

Report No. 3 of British War Crimes Executive. Ts. FO371.51001.9763. Nov. 25, 1945.

Bird Library, Syracuse University. Francis Biddle Papers.

Dostert, Léon. "The Instantaneous Multi-Lingual Interpreting System in the International Military Tribunal." Ts. Box 15.

Egbert, Lawrence D., Haakon M. Chevalier, and C.D. MacIntosh. "Glossary of Legal Terms French-English." Ts. Box 15.

International Military Tribunal. Seventeenth Organizational Meeting. Oct. 29, 1945, 10:10 a.m. Ts. Box 1. Minutes.

——. Eighteenth Organizational Meeting. Oct. 29, 1945, 2:20 p.m. Ts. Box 1. Minutes.

——. Notes of Evidence. Nov. 20, 1945. Ts. 1: 9. Box 3.

——. Notes of Evidence. Nov. 22, 1945. Ts. 1: 23. Box 3.

——. Executive Session. Nov. 24, 1945. Ts. Box 2.

——. Notes of Evidence. Nov. 26, 1945. Ts. 1: 40, 43. Box 3.

——. Executive Session. Nov. 28, 1945. Ts. Box 2.

——. Notes of Evidence. Dec. 12, 1945. Ts. 1: 147. Box 3.

その他の未刊行資料

AIIC, "Vertrag und Allgemeine Vertragsbedingungen für Konferenzdolmetscher."

"Current Translating Division Personnel List." Ts. Spring 1946.

Holt, A.C. "International Understanding: A Tribute to Mr. Thomas J. Watson." Ts. IBM Archives, Somers.

"IBM Wireless Translating System Embodying the Filene-Finlay Patents." Ts. New York, September 1947. IBM Archives, Somers.

"Information Concerning Interpreters." Ts. Spring 1946.
International Military Tribunal. Personnel Index Cards. Ms. and ts. Nuremberg, 1945-1946.
Keating, Kathleen. "The Role of the Interpreter in the Trial Process."
Office of Chief of Counsel for War Crimes. Letter of Commendation to E.P. Uiberall. Ts. Aug. 4, 1948.
Steer, Alfred Gilbert, Jr. "Translating Division." Ts. July 15, 1946.
——. "Participation of Allied Delegations in the Work of the Translating Division." Ts. July 30, 1946.
——. "Simultaneous Multi-Lingual Interpreting System." Ts. n.d.
——. "Interesting Times: Memoir of Service in U.S. Navy, 1941-1947." Ts. 1992.
Uiberall, Ernest Peter. "Court Interpreting at the Nuremberg Trial." Ts. April 11, 1995.
——. "Simultaneous Interpreters at the Nuremberg Trials." Ts. July 25, 1995.
United Nations Secretariat News. "George Khlebnikov (1923-1996), brought rapid-fire linguistic skills from the Nuremberg trials to the first United Nations Assembly." Ts. n.d. Obituary.

手 紙

AIIC. Letter to the author. Feb. 17, 1995.
Coliver, Edith S. Letter to the author. April 17, 1995.
——. Letter to the author. Aug. 2, 1995.
Heyward, Elisabeth. Letter to the author. April 14, 1995.
——. Letter to the author. May 1, 1995.
——. Letter to the author. Mar. 3, 1997.
——. Letter to the author. May 20, 1997.
Horn, Nancy. Letter to the author. March 1997.
Horn, Stefan F. Letter to the author. Aug. 27, 1995.
Horsky, Charles A. Letter to the author. April 21, 1995.
——. Letter to the author. April 27, 1995.
Jordan, Patricia. Letter to the author. Mar. 14, 1997.
Ramler, Siegfried. Curriculum vitae.
——. Letter to the author. Feb. 1, 1995.
——. Letter to the author. Feb. 13, 1995.
——. Letter to the author. Mar. 11, 1997.
Skuncke, Marie-France. Letter to the author. April 4, 1997.
Sprecher, Drexel A. Letter to the author. Mar. 4, 1997.
Steer, Alfred Gilbert, Jr. Curriculum vitae. 1980.
——. Letter to the author. Jan. 21, 1995.

——. Letter to the author. Feb. 14, 1995.
——. Letter to the author. April 7, 1995.
——. Letter to the author. April 22, 1995.
——. Letter to the author. Sept. 7, 1995.
——. Letter to the author. April 15, 1996.
——. Letter to the author. Feb. 11, 1997.
——. Letter to the author. March 1997.
Treidell, Frederick C. Letter to the author. Aug. 29, 1995.
Uiberall, Ernest Peter. Letter to the author. Feb. 11, 1995.
——. Letter to the author. Feb. 25, 1995.
——. Letter to the author. April 10, 1995.
——. Letter to the author. April 27, 1995.
——. Letter to the author. July 8, 1995.
——. Letter to the author. July 26, 1995.
——. Letter to the author. May 21, 1996.
——. Letter to the author. Feb. 3, 1997.
——. Letter to the author. Feb. 3, 1997.
——. Telephone Interview. Jan. 26, 1995.

マイクロフィルム，録音，録画

AIIC. *Nurnberg*. Videocassette. Geneva, 1992.

AIIC. *The Interpreters: A Historical Perspective*. Videocassette, 51 minutes.

AIIC Conference. Aug. 28-30, 1992. AIIC, *Nurnberg*.

Excerpts of the Original Videorecording of the Nuremberg Trial. AIIC, *Nurnberg*.

Göring, Hermann. Photo-Archiv Generalfeldmarschall Göring. Seven microfilm reels. Washington, D.C.: Library of Congress, Photoduplication Service, 1982.

Heyward, Elisabeth, and George (Youri) Khlebnikov. Interview. AIIC Videocassette.

Judgment at Nuremberg. Two videocassettes. Prod. by Stanley Kramer Production. Dir. by Stanley Kramer. Culver City: Roxlom Films, 1961. Starring S. Tracy, B. Lancaster, R. Widmark and M. Dietrich. Based on the homonymous play by Abby Mann. 190 min. b/w.

News of the Day. Videocassette with newsreel segments. Vol. 17, No. 227. Nov. 23, 1945. Excerpt. Latest films on Nuremberg Trial drama. Film and Television Archive, University of California Los Angeles.

News of the Day. Videocassette with newsreel segments. Vol. 18, No. 204. Sept. 16, 1946. Excerpts of the Nuremberg criminals' final pleas. Film and Television Archive, University of California Los Angeles.

News of the Day. Videocassette with newsreel segments. Vol. 18, No. 210. Sept. 16, 1946. Excerpts from the judgement day for Nazi gang at Nuremberg. Film and Television Archive, University of California Los Angeles.

Nine Men in Hell: True and Authentic Presentation of the Nuremberg Trials. Two film reels. Prod. Thunderbird Films, Los Angeles. 50 min. English version of the original Russian production.

Nuremberg. Two videocassettes. Washington, D.C.: National Audiovisual Center, War Department, 1946. 76 min.

Official Film of the Trial. Imperial War Museum, London.

Official Sound Recording of the Proceedings. National Archives, Washington, D.C.

Uiberall, Peter Ernest, and Rozalinda Meza-Steel. Interview. Videocassette. Hollin Hills, Aug. 22, 1992.

書物，新聞・雑誌記事（ニュルンベルク裁判について）

Alexander, Charles W. *Nürnberg*. Nürnberg: Ulrich, 1946.

——. *Justice at Nuremberg: A Pictorial Record of the Trial of Nazi War Criminals by the International Military Tribunal at Nuremberg*. Chicago: Marvel, 1946. Text by Anne Keeshan.

Andrus, Burton C. *The Infamous of Nuremberg*. London: Frewin, 1969. Rpt. as *I was the Nuremberg Jailer*. New York: Coward-McCann, 1969.

Appleman, John A. *Military Tribunals and International Crimes*. Indianapolis: Bobbs, 1954.

Baird, Jay W., ed. *From Nuremberg to My Lay*. Lexington: Heath, 1972.

Bardèche, Maurice. *Nuremberg ou la terre promise*. Paris: Les Sept Couleurs, 1948.

——. *Nuremberg II ou les faux monnayeurs*. Paris: Les Sept Couleurs, 1950.

Bardens, Dennis. *Lord Justice Birkett*. London: Hale, 1962.

Belgion, Montgomery. *Epitaph on Nuremberg: A Letter Intended to Have Been Sent to a Friend Temporarily Abroad*. London: Falcon, 1946.

——. *Victor's Justice: A Letter Intended to Have Been Sent to a Friend Recently in Germany*. Hinsdale: Regnery, 1949.

Benton, Wilbourn E., ed. *Nuremberg: German Views of the War Trials*. Dallas: Southern Methodist University Press, 1955.

Bernstein, Victor H. *Final Judgement: The Story of Nuremberg*. New York: Boni, 1947.

Biddle, Francis. *In Brief Authority*. Garden City: Doubleday, 1962.

Bosch, William J. *Judgement on Nuremberg: American Attitudes toward the Major German War-Crimes Trials*. Chapel Hill: University of North Carolina Press, 1970.

"British Case at Nuremberg." *The Times*, Dec. 3, 1945: 4.

"British Evidence at Nuremberg." *The Times*, Nov. 29, 1945: 4.

Bross, Werner. *Gespräche mit Hermann Göring während der Nürnberger Prozesse.* Flensburg: Wolff, 1950.

Calvocoressi, Peter. *Nuremberg: The Facts, the Law and the Consequences.* London: Chatto, 1947.

"Captured Documents." *The Times*, Nov. 23, 1945: 4.

CBS News. *Trial at Nuremberg.* By the staff of CBS News. Project ed. by William Saphiro. New York: Watts, 1967.

"The Chalice of Nürnberg." *Time*, Dec. 10, 1945: 26.

Conot, Robert E. *Justice at Nuremberg.* New York: Harper, 1983.

Cooper, Robert W. *The Nuremberg Trial.* Harmondsworth: Penguin, 1947.

Davidson, Eugene. *The Trial of the Germans: An Account of the Twenty-Two Defendants before the International Military Tribunal at Nuremberg.* New York: Macmillan, 1966.

Dos Passos, John. "Report from Nürnberg." *Life*, Dec. 10, 1945: 29-30. Also in Baird.

Fritzsche, Hans. *Hier spricht Hans Fritzsche.* Zürich: Interverlag 1948. Rpt. as *Es sprach Hans Fritzsche: nach den Gesprächen, Briefen und Dokumenten.* Ed. by Hildegard Springer. Stuttgart: Thiele, 1949.

——. *The Sword in the Scales: As Told to Hildegard Springer.* Trans. by D. Pyke and H. Fraenkel. London: Wingate, 1953. Trans. of *Das Schwert auf der Waage.* Heidelberg: Vowinckel, 1953.

Gaskin, Hilary, ed. *Eyewitnesses at Nuremberg.* London: Arms, 1990.

Gerhart, Eugene C. *America's Advocate: Robert H. Jackson.* Indianapolis: Bobbs, 1958.

"Germany: The Defendants." *Time*, Oct. 29, 1945: 38.

"Germany: Interpreters and Mistresses." *The Time*, Oct. 15, 1945: 30.

Gilbert, Gustave M. *Nuremberg Diary.* New York: Farrar, 1947. Trans. of *Nürnberger Tagebuch 1947.* Frankfurt am Mein: Fischer, 1947.

Glueck, Sheldon. *War Criminals: Their Prosecution and Punishment.* New York: Knopf, 1944.

Göring, Hermann. *Le Procès de Nuremberg.* Paris: Office Français d'Édition, Service d'Information des Crimes de Guerre, 1946-.

——. *Highlights from the Direct and Cross-Examination of Hermann Göring in the Nuremberg Trial.* Minnetonka: Professional Education Group, 1988.

"Great Nuremberg Trial Opens." *The Times*, Nov. 21, 1945: 4.

Grun, Bernard, ed. *The Timetables of History.* New York: Simon and Schuster, 1975.

Gründler, Gerhard E., and Arnim von Manikowsky. *Nuremberg ou la justice des vainqueurs.* Trans. by Herbert Lugert. Paris: Laffont, 1969. Trans. of *Das Gericht der Sieger: der Prozeß gegen Hess, Ribbentrop, Keitel, Kaltenbrunner u.a.* Oldenburg: Stalling, 1967.

Haensel, Carl. *Das Gericht vertagt sich: aus dem Tagebuch eines Nürnberger Verteidigers.* Hamburg: Classen, 1950.

Harris, Whitney R. *Tyranny on Trial: The Evidence at Nuremberg.* Dallas: Southern Methodist Press, 1954.

Harwood, Richard E. *Nuremberg and Other War Crimes Trials: A New Look.* Southam: Historical Review Press, 1978.

Hauser, Ernest O. "The Backstage Battle at Nuremberg." *Saturday Evening Post* [Philadelphia], Jan. 19, 1946: 18+.

Heydecker, Joe J. *The Nuremberg Trial: A History of Nazi Germany as Revealed through the Testimony at Nuremberg.* Trans. and ed. by R.A. Downie. London: Heinemann, 1962. Trans. of *Der Nürnberger Prozeß.* Köln: Kiepenheuer, 1950.

——. *Bilanz der Tausend Jahre: die Geschichte des Dritten Reiches im Spiegel der Nürnberger Prozesse.* München: Heyne, 1975.

——, and Johannes Leeb. *Der Nürnberger Prozeß: Neue Dokumente, Erkenntnisse und Analysen.* Köln: Kiepenheuer, 1979.

Hyde, Montgomery H. *Lord Justice: The Life and Times of Lord Birkett of Ulverston.* New York: Random, 1964.

International Military Tribunal. *Anklageschrift des Internationalen Militärgerichtshofes gegen die 24 Nazistischen Kriegsverbrecher.* Germany: Militärgerichtshof?, 1945?

——. *The Trial of German Major War Criminals: Proceedings of the International Military Tribunal Sitting at Nuremberg, Germany, 20th November, 1945 to (1st October, 1946).* London: Stationery Office, 1946-(1951).

——. *Nürnberger Urteil.* Düsseldorf: Schwann, 1946.

——. *Das Urteil von Nürnberg: vollständiger Text.* München: Nymphenburger, 1946.

——. *Trial of the Major War Criminals before the International Military Tribunal, Nuremberg, 14 November 1945—1 October 1946.* 42 vols. Blue Series. Nuremberg, 1947.

——. *Der Prozeß Gegen die Hauptkriegsverbrecher vor dem Internationalen Militärgerichtshof, Nürnberg, 14. November 1945—1. Oktober 1946.* Nürnberg, 1947-.

Jackson, Robert H. *The Case against the Nazi War Criminals: Opening Statement for the United States of America by Robert H. Jackson and Other Documents.* New York: Knopf, 1946.

——. *Report of Robert H. Jackson, United States Representative, to the International Conference on Military Trial, London, 1945.* Department of State publication 3080. Division of Publications. Office of Public Affairs, February 1949.

Kahn, Leo. *Nuremberg Trials.* New York: Ballantine, 1972.

Kilmuir, David Maxwell-Fyfe. *Nuremberg in Retrospect.* Birmingham: The Holdsworth Club of the University of Birmingham, 1956.

——. *Political Adventure: The Memoirs of the Earl of Kilmuir.* London: Weidenfeld, 1964.

Knieriem, August von. *The Nuremberg Trials.* Chicago: Regnery, 1959.

Lazard, Didier. *Le procès de Nuremberg: récit d'un témoin.* Paris: Éditions de la Nouvelle France, 1947.

Lebedeva, Nataliia. "The USSR and the Nuremberg Trial." *International Affairs* 42.5-6 (1996): 233-254.

Lessing, Holger. *Der Erste Dachauer Prozess (1945/46).* Baden-Baden: Nomos, 1993.

Lewis, John R. *Uncertain Judgement: A Bibliography of War Crimes Trials.* Santa Barbara: ABC-Clio, 1979.

Lippe, Viktor, Freiherr von der. *Nürnberger Tagebuchnotizien: November 1945 bis Oktober 1946.* Frankfurt am Mein: Knapp, 1951.

McMillan, James. *Five Men at Nuremberg.* London: Harrap, 1985.

Mann, Abby. *Judgement at Nuremberg.* New York: New American Library, 1961.

Maser, Werner. *Nuremberg: A Nation on Trial.* Trans. by Richard Barry. New York: Scribner, 1979. Trans. of *Nürnberg, Tribunal der Sieger.* Düsseldorf: Econ, 1977.

——. *Das Exempel: Der Nürnberger Prozeß als historisches Problem; zwei Vorlesungen.* Asendorf: Mut, 1986.

Merle, Marcel. *Le procès de Nuremberg et le châtiment des criminels de guerre.* Paris: Pedone, 1949.

Neave, Airey. *Nuremberg: A Personal Record of the Trial of the Major Nazi Criminals in 1945-46.* London: Cornet, 1978.

——. *On Trial at Nuremberg.* Boston: Little, 1978.

"News Reels: The Nuremberg Trial." *The Times*, Nov. 30, 1945: 6.

O'Barr, William M. *Linguistic Evidence: Language Power and Strategies in the Courtroom.* New York: Academic, 1982.

Office of the United States Chief of Counsel for the Prosecution of Axis Criminality. *Nazi Conspiracy and Aggression.* 8 vols. Washington, D.C.: Government Printing Office, 1946.

——. *Nazi Conspiracy and Aggression.* Supplement A: Prosecution. Supplement B: Defense and Interrogations. Washington, D.C.: Government Printing Office, 1948.

Persico, Joseph E. *Nuremberg: Infamy on Trial.* New York: Viking-Penguin, 1994.

Poltorak, Arkadii Iosifovich. *Nürnberger Epilog.* Berlin: Militärverlag der DDR, 1971. Trans. of *Niurnbergskii Epilog.* Moskva: Voenizsdat, 1969.

——, and Y. Zaitsev. *Remember Nuremberg.* Moscow: Foreign Language Publishing, 1961.

"Rapid Procedure at Nuremberg." *The Times*, Oct. 30, 1945: 3.

"Rehearsal is Held for Crimes Trials." *The New York Times*, Nov. 6, 1945: 14.

Robinson, Jacob, and Henry Sachs. *The Holocaust: The Nuremberg Evidence.* Part I: Documents. Jerusalem: Yad Vashem, 1976.

Röling, B.V.A. *The Tokyo Trial and Beyond: Reflections of a Peacemonger.* Cambridge: Polity, 1993.

"Russians Delay War Crimes Study." *The New York Times*, Oct. 15, 1945: 6.

Saurel, Louis. *Le Procès de Nuremberg.* Paris: Rouff, 1967.

Schmidt, Dana A. "Pick Your Language." *The New York Times Magazine*, VI, Aug. 25, 1946: 24.

Schmidt, Paul Otto. *Hitler's Interpreter.* Ed. by R.H.C. Steed. London: Heinemann, 1950.

Schneider, Rolf. *Prozeß in Nürnberg.* Frankfurt am Mein: Fischer, 1968.

Sheean, Vincent. "Error in Translation: Nuremberg and Menschlichkeit." *United Nations World* I (September 1947): 28-29.

Smith, Bradley F. *Reaching Judgement at Nuremberg.* New York: Basic, 1977.

——. *The Road to Nuremberg.* New York: Basic, 1981.

——, ed. *The American Road to Nuremberg: The Documentary Record 1944-1945.* Stanford: Hoover Institution, 1982.

——. *Der Jahrhundert Prozeß: die Motive der Richter von Nürnberg; Anatomie einer Urteilsfindung.* Trans. from English by Günther Danehl. Frankfurt am Mein: Fischer, 1983.

Speer, Albert. *Inside the Third Reich: Memoirs by Albert Speer.* Trans. by Richard and Clara Winston. London: Macmillan, 1970.

Steiniger, P.A., ed. *Der Nürnberger Prozeß: aus den Protokollen, Dokumenten und Materialien des Prozesses gegen die Hauptkriegsverbrecher vor dem Internationalen Militärgerichthof.* 2 vols. Berlin: Rütten, 1951.

Sulzberger, C.L. "Jackson Stresses Allies' Trial Unity." *The New York Times*, Mar. 10, 1946: 5.

Taylor, Telford. *Final Report to the Secretary of the Army on the Numberg War Crimes Trials under Control Council Law No. 10.* Washington, D.C.: Government Printing Office, 1949.

——. *Nuremberg Trials: War Crimes and International Law.* New York: Carnegie Endowment for International Peace, 1949.

——. *Die Nürnberger Prozesse: Kriegsverbrechen und Völkerrecht.* Trans. by Ruth Kempner. Zürich. Europa Verlag, 1951. Trans. of *Nuremberg Trials: War Crimes and International Law.*

——. *Nürnberg and Vietnam: An American Tragedy.* Chicago: Quadrangle, 1970.

——. *The Anatomy of the Nuremberg Trials: A Personal Memoir.* New York: Knopf, 1992.

"Trials of War Criminals." *The Times*, Oct. 17, 1945: 2.

Truman, Harry S. Executive Order 9547. *Code of Federal Regulations.* Title 3, suppl. 2, 1943-1948. Washington, D.C.: United States Government Printing Office, 1951.

——. Executive Order 9626. *Code of Federal Regulations.* Title 3, suppl. 2, 1943-1948. Washington, D.C.: United States Government Printing Office, 1951.

——. Executive Order 9679. *Code of Federal Regulations.* Title 3, suppl. 2, 1943-1948. Washington, D.C.: United States Government Printing Office, 1951.

Tusa, Ann, and John Tusa. *The Nuremberg Trial.* London: Macmillan, 1983.

United Nations General Assembly. International Law Commission. *The Charter and Judgement of the Nürnberg Trial: History and Analysis.* Memorandum submitted by the Secretary General. Lake Success: United Nations, 1949.

United States. Department of State. *Trial of War Criminals.* Documents: 1. Report of Robert H. Jackson to the President. 2. Agreement establishing an International Military Tribunal. 3. Indictment. Washington, D.C.: Government Printing Office, 1945.

"War Crimes." *Encyclopaedia Britannica.*

"War Crimes." *Encyclopedia Americana.*

"War Crimes." *Time*, Oct. 26, 1945: 28.

Wellman, Francis. *The Art of Cross-Examination: With the Cross-Examination of Important Witnesses in Some Celebrated Cases.* 1903. 4th ed., rev. and enl. New York: Collier-Macmillan, 1936.

Werner, Karl Heinz, ed. *Nürnberger Prozeß, gestern und heute.* Berlin: Staatsverlag der DDR, 1966.

West, Rebecca D. *A Train of Powder.* New York: Viking, 1955.

Wieland, Günther. *Der Jahrhundertprozeß von Nürnberg: Nazi- und Kriegsverbrecher vor Gericht.* Berlin: Staatsverlag der DDR, 1986.

Wilkins, William. *The Sword and the Gavel: An Autobiography.* Seattle: Writing Works, 1981.

Winward, Walter. *The Canaris Fragment.* New York: Morrow, 1983.

書物，新聞・雑誌記事（通訳について）

American Translators Association. *ATA Professional Services Directory.* Croton-on-Hudson: ATA, 1965-1969, 1976.

——. *Membership List of ATA.* Croton-on-Hudson: ATA, 1965, 1969, 1978, 1979, 1980, 1982, 1983, 1985, 1986, 1987.

——. "Court Interpreting and the Testing and Licensing of Interpreters." *ATA Chronicle* Oct.-Nov. (1979): 6-7.

——. *Silver Tongues.* Proceedings of the 25th annual conference of ATA. Ed. by Patricia E. Newman. Medford: Learned Information, 1984.

——. *Translation Services Directory 1983-*. Medford: ATA, 1986.

——. *Building Bridges*. Proceedings of the 27th annual conference of ATA. Ed. by Karl Kummer. Medford: Learned Information, 1986.

——. *Across the Language Gap*. Proceedings of the 28th annual conference of ATA. Ed. by Karl Kummer. Medford: Learned Information, 1987.

——. *Languages at Crossroads*. Proceedings of the 29th annual conference of ATA. Ed. by Deanna Lindberg Hammond. Medford: Learned Information, 1988.

——. *Coming of Age*. Proceedings of the 30th annual conference of ATA. Ed. by Deanna Lindberg Hammond. Medford: Learned Information, 1989.

——. *Interpreting: Yesterday, Today, and Tomorrow*. Ed. by David and Margareta Bowen. American Translators Association Scholarly Monograph Series IV. Binghamton: State University of New York at Binghamton, 1990.

——. *Looking Ahead: ATA in '92*. Proceedings of the 31st annual conference of ATA. Ed. Amos Leslie Willson. Medford: Learned Information, 1990.

Austin, William M., ed. *Papers in Linguistics in Honor of Léon Dostert*. The Hague: Mouton, 1967.

Bohlen, Charles E. *Witnesses to History: 1929-1969*. New York: Norton, 1973.

Bourgain, Gilbert. "A Genève, retour de Nuremberg." *AIIC Bulletin* 19.4 (1991): 18-19.

Bowen, David, and Margareta Bowen. "The Nuremberg Trials: Communication through Translation." *Meta* [Montreal] 30.1 (1985): 74-77.

——. "Editors' Remarks." ATA, *Interpreting: Yesterday* 1-7.

Bower, William W. *International Manual of Linguists and Translators*. New York: Scarecrow, 1959.

——. *International Manual of Linguists and Translators*. Supplement. New York: Scarecrow, 1961.

Chernov, Gelij V. "Conference Interpretation in the U.S.S.R.: History, Theory, New Frontiers." *Meta* 37.1 (1992): 149-162.

Chevalier, Haakon M. *Oppenheimer: The Story of a Friendship*. New York: Braziller, 1965.

Congrat-Butlar, Stefan. *Translation and Translators: An International Directory and Guide*. New York: Bowker, 1979.

Dollman, Eugen. *The Interpreter: Memoirs*. Trans. by J. Maxwell Brownjohn. London: Hutchinson, 1967. Trans. of *Dolmetscher der Diktatoren*.

"École d'Interprètes de l'Université de Genève." *L'Interprète* 2 (1952).

"École d'Interprètes." *L'Interprète* 4 (1952): 10.

Fuchs-Vidotto, Letizia B. "Zum erstenmal Simultananlage vor Gericht." *Babel* [Budapest] 3 (1982): 162.

Gerver, D., and Wallace H. Sinaiko, eds. *Language Interpretation and Communication*. Proceedings of the NATO Symposium on Language Interpretation and Communication. New York: Plenum, 1978.

Gile, Daniel. "Bibliographie de l'Interprétation auprès des Tribunaux." *Parallelès* 11 (1989): 105-112.

Harris, Brian. "Observations on a Cause Célèbre: Court Interpreting at the Lischka Trial." Roberts 189-201.

Herbert, Jean. "How Conference Interpretation Grew." Gerver 5-10.

Kaminker, André. "Conférence prononcée à l'Université de Genève." *L'Interprète* 10.3 (1955): 9-12.

Kaminker, André. "Conférence prononcée à l'Université de Genève (Part Two)." *L'Interprète* 10.4 (1955): 9-12.

Koch, Andreas. "Übersetzen und Dolmetschen im Ersten Nürnberger Kriegsverbrecherprozeß." *Lebende Sprachen* 37.1 (1992): 1-7.

Kelly, Louis G. *The True Interpreter: A History of the Translation Theory and Practice in the West.* Oxford: Blackwell, 1979.

"Language Barriers Broken by I.B.M. Simultaneous Interpretation System." *Audio Record*, December 1951.

Lederer, Marianne. *La traduction simultanée: expérience et théorie.* Paris: Lettres Modernes, 1981.

"Leon Dostert, 67, Dies: Expert on Languages." *Star*, Sept. 3, 1971.

Lévy-Berlowitz, Ruth. "The Linguistic Logistics of the Demjanjuk Trial." *Parallèles* 11 (1989): 37-44.

"Linguist Leon Dostert, GU Language Director." *Washington Post*, Sept. 3, 1971.

MacDonald, Ross R. "Léon Dostert." Austin 9-14.

Morris, Philip, and Geoff Weston, eds. *Directory of Translators and Translating Agencies in the UK.* London: Bowker-Saur, 1987. 2nd ed. 1990.

Morris, Ruth. "Eichmann vs. Demjanjuk: A Study of Interpreted Proceedings." *Parallèles* 11 (1989): 9-28.

——. "The Impact of Interpretation at Legal Proceedings on Participants' Role Performance." M.A. thesis. Communication Institute, Hebrew University, Jerusalem, 1989.

——. "Technology and the Worlds of Interpreting." In *Future and Communication: The Role of Scientific and Technical Communication and Translation in Technology Development and Transfer.* International Scholars Publications. Ed. by Y. Gitay and D. Porush. San Francisco: Rousenhouse, 1997. 177-184.

Northern California Translators Association. *Professional Directory 1983-84.* San Francisco: NCTA, 1984.

Obst, Harry, and Ruth H. Cline. "Summary History of Language Services." ATA, *Interpreting: Yesterday* 8-13.

Philadelphia Guild of Professional Translators. *Translator Referral Directory.* Philadelphia: PGPT, 1977.

Ramler, Siegfried. "Origins and Challenges of Simultaneous Interpretation: The Nuremberg Trial Experience." ATA, *Languages at Crossroads* 437-440.

"Résultats des examens pour l'obtention du diplôme." *L'Interprète*, October 1951: 19; March 1952: 13; July 1952: 11.

Roberts, Roda P., ed. *L'interprétation auprès des tribunaux.* Proceedings of the meeting held on April 10 and 11, 1980 at the University of Ottawa. Ottawa: University of Ottawa Press, 1981.

Roditi, Edouard. "The History of Interpretation in a Nutshell." (1982) National Resource Center for Translation and Interpreting, Georgetown University, Washington, D.C. Rpt. as "Interpreting: Its History in a Nutshell." N.d. National Resource Center for Translation and Interpreting, Georgetown University, Washington, D.C.

Schuker, Theodore. "The Amoco Cadiz Case." *Parallèles* 11 (1989): 75-92.

Skinner, William, and Thomas F. Carson. "Working Conditions at the Nuremberg Trials." Interview. ATA, *Interpreting: Yesterday* 14-22.

Skuncke, Marie-France. "Tout a commencé à Nuremberg." *Parallèles* 11 (1989): 5-8.

"Steer, Alfred Gilbert, Jr." *Who's Who in America.* Chicago: Marquis Who's Who, 1983 and 1991.

Tayler, Marilyn R. *Skills for Bilingual Legal Personnel.* Glenview: Scott, 1985.

"Telephonic Interpretation—The System of the Future?" *L'Interprète* 1.5 (August/September 1946): 2-4.

Université de Genève. "Conference Interpretation at the École de Traduction et d'Interprétation." Leaflet.

Van Hoof, Henri. *Théorie et pratique de l'interprétation: avec application particulière à l'anglais et au français.* Munich: Max Hueber Verlag, 1962.

Wilss, Wolfram. "Syntactic Anticipation in German-English Simultaneous Interpreting." Gerver 343-352.